THE
SEVEN
HABITS
OF
SMART
PARENTS

好父母的七个习惯

孟志亮——著

江苏大学出版社
JIANGSU UNIVERSITY PRESS
镇　江

图书在版编目(CIP)数据

好父母的七个习惯 / 孟志亮著. —镇江：江苏大学出版社，2019.12
ISBN 978-7-5684-1263-6

Ⅰ.①好… Ⅱ.①孟… Ⅲ.①家庭教育 Ⅳ.①G78

中国版本图书馆 CIP 数据核字(2019)第 294164 号

好父母的七个习惯
Hao Fumu De Qi Ge Xiguan

著　　者/孟志亮
责任编辑/李经晶
出版发行/江苏大学出版社
地　　址/江苏省镇江市梦溪园巷 30 号(邮编：212003)
电　　话/0511-84446464(传真)
网　　址/http://press.ujs.edu.cn
排　　版/镇江文苑制版印刷有限责任公司
印　　刷/南京艺中印务有限公司
开　　本/890 mm×1 240 mm　1/32
印　　张/10.25
字　　数/245 千字
版　　次/2019 年 12 月第 1 版　2019 年 12 月第 1 次印刷
书　　号/ISBN 978-7-5684-1263-6
定　　价/49.00 元

如有印装质量问题请与本社营销部联系(电话：0511-84440882)

和孩子共同成长

刚听到孟老师提出要我为他的书写序时，我的内心是有些拒绝的，毕竟，我上一次写命题作文还是高考的时候。这些年来虽也称得上是勤学不辍，参与了无数科学实验，然在儿童教育方面的实验对象只有我儿子一个，并且六年来也未见任何惊喜的成果。但最后我还是接受了这个邀请，因为我想这本书的读者绝大部分并不是“天才儿童”的爸爸妈妈，更多是像我这样普通孩子的父母，而作为普通家长，我有很多感悟也许能引起你们的共鸣。

初识孟老师，是在四年前。那时，我刚结束了在美国十一年的留学和工作，来到香港的一所大学任教。也是在那时，我和前夫历经九年的婚姻画上了句号。突然变成单亲妈妈的我，面对生活、工作、育儿带来的各种挑战，一下子变得不知所措。在好朋友的鼓励下，我主动联系了孟老师，请他为我做心理咨询。之所以选择了身在上海的孟老师，而不是在同一个城市的心理咨询师，一是因为对朋友推荐的信任；其二，也是更重要的原因，是孟老师长期从事幼儿和青少年成长咨询和培训，有着令人信服的专业背景和能力。那时，让我最焦虑的事不是关于我自身的问题，而是如何给不到三岁的儿子足够的安全感，帮他平稳度过父母离异这个生活的巨大变化时期。

自然，我和孟老师的谈话内容多半都集中在孩子身上。他是儿童教育的专家，钻研幼儿心理学多年，见过案例无数，他自己也有一个和我的孩子年纪相仿的男孩。而我在育儿方面则跟所有的新手妈妈一样无措，面对儿子，所有曾让我引以为傲的理性和逻辑思维能力往往可以瞬间化为零。让我苦恼的有每个孩子成才过程中都会遇到的普遍问题，也有单亲家庭孩子的特殊问题。不管什么问题，孟老师总能见招拆招，给我最清楚明白的解答。有时困扰了我很久或者让我深深忧虑的问题，和孟老师聊完就会轻松很多，明确地知道自己有哪里做得对，哪里需要调整。其实孟老师不知道的是，我每次和他谈完，都会整理出一个笔记，有空时再在手机上看看，又感悟良多。后来，我也逐渐开始把我的笔记分享给前夫。在孩子的教育问题上，两个人的争论远远没有第三方客观的评价有效。到目前为止，我们已经能够协同合作，平和理性地处理孩子的教育问题，尽力把家庭破裂带给孩子伤害降到最小，并一路护航孩子到成年。

养育孩子时间越久，我越发觉得，父母都是和孩子共同成长的，这期间会遇到各种大大小小的问题。也许你身边没有一个这么好的老师指导你，那么你可以读读孟老师的这本书。孟老师将他多年的专业知识和经验积累浓缩成为七点，即书名所指的“好父母的七个习惯”。它里面包括了孟老师给我专业指导的所有内容，而且更系统；还包括了我听过和更多我没有听过的案例，而且更详细。如果你没有时间读完整本书，那么你可以挑选你最想找到答案的章节先读，我相信你一旦开始，就会饶有兴趣地将整本书读完，而且会在育儿这条路上少走很多弯路。

作为80后，我相信我对孩子的期待在我们这一代父母中应该较有普遍性。我不指望孩子成龙成凤，但是我希望他拥有很多良好的品质：友好，善良，诚实，有责任感，勇于担当，懂得感恩，最最重要的是希望他能快乐地享受人生。孩子并不能与生俱来拥有所有这些品质，但是作为母亲，我不害怕学习而且乐于学习，尽我所能引导我的孩子朝着这个方向发展。

最后祝愿我们的孩子都能快乐成长，也祝愿我们都能做快乐的父母。

博士生导师、芝加哥大学博士
哈佛大学医学院博士后
熊文君
2019年12月10日于香港

做高效能父母

飞机上看完的书，也是飞机上写的感想。职场妈妈就是这样无奈，尤其是30～50岁这段高速生活时期，很想静下心来做点事情，比如好好和孩子相处，研究一下科学育儿，可是，生活节奏不允许。幸好孟老师这本书的版式对快节奏妈妈相当友好，是坐在那里从任何一页翻起来都可以往下读的。七个习惯在7次短途飞行中就能看完。职场妈妈的时间是用秒来计算的，无论生活还是工作上都充满了绩效。孟老师因为知道我们的痛点，所以以一个高绩效的方式写了这本书，给既想做成功父母又想做成功经理人的我们铺了这么一条便捷的通道。

认识孟老师是在2013年刚结婚，那时的我也是刚结束海外8年的生活回到上海，对新生活新角色新环境都有一定的不适应，内心的秩序被打破了，可能再加上怀孕荷尔蒙的驱使，从小习惯自己给自己的心灵找出路的我，还是向专家伸出了手。那次，我和孟老师进行了深入的沟通，他一下子就找到了问题的本质，让我受益良多。

现在很多家庭结构都是多成员关系的，除了两个996的父母，可能还有两个帮忙带娃的祖父母加保姆或者钟点工。家庭成员之间自然特别容易因为孩子教育的理念差异而产生摩擦，育儿几乎成了家庭的核心矛盾。每次我家为一些小事吵得不可开交的时候，孟老师都给我来个四两拨千斤。印象相当深刻的一次是，孩子 2 岁的时候老喜欢把东西往窗外扔，有时候居然是他自己相当心爱的玩具。骂、打、罚，该试的都试过了，毫无效果，全家为了如何改正他这个毛病的事儿大大小小也吵了很多次。就在全家抓狂束手无策的时候，孟老师给我们出了个执行起来相当简单的办法：每天和孩子一起到楼下捡树叶，然后从窗户外往下扔树叶，一边让他扔一边和他念叨说："我们只能往下扔树叶，扔别的东西要砸到人，别人会疼的。"每天像任务一样必须完成。将信将疑地执行了两周，神奇的事情发生了，突然我儿子就不想扔了，而且从此以后再也没发生过向窗子外扔东西的现象。这就是生活育儿活用心理学的力量！

为了统一家庭成员对科学育儿的认知，我的建议是多咨询专家总比自己瞎琢磨、盲目自信要来得有效。那么多案例，桩桩件件似乎都有我或者身边朋友的影子，发出的每一句困惑也正呐喊出我的疑问，要知道育儿路上无独行，这也正帮助消除家长的过度焦虑。比如我的一个朋友因为担心和先生在孩子面前吵架会在孩子心理留下阴影，所以每次一旦两人濒临吵架边缘我朋友就息事宁人，夫妻矛盾也越积越深，她先生还因为知道她有这个软肋而更加肆无忌惮，飞扬跋扈起来。直到我看到孟老师书里写的那段吵架对孩子影响的诠释，他说："从来不吵架，伪和谐的父母，很难培养出坚强而勇敢的孩子；而经常吵架，消极处理的父母，也容易让孩子变得懦弱而自卑；只有偶尔吵架，又积极处理的父母，才能培养出自信而理性的孩子。"一下子给"吵架"在家庭生活中长期扮演的反面角色摘了帽子，也是叫人耳目一新。我的这个朋友看后开怀大笑，从此释然，不再惧怕和夫君对峙。

可能也有和我一样的职业经理人有着和我一样的感慨：管理公司易，治理家庭难！对象从理性逻辑的青年团队，变成稚嫩而无法讲理的孩子，以及时不时心智向小孩看齐的队友，还有越老越小、越固执己见的祖父母。不过这次为了动员全家一起有效阅读这本书，我小小套用了管理团队的方法：全家每周找时间阅读书里的一个习惯，周末花 10 分钟时间大家坐下来交流，要求每个人根据书里讲到的内容，指出一点自己做得不够好的地方和任何其他一个家庭成员做得好的地方。一轮体验后觉得还是达到了有效阅读的目的。然而为了更好地契合读者们的期待，我想提醒大家的是：从阅读理解，到根据认知的内容转化为自身行为的改变，直到这些行为形成一个新的习惯，并不是一蹴而就的事情，而是一个漫长而艰辛的过程。在此期间，便需要一颗能够容忍对方也能够容忍自己的心怀。但无论如何都不要气馁，要知自己每天都比昨天好一点点，无论结果如何，至少给孩子做了一个严格要求自身、耐心培养好习惯的良好形象，不是么？

世界 500 强企业亚太区高管 吕信情

2019 年 12 月 12 日于新加坡

作者的话

也许是喜欢，也许是性格使然，不知不觉从事心理咨询与孩子问题解决已经 16 个年头，期间一直想写点什么，给在孩子教育上有困惑的父母一点绵薄的支持，因为看到太多不当教育对孩子和父母带来的伤害，心有不忍。但自知文笔和能力有限，不敢好为人师，便迟迟不敢动笔。直到后来很多来访的父母以及我督导过的心理咨询老师，都希望我能写一本关于家庭教育的书籍，从一个心理咨询师的视角来解读孩子的内心世界，给父母一些有用的建议，这才让我有了写这本书的信心。同时，我还是一个男孩的父亲，我们的关系一直很好，我很喜欢听他讲话，并经常与他进行一些有趣的互动。在我们的相互陪伴中，我经常被他那种无条件的爱所感动，这又给了我写下这本书的勇气。

在上海，心理咨询和家庭教育培训的费用很高，而且大多数问题都不是通过一两次咨询或者参加一两次培训就可以解决的，这就给一些经济不太宽裕或者时间比较紧迫的家庭带来难题，从而导致很多咨询往往不能很好地坚持下去。我想，如果我把自己在咨询和培训中的一些思考写下来，并通过我做过的一些真实案例进行呈现，那也许会给在培养孩子上有些迷茫的父母一些有用的参考。当然，为保护隐私和更好地呈现问题，我隐去了案例中的一些细节，只表达可能引发父母思考的部分。我知道，尽管我比较了解中国的父母和孩子，并与他们在咨询和培训中相处得很好，也帮助过很多的家庭，但每个人和家庭都有很大的不同，培养孩子是一个需要付出时间、精力和耐心的过程，同时方法也在不断地变化。所以我用七个不变的原则来作引导，希望父母可以通过这七个习惯的养成，对孩子的教育产生一些积极的影响。

为便于理解，我在书中使用了大量的案例，这些案例大多为我在幼儿和青少年咨询和培训中遇到的情况，还有小部分是我在教育孩子上的观察和总结。尽管有些案例永远都不可能在我们的孩子身上发生，但通过这些案例，我们可以读懂孩子的内心世界，看到孩子的渴望、无助与成长。孩子与成人不同，而且与父母想象的差别很大。我们总认为他们学习好了，其他都好了，其实不是这样的。我们总认为他们学习不好，其他也都不好，事实也不是这样的。父母不懂孩子，孩子不懂父母，父母不懂自己，孩子也不懂自己。这就像两个人都闭上眼睛玩游戏，父母看不见自己，孩子也看不见自己，父母找不到孩子，孩子也找不到父母，两个人都在动，都在变化，也都活在自己的世界里。我在书中尽力呈现一些有用的方法给到一些有需要的父母，但教育孩子没有一个定式，需要父母根据孩子的特性，作出有智慧的思考。当然，我相信，只要父母决定用行动培养出一个积极而有智慧的孩子，就一定会找到方法，因为在爱的指引下，每个父母的内心都藏着巨大的潜力。

如何使用本书?

在各位正式阅读本书之前，我有一些建议，可以让各位用较少的时间，得到更多的收获。

1. 在内容编排上，习惯一：从内突破，是父母陪伴孩子成长的需要，建议各位可以反复阅读，这是其余六个习惯养成的基础。从习惯二到习惯七，内容更具针对性，我依据孩子的心理特点和认知规律，按照0～6岁、6～12岁、12～18岁这三个年龄阶段进行了编排。一方面方便各位根据需要进行阅读，另一方面也可以纵向了解孩子在整个发展过程中的心理状态。同时，在每个章节的后面，我都添加了一个积极行动的部分，供各位在阅读后写下体会，马上执行，凭借深刻印象，这会十分有效。

另外，七个习惯的顺序安排也有一定的规律。比如，从内突破，从改变自己出发，提高自己的影响力，才是培养优秀孩子的开始，所以从内突破作为习惯一出现，并建议各位可以详读。习惯二：领导情绪，一个人在情绪出现以后，要想控制住是很难的，所以领导情绪在前，管理情绪在后，凡事预则立。只有情绪好了，有效的沟通才能开始，这就是习惯三：有效沟通。一个人在沟通中很容易站在自己的角度对事、对人、对物做出主观评判，这就需要明确人与人之间的不同，建立清晰的边界，所以父母对自己对孩子要进行边界管理，这有利于孩子获得内在的安全感。这样，习惯四：边界管理就出现了。有了边界，就容易独立。但内心力量的提升需要内在价值感的建立，父母不要从孩子身上索取自己对生活的力量感，而要找到自己真正的力量所在，同时引导孩子找到他们的价值所在，让他们真正拥有内在的自信。由此，习惯五：力量提升就自然出现了。当孩子有了自信，他们就会勇于探索，父母要因势利导，依据孩子的个性特征和心理变化特点，进行有针对性的培养，让孩子真正爱上学习，从学习中获得成长中的快乐。这就是习惯六：因势利导。最后，父母还要运用习惯七：统筹高效，让孩子过上有意义的生活，让他们活出自己生命的精彩。

2. 在阅读方式上，我建议各位先通读目录，了解本书的概况，然后找到自己需要的章节，边读边想，并及时写下自己的感悟，然后在实践中灵活运用。当然，每个习惯中的技巧不仅仅限于这个年龄阶段使用，有些 0 ~ 6 岁孩子的技巧也可以在 6 ~ 12 岁的孩子身上使用，一些 6 ~ 12 岁孩子身上使用的技巧也可以在 12 ~ 18 岁孩子身上使用，这一方面是因为人的发展是一个连续的过程；另一方面是因为各个孩子存在个体差异，心理成熟也会有早有晚。我只是根据孩子在不同阶段的心理特点，在编写的时候有所侧重而已。因此，不论是想解决孩子在哪个年龄阶段的问题，我都建议最好可以通读整个章节。毕竟孩子要全面发展，引导也要融会贯通。

3. 这本书还可以作为工具书来使用，依据想解决的问题来选择精读的章节，比如想寻找孩子的问题时，就可以阅读“习惯一：从内突破”；想处理孩子的情绪时，就可以阅读“习惯二：领导情绪”；想提高沟通的效果时，就可以阅读“习惯三：有效沟通”；想培养孩子的独立时，就可以阅读“习惯四：边界管理”；想增强孩子的自信时，就可以阅读“习惯五：力量提升”；想提升孩子的学习力时，就可以阅读“习惯六：因势利导”；想绽放孩子的价值时，就可以阅读“习惯七：统筹高效”。只要有了明确的方向，阅读的效率就会提高很多，在阅读之余，我建议各位还可以把自己的收获分享给自己的爱人和朋友，这不仅能够加深对知识的掌握，还可以让身边的人从中受益。

这本书适合什么人阅读?

1. 如果你是一位妈妈或爸爸，自己的孩子还小，那么你可以通过阅读本书，来陪伴孩子成长，相信在这个过程中，你一定会有很多惊喜的收获。如果你的孩子正处在麻烦中，那么阅读本书正是时候，你可以从中找到一些可供参考的策略，也许不一定完美，但相信可以给到你一些有用的帮助。如果你的孩子已经发展得很好，那么恭喜你，我为你的孩子感到骄傲，你仍然可以通过阅读本书，加深对孩子的了解，深化孩子对你的信任，当然，你也可以把这本书放到书架上，或者赠送给有需要的人。

2. 如果你是一名学校老师、心理咨询师、家庭教育指导师、教育工作者、社会工作者或者渴望读懂孩子的人，那么，这本书非常适合你，因为这本书是我在上海从事咨询与培训的 16 年来，对孩子问题和家庭教育的深度思考，以及几百场教育培训下来，接触几千个案例后的经验总结，希望对你能够有所帮助。我知道，孩子在不断变化，时代也在飞速发展，我对孩子的了解还远远不够，对家庭教育的认识仍存在不足，但我愿意继续努力，把对的事情一直持续下去。

表达感谢

为了更好地说明某些观点，个别语句在表达上难免有一些瑕疵，尽管我反复修改，以期完美，但难免仍有不尽如人意的地方，希望各位在阅读的时候可以多多谅解。当然，您也可以通过邮箱 murray_meng@ 126. com 与我联系，给出您宝贵的批评和建议，我将不胜感激。

在此，我首先要感谢熊文君女士和吕佳清女士，她们为本书作了序言，她们是我多年的朋友，都是十分真诚的人。我知道她们都很忙，有很多重要的事情要做，但得知要为本书做序时，她们欣然同意，而且很认真地看完了全书，这让我十分感动。她们的文笔很好，而且写得真情实感。我和她们在平时也会交流一些关于孩子教育方面的事情，她们很有智慧，我经常从中受益。我十分感谢她们，有她们这样的朋友，我很幸运。

其次，我要感谢上海的龚政老师、上海的李慧明老师、北京的张伟老师、江苏南京的李春利老师、河北衡水的张建梅老师，以及浙江杭州的郭丽鸽老师，他们不仅是优秀的教师，而且在教育孩子上也有自己独到的见解，同时在培养自己孩子上面也做得十分成功，他们为本书写了自己的阅读感受，这让我十分荣幸。

最后，这本书得以出版，我要感谢仲亚萍女士的大力推荐，以及吴蒙蒙女士的精心策划。仲亚萍女士非常热心，给予本书出版以有力的支持。吴蒙蒙女士非常专业，她给了我很多宝贵的建议，对于出版方面的事情，我并不熟悉，吴蒙蒙女士却非常娴熟，她做事十分细致，有很多细节方面的对接较为烦琐，但她都很是耐心和敬业，这让我十分钦佩，可以说，是她让这本书能够更好更快地与各位见面，再次向她表达我的谢意。

当然，此时还要特别感谢我的家人在我写书时给予的无私支持，这让我可以全心投入，没有后顾之忧。更要感谢我的孩子，是他真诚的陪伴和互动，让我收获了很多乐趣和灵感，这将是我终身享用不尽的财富。

孟志亮

2019 年 12 月 16 日于上海

目录

第二章 建立良好的亲子关系

第三章　增强孩子的内在

第四章　提升孩子的学习力

七个习惯说明

这七个习惯并非我的独创，在我知道之前，它们已经作为规律和常识在人类社会长期存在，只是我在多年的咨询和培训实践中，逐渐发现它们在培养孩子过程中所起到的重要作用。在经过反复思考和总结后，我决定把它们写出来，供一些有需要的父母在培养孩子的时候作为参考。这七个习惯不仅符合人类身心发展的规律，也满足了探索人性的需要，父母在执行这七个习惯的过程中，不仅会让孩子逐渐变得优秀，自己也会从中受益。

习惯一：从内突破

孩子是父母的影子，父母是孩子的镜子。父母改变孩子并不容易，因为父母在改变孩子的同时，孩子也在想着改变父母。在孩子的眼里，父母就是父母，是爱与支持的象征，只有父母做出匹配身份的行为，才会赢得孩子的尊重。从内突破，就是父母从改变自己开始，通过不断的学习和提升来对孩子施加积极的影响。这种改变包括：接纳真实的孩子，站在有益于孩子发展的角度思考问题，保持积极的正能量。

习惯二：领导情绪

领导情绪就是一个人在情绪出现的当下，能够有效掌控自己的身心状态。情绪只有在被正确的领导下，才会沿着积极的方向发展。父母对自己情绪的领导，可以更加清晰地把握教育孩子的方向；而孩子对自己情绪的领导，可以更加自信地把握不断变化的人生。领导情绪要从了解情绪的特性开始，要知道情绪是什么，为什么会发生情绪，发生后又会带来什么样的影响。父母怎么做，孩子就怎么学，孩子对情绪的领导和管理都藏在父母对他们行为的回应中，父母只有有效地处理自己的情绪并坚持正确的情绪信仰，才会让孩子在切身体会中慢慢成为自己情绪的主人。

习惯三：有效沟通

父母与孩子的沟通，不论是语言，还是非语言，都要以积极和有效为基础。事实上，大多数亲子沟通都处在无效和重复的状态，这不仅降低了沟通的效率，也背离了沟通的初衷。亲子沟通不仅是为了传递信息和解决问题，还是为了互通情感和深化信任。有效沟通要从积极倾听开始，父母只有理解了孩子，才容易赢得他们的信任。在沟通中，提问必不可少，但只有问对了问题，交流才能更好地进行。孩子毕竟是孩子，不论是在成长的早期，还是到了青春的后期，在他们看似独立的背后，仍然少不了父母有智慧的引导。

习惯四：边界管理

父母陪伴孩子成长的过程是一个相互滋养，慢慢分离的过程。一个边界清晰的孩子不仅能够尊重自己，也能够尊重他人。在与孩子相处的过程中，父母要清晰自己的边界，并尊重孩子作为独立个体的存在。在孩子成长的早期，父母要给予他们足够高质量的陪伴，让他们从小就拥有健康的身体和精神边界。孩子只有认同了自己，他们的内心才会充满安定的力量；也只有拥有了这份安定的力量，他们才能勇敢地面对未来不确定的人生。

习惯五：力量提升

孩子的自信来自父母的接纳、肯定、赞美和鼓励。尽管他们在尝试成功的过程中会遭遇不同程度的挫折和失败，但他们仍然希望父母可以给到坚定的支持。只有他们的内心拥有了足够的温暖，他们才有力量去面对人生路上的寒冷。但对于他们的一些不合规的行为，父母也要给予及时的批评和惩罚，因为这样可以规范他们内心的秩序，并催化他们思想的成熟。除此之外，父母还要鼓励他们在生活中反复实践，只有实践中获得成就，才会让他们拥有不断奋进的力量。

习惯六：因势利导

每个孩子都有自己独特的优势，只要父母细心发现，总能找到他们的特别之处。而父母顺势而为的培养，更容易让孩子看到自己存在的价值。孩子一旦从探索中找到了乐趣，就会自觉主动地爱上学习。尽管大多数孩子对学校知识的学习很难谈得上喜欢，但这些知识的学习，却能激发他们更多的智慧。因为在学习的过程中，他们要寻找动力，培养毅力，并通过不断的慎思和笃行来达成期待的结果。

习惯七：统筹高效

在孩子的眼里，时间的意义与快乐相关。如果快乐，他们就觉得时间很短；如果不快乐，他们就希望快点长大。他们的这一思维特点，一方面有利于父母通过高质量的陪伴来增加对他们的情感投资；另一方面他们也容易被情绪所左右，不能有序地安排自己的生活和学习。因此，父母在取得他们的信任之后，要依据他们的认知特点，不失时机地引导他们对时间进行统筹高效的管理，从而让他们能够过好当下，赢得未来。

第一章　塑造全新的自我

习惯一：从内突破——让自己变得更好

教育是一种修行。

在从事幼儿及青少年成长咨询和培训的16年来，我接触过很多的家庭，经常会有父母向我提出一些这样的困惑：

__我们知道过度宠爱孩子不好，但孩子太过叛逆，不像别人家的孩子那样听话，规矩立了又立，却总不能很好地执行。

__我们曾经在学业上十分优秀，孩子看起来也很聪明，但他就是不喜欢学习，成绩也一直上不去。

__我们也知道要多鼓励孩子，多倾听孩子，可孩子总会做出一些让我们失去耐心的事情。实在没有办法，我们也会骂几句或打几下，不知道该如何教育才好?

__孩子很不听话，我们说多了，他就会不耐烦。若不说，看到他那不求上进的样子，我们又会忍不住。

__我们的孩子缺乏自信，做事急躁。我们经常提醒他慢一点，多试几次，可好像没什么效果。

__孩子平时考试还好，一旦碰到大考就会非常紧张，我们竭力避免对他有任何刺激，可他还是不能正常发挥，真不知道该如何是好?

__近一年，孩子沉迷于游戏，我们什么方法都试过了，断网、断电、限制时间，但都没多大效果，只要不让他上网，他就像丢了魂似的。

——孩子总喜欢把自己关在屋里，然后把门反锁。我们很想和他谈谈，但他经常敷衍了事。对他来说，家就好像一个旅馆。

有些父母认为孩子是问题的制造者，倘若孩子能够听话、懂事，一切的麻烦便不会存在。他们在向我咨询或求助的时候，通常会表达对孩子的担忧，希望能够获得一些简单有效的方法快速解决这些问题。在他们看来，需要改变的只有孩子，只要孩子改变了，问题就能迎刃而解。

这种以孩子的问题为中心来进行家庭教育的父母，我称他们为从外突破的父母。这类父母只关注孩子的问题，把问题归因于孩子本人或外部环境的影响。他们活在对孩子的想象中，并认为只要掌握了一定的方法，就可以把孩子塑造成为自己期望的样子。

在面对孩子的问题时，这类父母中的大多数都认为自己是对的，需要改变的是孩子，就算承认自己要做出一些调整，也很少真正付诸行动。虽然有时他们也会尝试做些改变，但往往太过急躁，一旦看不到效果，便很快失去耐心。在他们的眼中，别人家的孩子都是好的，这种习惯化对比，时常让他们陷入深深的挫败之中。

在教育孩子的问题上，他们擅长说教与控制，而且经常带着负面情绪对孩子进行批评和指责。在他们看来，只有不断地纠正孩子，孩子才能变得更好。然而在他们的教育下，孩子却经常出现这样的问题：胆小；缺乏自信；没有安全感；做事被动；情绪失调；攻击性强；不懂合作；容易孤单；喜欢从众；对生活或学习缺乏热情；等等。

另有一类父母以自身的影响为中心来对孩子进行家庭教育，我称他们为从内突破的父母。这类父母不仅关注孩子的问题，更关注自身的提升。他们一方面会通过积极主动的学习来改变自己；另一方面会依据孩子的个性、特质和价值来对他们进行有针对性的培养。

他们看重与孩子信任关系的建立，重视对孩子的情感投资，愿意花更多的时间去陪伴、倾听和理解孩子。面对孩子的问题时，他们可以理性地做出判断，并能够从自身查找原因，努力寻找解决的方法。

在培养孩子这件事上，他们善于从孩子的身心发展规律出发，通过示范、引导、协议来对孩子进行有效管理。当孩子有挫折或困难时，他们能够及时转换身份和角度，以积极的心态来理解和接纳孩子，并给予孩子足够的力量。

在沟通方式上，他们喜欢对孩子进行肯定、鼓励和赞美，而且善于利用身体语言来表达情感。他们重视孩子的独立，并把品德建设放在首位。他们在关爱孩子的同时，也重视规则的设定和安全感的培养。

在他们的影响下，他们的孩子通常会有这样一些特征：品德好；懂得感恩；做事积极主动；容易获得成功；可以控制情绪；内在独立又懂得合作；有良好的人际关系；喜欢探索并热爱生活；等等。

显然，从内突破的父母在教育孩子上需要付出更多的努力，他们要从改变自己开始，不断地学习，学习，再学习。他们不仅要了解孩子，还要了解自己。但对大多数父母来说，要做到这一点并不容易，因为很少有人愿意改变自己，也很少有人愿意承认自己在教育孩子上需要进行新的学习。尽管有些人在现实生活中并不如意，但他们在教育自己孩子这件事上却总是信心满满。特别是在孩子比较小的时候，因为孩子难以反抗，让这些父母错误地认为，自己给了孩子最好的教育，直到孩子的问题出现了不可控的局面，或者与他们的期望形成了强烈的反差，他们才开始慌乱起来，焦虑得不知所措。

之所以会出现这样的情况，大致是源于以下几点：

在孩子 6 岁之前——

1. 父母在孩子面前容易找到存在感。

2. 在教育孩子的时候，父母容易获得不被指责的成就感。

3. 在孩子面前，父母更加放松，可以做真实的自己。

在孩子 6 岁之后——

1. 孩子独立意识发展，在情感上不再对父母过分依赖。

2. 孩子行为方式开始独立，不再对父母言听计从。

3. 孩子呈现出来的表现与父母想象的不太一致。

比如，孩子在上幼儿园的时候，什么都听父母的，就算有不满，也不会说出来，而且在学习上，也会听从父母的意愿，只要表现得乖巧一点就能够获得父母的认可。而到了小学以后，成绩若有不好，父母就开始说教，或者为孩子寻找更好的老师，但现实情况往往是，孩子的学习很难会有更大的提升。其实孩子需要的一直都不是一些具体的方法，而是一份与父母之间牢固的信任。

另外，从人性角度看，父母从内突破还面临着以下的困难：

1. 一个人习惯沉浸在自己想象的世界里，不容易出来。

2. 大多数人都喜欢站在自己的角度来思考问题，并希望他人可以遵从自己的建议。

3. 人在情绪和压力之下，很难做出理性的判断，而且容易迷失自己。

4. 在遇到问题或困难时，大多数人都会自动地朝向负面的方向泛化思考。

举个例子，一个做老师的妈妈带 3 岁的儿子去朋友家聚会，一路上孩子叽叽喳喳地说个不停。到了聚会现场，却变得非常沉默，就连对向他打招呼的人，也不做回应，而朋友的女儿却表现得十分礼貌。这个妈妈感到有些尴尬，开始说教儿子，希望他能做出一些改变。但直到聚会结束，孩子还是没有说话。

在回家的路上，她气愤地说："你看，那个小妹妹多懂事，你怎么就像一个哑巴，一句话都没有。如果以后再这样，就不要跟我出去了。"

这个妈妈出于面子，活在自尊的世界里不能自拔。她感觉孩子的"不礼貌"让她作为一个老师的身份十分受挫。这个妈妈过分在意朋友对自己的看法，而忘记了自己是一个妈妈。等事情结束后，糟糕的情绪完全侵占了她的大脑，这让她对孩子做出了极端负面的评价。

在整个过程中，她认为有问题的是孩子，要做出改变的也是孩子，只有孩子改变了，自己才能更有尊严。其实，她对孩子的不满是对自己的不满，强烈要求孩子做出改变，仅仅是为了消除自己内心的不安。

显然，这是一个从外突破的妈妈。她关注孩子的问题，并希望通过改变孩子的行为来达到想要的结果。事实证明，孩子并不能从妈妈焦虑的情绪和不断的说教中获得足够的安全感，反而会在这种紧张的气氛中，变得更加的惶恐与茫然。

倘若要想让孩子做出真正的改变，她就需要进行这样的突破：

__ 提前准备。在出发前，她可以让孩子带上一个自己喜欢的玩具，并告诉孩子："一会儿到了朋友的家里，如果有人向你打招呼，你就应一声，如果你心里还没有准备好，那就轻轻地微笑一下，做一个有礼貌的孩子。"

__ 积极支持。如果孩子在现场对别人的招呼没有回应，可以说："他可能还不熟悉，刚才在路上的时候还一直说很期待来这里，过一会儿也许就好了。"

__ 合理引导。在朋友的家里，可以引导孩子与小女孩交换玩具，或者和孩子进行一些简单的互动，协助他熟悉新的环境，增强孩子内心的安全感。

__ 有效反馈。回去时，可以对孩子说："刚到一个新的环境会有点不适应，这很正常。但只要你喜欢，慢慢就会好起来。如果你愿意，以后我还带你出来玩，好吗？"

一个从内突破的妈妈在面对孩子的问题时，关注的不是如何改变孩子，而是如何改变自己来影响孩子。在去之前，她让孩子带上了一个自己喜爱的玩具，就是希望孩子在不知所措的时候，可以通过熟悉的玩具来增加内心的安全感。同时她提前告知孩子即将发生的事情，也是为了让孩子对陌生的环境有所准备。当孩子对他人的问候没有做出很好的回应时，她可以及时说明情况，并给予一定的支持。

所以父母要实现对内突破，对孩子产生积极的影响，还是要做一些必要的准备：

__ 站在积极影响孩子的角度来觉察自己的情绪和行为。

__ 使用孩子可以听懂的语言与他们沟通。

__ 重视身体语言对孩子的影响。

__ 掌握孩子的身心发展规律与认知发展特点。

__ 重视品德建设和人生意义的追求。

__ 建立互信，增加感情投资。

__ 追求自我发展，提升内在价值。

此外，父母还要相信孩子的潜力，培养他们的独立。而在现实中，大多数父母对孩子还是缺乏信任，他们似乎认为，孩子只有在他们的搀扶下，才能够更好地成长。尽管有时他们也会对孩子说："你真棒。""你可以的，继续加油。"可事实上，他们的内心并不接纳真正有力量的孩子，而是希望孩子对他们有更多的依赖。

父母对孩子的认知与期待，受思维定式的影响很大。如果对孩子的教育活在想象中，就会缺乏对孩子和教育规律的深刻认识。而想象与现实之间的巨大落差，会打击他们作为一个优秀父母的信心。例如有些父母认为孩子应该听话、懂事、注意卫生、好好学习，而事实上孩子却会做出一些叛逆的事情，导致他们内心的挫败。因为他们认为的"应该"不是孩子的"想要"，而孩子的"想要"又缺乏他们的理解。每个人都期望按照自己舒服的方式生活，父母如此，孩子也一样。

曾有一个13岁女孩的妈妈来找我咨询。她说："孩子写作业特别慢，几乎每天晚上都要做到12点。有时我说她，她还会跟我吵起来。孩子大了，不好管。后来我听了一个关于时间管理的讲座，就找了一些方法来让她执行。开始她很积极，可不到一周就不干了。”孩子说：“我写作业的时候，妈妈会在一旁不断地说话，说我这儿不好，那儿不好，真是吵死了。她总觉得我学习效率低，而她呢，一件小事也会拖很长时间。”

妈妈认为孩子应该好好写作业，因为只有这样，她才会在管理孩子的学习上更加省心。事实的确如此，孩子的拖拉不仅让她感到焦虑，而且早已磨掉了她的耐心。为了改变孩子，她像监工一样在旁边盯着，并期望通过一些方法从外部突破，对孩子施加有效的影响。而孩子想要的不是这些缺乏温度的陪伴和生硬的方法，而是希望从妈妈那里能够获得更多的理解与信任。

父母要实现对内突破，就要打破思维定式，以培养优秀的孩子为目标，不断从行动中寻找方法。例如，一个妈妈认为孩子不听话，就说了孩子，结果孩子不仅不听反而顶嘴。倘若她是一个从外突破的妈妈，一定会非常愤怒，因为孩子的行为伤害了她的自尊。这时为了挽回颜面，她很可能会通过呵斥、责罚或控制的方式来对孩子进行施压。相反，如果她是一个从内突破的妈妈，也许就会思考：我说的为什么孩子不听？是说得太多，还是说得太主观？孩子为什么顶嘴？他的内心到底压抑着什么？面对同一个问题，父母不同的突破方式，就会产生不同的行为策略。在与孩子沟通的过程中，往往结果有效比过程正确更为重要。

一次，一个12岁男孩的爸爸来找我咨询，他说：“我和孩子之间已经没有了信任，不管我说什么，他都无所谓，而他说什么，我也不再相信。”我建议他可以先做一些事情来表达对男孩的信任，但不要说出来，只要去做就可以了。只要他有足够的耐心与坚持，孩子会慢慢感受到这份真诚与信任。当然，他还要坚持循序渐进的原则，不能急于求成，同时还需要理性地思考，不能被情绪和环境所左右。在面对孩子的时候，父母不能把信任当成一种交易，对现实中不太完美的孩子抱有不切实际的幻想，否则孩子一旦达不到自己的期望，就容易遭受挫败、感到沮丧。

尽管从内部突破来培养孩子，并不是一件容易的事情，这需要父母投入更多的精力和学习。但对于每一个深爱孩子的父母来说，我相信，这将是人生中最有意义的挑战。相反，如果从外部突破来教育孩子，看似不用动脑，比较轻松。但随着孩子的成长，父母会发现孩子的问题越来越多，自己也越来越累。

接下来，我们一起来探讨一下，父母从内突破需要付出怎样的努力。

接纳真实的孩子

告别不合理期望

一个人想象的世界未必就是真实的世界。

在一些父母的眼里，只有想象中的孩子，而没有现实中的孩子。他们经常通过自己绘制出来的“理想画像”来对待现实中的孩子，一旦孩子的行为表现与“理想画像”差距太大，他们就会出现负面的情绪，让自己深陷其中。当孩子出现问题的时候，他们通常会这样说：

—— 如果你能再努力一些，结果就不会是现在这个样子。

—— 你应该好好学习，这样将来才会有一个好的前程。

—— 想当初你不听我的，看看，现在后悔了吧！都跟你说了多少遍了，你从来都不放在心上。

—— 为了你，我们付出了那么多，可是你一点都不懂得珍惜。

—— 就那么一点点作业，明明很快就可以完成，你非要拖到很晚。

—— 看看你的同学，人家多懂事，再看看你，真让我心寒。

—— 我怎么有你这样一个不争气的孩子？

—— 不是我说你，看看你的德性，哪像一个女孩子！

—— 就你这样的态度，将来能干成什么事？

—— 以前你是那么的懂事，现在怎么变成了这个样子？

—— 常言说，“知耻而后勇”，你一直在知耻，都这样多久了，也没见你勇过。

作为成人，如果我们听到有人对我们说出这样一些话，想必内心也一定不是滋味。事实上，父母在说出这些话的时候，只是在发泄一种对自己和孩子的不满，因为他们沉浸在不满和负面的情绪中，所以很难察觉到这些话对孩子带来的伤害。在这种家庭教育的影响下，孩子在长大以后，很难对父母表达足够的尊重，并有可能把自己变成一个连自己都讨厌的样子。

其实，说出这些话，可能也是一种无奈，他们的耐心也许早已被孩子耗完。虽然从情感上可以理解，但这终究不是培养孩子的正确方法，而且这样做除了破坏亲子信任关系外，好像对孩子也产生不了多少积极的影响。

不管是出于什么目的，一旦说出了伤人的话那就无法收回，所以父母在教训孩子的时候，在语言上还是要慎之又慎。

现在，我们来看一看，另一些父母在遇到孩子的问题时，他们是怎么做的？

—— 孩子，我不知道发生了什么，看到你如此不开心，我愿意坐下来陪你聊聊。

__ 孩子，你现在还小，等到了6岁，你就可以去尝试那些东西了。

__ 如果你不甘心，可以再试一试，也许会有不一样的结果。当然，到底该怎么做，这最终还是由你自己来决定。

__ 一会儿去打预防针，可能会有点疼，像小蚂蚁咬了一样，过一会儿就没事了，如果你实在受不了，可以哭出来，我会一直陪着你。

__ 谁也不曾想到事情会发展到这个地步，这不是你的错，换作是我，也会做出同样的决定。

__ 我知道这对你很重要，我可能永远都理解不了，但我尊重你的选择。

__ 我看得出来，你在玩游戏的时候非常兴奋，这种体验一定很好。但我希望你能偶尔娱乐一下，而不要把大量的时间都消耗在游戏上。因为人的一生还有许多重要的事情要做，而且有些责任也不能推卸。

坚持一些正确的原则很有必要，开始你可能会不太习惯，可一旦适应，就能发现它的好处。

通过以上对比，我们可以清晰地感受到：如果接纳了真实的孩子，父母就会变得亲切起来，孩子看起来也会可爱许多。同时，孩子也能够从这些话语中获得支持的力量，并容易做出一些积极的改变。

父母对孩子的期望一旦脱离了实际，就会伤害孩子，伤害自己。

一次，一位妈妈带着11岁的儿子来找我咨询，她非常焦虑，孩子马上要小升初了，但成绩下滑得厉害，而且孩子在紧张的时候还会不断地吃手，并经常发出奇怪的声音。

在咨询中，她一再对比男孩过去的优秀与现在的糟糕，这让她十分受挫。在经过几次沟通后，有一天，她兴奋地对我说："孟老师，我发现当接纳了现实中的孩子后，我突然感觉轻松了许多。"

有的父母之所以不愿意接纳现实中不太优秀的孩子，是因为他们害怕承认自己在教育孩子上的失败。

一个9岁男孩的爸爸在咨询时说："我已经对孩子降低标准了，可他还是做不到，我能怎么办呢？难道要全部放弃吗？如果真是那样，他早就废了。"而孩子说："爸爸的要求太高，不管我怎么努力，他都觉得不够好。也许在他的眼里，我真的是一无是处。"

这个爸爸之所以会这样说，是因为他认为自己是对的，孩子只有按照他的标准学习生活，将来才能够变得更好。他不信任孩子，孩子也不信任他，两个人都站在自己的角度来思考问题，并认为对方不可理喻。

还有些父母可能对自己的生活或婚姻状态并不满意，为了提升自我满足感，他们会把一些自己未完成的心愿强加到孩子的身上，企图通过对孩子的严格要求，来补偿自己精神上的缺失。

曾有一位妈妈带着12岁的儿子来找我咨询。她说："孩子最近出了很多问题，老师说，他经常拿着一根绳子挂在窗户上'钓鱼'，有时他还会扮成小丑在班级里搞笑。"男孩说："妈妈对我要求十分严厉，她心情不好时就会凶我，爸爸经常不在家，他们的关系也不太好。我经常听到妈妈一个人哭泣，可我不知道能做些什么，既然爸爸已经不再爱她，她为什么不选择分开。她希望我能够好好学习为她争气，可我就是不喜欢学习。我感觉自己很没用，不知道将来能做点什么。”

这个内心缺乏安全感的妈妈活在自己构想的世界里，她紧紧地抓着孩子，让孩子看不到自己存在的意义。每个人都是一个独立的个体，需要独立地活成自己想要的样子，而不是把希望寄托在他人的身上，让自己跟随他人的情绪和节奏而动。孩子只是借助父母来到了这个世界，在精神独立和追求上，他们拥有和父母平等的权利，也就是说，在每一个小小的躯体内部都藏着一个独立的灵魂。孩子不是父母的提线木偶，而是一个充满灵性的个体。

还有一些父母会直接向孩子表达自己的期望，并明确自己的要求，一旦孩子达不到，他们就会向孩子彰显自己的权威。而另有一些父母则比较含蓄，他们会给自己贴上一个“开明父母”的标签，表面上他们对孩子没什么要求，只要健康就好，而事实上他们却经常会对孩子做各种带有期望的暗示，让孩子不能好好生活。

有一天，一对夫妇带着 14 岁的女儿来找我咨询。妈妈说：“我女儿现在读初三，离中考还有半年的时间。最近几次考试她发挥得都不是很好，而且在考试的时候还会满身大汗。我们对她的要求不高，只要她正常发挥就可以。她开学有几次考得还不错，要是都像那样，我们也就放心了。我和她爸爸怕她有压力，在她面前，也很少提学习。”

妈妈说的时候，女孩一直低着头，爸爸在旁边偶尔附和一下，并不时露出憨憨的笑容。

后来，我支开了他们。女孩说："爸爸妈妈嘴上不说，但我知道他们对我期望很高。我的家庭条件一般，进入初三以后，他们会做很多好吃的给我，他们自己却吃得很少，和他们在一起吃饭，我总觉得怪怪的。前段时间我的成绩有点下滑，他们就给我请了家教老师，补课费用很高，我不想补，可他们不同意，说是只要我学习好，他们再辛苦都愿意。其实，我不是特别聪明的那种学生，对有些知识的学习也比较吃力。我总害怕考不好，将来对不起他们。"

这是一个懂事的女孩，她希望通过努力学习来达到父母的要求，可这种有条件的爱与支持，让她活在一种被"交易"的恐惧中。后来，这个女孩每周都来咨询一次，开始父母还会陪伴，后来她就一个人过来。两个月后，她的状况有了很大的改善。

遵从正确的原则

一个人想象的世界未必就是真实的世界。父母对孩子的设想，要建立在了解孩子的基础之上，而不是凭主观想象来为孩子设定一个不切实际的未来。因此，父母在想问题办事情的时候，可以参考这样的原则：

1. 不确定——确定——不确定。父母要让孩子从不确定的行为中找到自己确定的价值，这样他们才有足够的力量来应对不确定的未来。也就是说，父母要细心观察，发现孩子行为背后的积极方面，并给予及时的肯定和支持，让孩子的内心充满有价值的力量。

2. 面对真实——接纳——做出改变。父母要了解孩子的性别特点、年龄阶段、智力反应、个性特征及优势所在。在掌握孩子的真实情况后，父母首先要勇敢接纳现实中的孩子，然后才能对孩子进行有针对性的培养。

3. 变——不变。世界上唯一不变的就是变，孩子也在不断地发生变化。孩子的真实是每个阶段当下的真实，而不是一成不变的真实，所以父母要依据孩子的身心发展特点和认知发展水平，不断调整与孩子沟通和相处的模式。同时，孩子的性别特点和个性特征具有一定的稳定性，父母要善于思考和总结，及时把握教育孩子的正确方向。

父母要做到接纳真实的孩子，就要先接纳真实的自己，而且还要承认孩子有他们自己的人生，他们需要经历他们要经历的一切，而父母只需要在孩子启程的时候，做出正确的领跑。

换个角度看孩子

站在有益的角度看问题

每个人看问题的角度都没有错，都是潜意识在当下做出的对自己最有利的选择。

有一次，我去访友，午饭后坐在他家庭院里闲聊，他 2 岁半的女儿在旁边一个人玩耍。没过多久，小女孩飞快地跑了过来，兴奋地说："爸爸，你看!"她舞动着手里的树叶，而且衣服上沾满了泥巴。"脏！快扔掉，看看你的身上，怎么搞的，这可是刚换的衣服。"朋友拽着女儿的衣服，大声地呵斥，我突然感到有些尴尬，却不知道该如何是好，就这样，小女孩悻悻地走开了。然后，他回过头，无奈地笑着说："这孩子太淘气，都不知道打多少回了。”

这件事情已经过去了很久，小女孩现在已经长大，估计他们也记不得了。

当时每个人所处的角度不同，对这一事件的反应也就存在很大的差异。

小女孩：只有 2 岁半，还不能很好地区分部分与整体的关系，在她的眼里，部分就是整体，一片树叶就是一棵树或者一片森林。当她发现树叶后，内心就会思考：这是一片什么样的叶子？它怎么会在这里？它的颜色是什么？它的形状是什么？它摸起来的感觉又是什么？这真是一个令人惊喜的发现，我要把这个发现赶快跟爸爸分享。同时她还会认为一切事物都是活的，可以对话，也可以交朋友。一片树叶就可以激起她探索的愉悦和学习的渴望，她可以通过观察和思考来获取更多的知识，从而满足自己成长的需要。

小女孩的爸爸：地上的叶子一定很脏，上面还有很多细菌，女儿接触多了就容易生病，她生病了我就会很麻烦。而且刚刚换的衣服又要去洗，心里很不舒服。还有，女孩子要讲究卫生，干净整洁。同时，我的朋友也在这里，女儿这样搞，让我很没有面子。

我（当事人）：尽管我了解孩子的想法，也懂得朋友这样做的理由，但我却什么都没有做，只是坐在一边尴尬地旁观。我可能觉得，朋友在教育自己的孩子，在他没有向我求助的情况下，我便不好插手。我要维护朋友的面子，不宜好为人师。

我（旁观者）：朋友不了解女儿的心理，不了解女儿的世界，也不了解女儿分享背后的成长。他只关注女儿制造的麻烦、顾及自己的面子，却不知道女儿当下的行为对她的将来会产生多么重大的影响。

多年以来，我为当时那个还不成熟的自己而感到遗憾，作为一个懂得小女孩想法的人，却没有在她需要的时候给予及时的支持。倘若在当时我能够对她的行为做出一些积极的回应，比起我的面子来说，那一定会更有意义。

结合这个案例的分析，我们可以获得以下发现：

__ 每个人都会选择对自己最有利的角度来思考问题。

__ 站在旁观者的角度，往往更容易激发智慧。

__ 站在发展的角度来看待孩子当下的行为，有意义比有道理更为重要。

__ 和孩子沟通之前，要先关注他们的情绪。

__ 面对孩子的问题时，要积极思考他们行为背后的正面动机。

__ 增加对孩子的情感投资，建立信任关系比什么都重要。

__ 教育孩子，一定要掌握他们的身心发展特点和认知发展规律。

父母要想了解孩子的想法，不仅要掌握必要的技巧，坚持正确的原则，还要随时能够做到换位思考，因为位置不同，看问题的角度也就不同，只有站对了位置，才能把问题看得更加清楚。大多数父母也知道要换位思考，但真正能做到的却少之又少，这是因为他们很难突破思维定式的限制，而是希望在孩子面前能够维护自己那脆弱的自尊。特别是当孩子的情绪和行为刺激到他们的敏感神经时，他们就很容易回到旧的思维框架中，用扭曲的主观评判和负面想象来对待客观真实的孩子。父母只有认真地倾听孩子，并站在孩子的角度来思考问题，才能够深刻地理解孩子情绪和行为背后的成长意义和价值。

事实上，在教育孩子的时候，很多父母通常会有以下想法：我说的都是对的，都是为了孩子好，这些都是经验之谈；我走过的桥比孩子走过的路都多；我的父母就是这样教育我的，看！我现在有多成功；我不需要改变，要改变的是孩子；孩子这样小，什么都不懂；孩子按照我说的做就可以了；我不需要学习，要学习的是孩子；孩子不听话，我很没面子；孩子是我的，他不听我的还能听谁的，我想怎么教就怎么教。这些父母之所以擅长站在自己的角度去评价孩子，是因为他们在这样做的时候，可以体验到一种控制他人的快感。

倘若没有巨大的好处与刺激，没有人愿意做出改变，因为改变是痛苦的。而对于那些内心缺乏力量的人，改变会更加痛苦。但凡比较固执的人，内心大都缺乏安全感，因为他们害怕变化会带来更多的不确定，从而加重内心的恐慌。

他们在孩子面前，通常会进行以下表达：

__我为你付出那么多，而你却不懂感恩，真是气死我了。(*对比的角度*)

__马上要考试了，你还不用心，再这样下去，我看你连个初中都考不上。(*批判的角度*)

__多吃点饭，不想吃也要吃，看你瘦的，吃不完不准离开。(*强制的角度*)

__写个作业拖拖拉拉，都快一个晚上了，怎么还剩这么多？(*指责的角度*)

__考试有什么好紧张的，我们又不逼你，不就是一次考试

嘛！（*否定的角度*）

__ 这个是你做的吗？就知道搞破坏，去！面壁思过。（*惩罚的角度*）

当父母不理解孩子的时候，孩子也不会理解父母。当父母从负面、否定、消极的角度去教育孩子或看待孩子的时候，孩子也会认为自己一无是处。父母看问题的角度，影响着孩子看问题的角度。在这个方面，父母不用去教孩子，只需要去做就可以了，因为父母怎么做，孩子就会怎么学。

经常会听到有父母抱怨：孩子成绩不好，不找自身原因，却说老师的不是；孩子做错了事情，不管怎么批评，就是不肯道歉；孩子缺乏自信，常常讨好同学，但还是没有朋友；孩子情绪低落，不管怎么鼓励，都无法积极起来。

孩子之所以会这样，是因为他们在模仿父母的思维方式来看待自己的世界，也许他们并不希望自己变成这连自己都不喜欢的样子。只是他们的思维，让他们在遇到问题的时候，会不自觉地选择这样的状态。

父母只有转换角度，从积极的角度来看待孩子的问题，才能对孩子产生正面的影响。如果希望孩子能够自信和勇敢，那就对他们多一些鼓励和肯定，少一些否定与指责。如果希望孩子能够积极主动，那就先让自己积极主动起来，然后再去带动孩子。如果希望孩子能够懂得感恩，那就先去尊重孩子，让他们找到自己存在的价值。父母的内心只有充满了正能量，孩子的内心才能够充满正能量。在培养孩子方面，父母对自身的建设也非常重要，因为这不仅会影响到孩子人格的发展，还会左右孩子对自己的定位和评价。

大量的研究显示，优秀的父母通常会从这几个方面来培养自己的品格：诚信、尊重、感恩、孝悌、理解、真诚、发展、善良、独立、勤奋、节约、潜力、平衡、双赢，规则等。

在面对孩子的时候，优秀的父母通常会这样说：

__ 如果你决定好了，就去做吧，只要是无害的，我们都会支持你！（*肯定的角度*）

__ 想一想，3 年后你会收获到什么？10 年后你又会在哪里？在今天，你又能去做些什么？（*未来的角度*）

__ 孩子，你这样做一定有你的道理，尽管我现在还理解不了，但我不会做任何评价。（*尊重的角度*）

__ 我看得出来，你很受伤，如果你想哭，我会一直陪着你。（*理解的角度*）

__ 看你把自己弄得脏的，真像一只小泥鳅，哈哈！（*发展的角度*）

__ 孩子，只要你许诺了，不管是对自己还是对别人，就尽量做到。如果感觉做不到，就不要轻易许诺。总之，做人要言而有信，不能出尔反尔！（*诚信的角度*）

父母只有站在孩子的角度不断思考，并在行动中以身作则，才会对孩子产生积极的影响。父母是孩子的一面镜子，他们对生活的态度映射着孩子对生活的态度，他们看问题的角度也映射着孩子看问题的角度。总之，父母的情绪和思想，直接影响着孩子对自己及对这个世界的主观评判。

理解孩子行为背后的积极动机

如果父母不能及时转换角度来理解孩子，那么孩子在长大以后也就很难去理解父母。因为每个人都习惯站在自己的角度来思考问题，并从中获得所期待的好处。

有一次，一个13岁男孩的妈妈来找我咨询。说是家里发生了一件糟糕的事，孩子和爸爸因为吃饭的事扭打了起来，其间孩子还摔坏了凳子，并砸破了电视。这几天家里气氛比较压抑，她感到有些憋闷，就来找我支招。

事情的经过是这样的：那天，孩子的爸爸过生日，他亲自下厨房，忙活了两个小时，叫孩子来吃饭。孩子当时正在玩游戏，就没有理他。于是爸爸就十分恼火，冲着孩子嚷了起来。后来孩子关了电脑来到客厅，他还是不停地说，孩子一气之下就把凳子扔向了电视。

孩子和爸爸都认为自己是对的，而且在这件事中感到受了伤害。爸爸希望自己的付出可以换来孩子的肯定，孩子却希望爸爸能够给自己更多的空间。他们都期待对方可以理解自己，并从中获得更多的支持。孩子之所以会对父母缺乏敬畏，是因为父母在他的面前早已失去了权威。在这个孩子的眼里，父母可以被没有底线地索取，他不仅毫无愧意，还会认为理所当然。这一切的根源都来自父母早年对孩子的过度宠爱，因此导致孩子对规则的藐视及对生活的无力。

结合这个案例的咨询，我有以下建议：

__ 双赢。在这种家庭环境下，没有人会觉得舒服，父子间的矛盾搁置得越久，就越不容易化解。妈妈需要站在双赢的角度，和孩子进行真诚的沟通，理解他的感受，并表达对他的期待。爸爸也要放弃受害者的心态，正视问题的存在，接纳现实中的孩子，本着培养优秀孩子的原则，做出积极改变。妈妈还要创造机会，鼓励孩子和爸爸接触，给他们一个台阶，达成双方的谅解。

__ 担当。既然孩子砸坏了电视，就要让他承担责任，培养他对错误行为的担当责任。父母可以通过家庭协商，给予他一定的任务，或者对他做出一些惩罚，让他对自己的行为有一个深刻的认识。例如让他做一个月的家务，或者在一段时间内禁止使用电脑。

__ 协议。每周定期召开家庭会议，明确各自的职责和具体的改变，然后通过协议来领导各自的生活。同时需要在周中对协议进行及时跟踪，并在周末做出有效的反馈，从而利用协议来规范整个家庭的秩序。

在很多家庭中，每个人都期望他人能够站在自己的角度，给予自己更多的理解。他们习惯坚持自我，并希望通过固执来达到想要的目的，倘若最终无法实现，便会表现出歇斯底里的愤怒。因此，父母要耐心地倾听孩子，让他们充分地表达自己，这样才能发现他们内心真正的需求。在面对孩子的时候，父母不能太看重自己，也不能太看重孩子，只有客观公正地对待自己和孩子，才能让关系达成互信，走向和谐。

只有充分地理解孩子，关系才能走得更近。

一个 5 岁的男孩吵着要看动画片，妈妈不同意，他就闹了起来。为了省心，妈妈允许他看半个小时，可半个小时过去了，男孩还在看，妈妈就不高兴了。而男孩不看动画片，又觉得很无聊，不知道该做些什么。倘若妈妈理解男孩，就会增加与他的互动，如一起画画、读书、做手工、捉迷藏、玩游戏等。孩子只有获得了高质量的陪伴，才会减少对电子产品的依赖。因为面对面的沟通与交流，更加符合人性的需要。

另外，一个5岁的孩子对时间还没有清晰的认识，他感知不到半个小时的长度。但他对开始和结束，却有着很深刻的认识。所以，父母可以提醒他看几集，或玩几次，这样他就能够自觉地遵守，并容易从心理上接受。

父母要想深入理解孩子，就要走进他们的世界。在面对很小的孩子时，父母不仅要蹲下来与他们沟通，还要去用心体会他们的感受。在培养孩子这件事上，父母不仅要做一个“导演”，还要做一个“演员”。

曾在一个家庭教育研讨会上，有一个4岁孩子的爸爸说：“孟老师，我以前听过您的课，知道爸爸与孩子的互动非常重要。我也尝试做过一些，虽然孩子看起来很开心，我却觉得十分无聊。孩子有时会让我陪他不停地玩同一个游戏，或者反复看同一集动画片，我总坚持不了多久，就会丢下他，去忙自己的事。”

我特别理解这个爸爸，在真正了解孩子之前，我也经常会有这样的感受。

2 ~6岁是孩子积极探索和学习的关键期，他们通过重复、重复、再重复的方式来接受新的知识。他们每重复一次，就会获得新的体验。如果父母拒绝、否定、终止这一学习过程，他们就会感到沮丧，并降低主动学习的欲望。

人有很多痛苦都源于不了解，倘若知道了真相，也许就没有那么畏惧。父母只有站在发展的角度去看待孩子的问题，才能够发现孩子的行为背后那些积极的意义。

每个孩子都渴望获得父母的关注，并从中找到自己的价值。

有一次，一位妈妈来找我咨询，她有两个孩子，大女儿读小学三年级，小儿子还在上幼儿园中班。她最近有些烦恼，小儿子身体不好，这段时间总是生病，大女儿在学校也不好好学习，还经常拿同学的东西。前几天，她实在气不过，就打了大女儿。她不明白，大女儿都已经9岁了，怎么还是不懂事。

我把她支开后，小女孩说："爸爸妈妈比较偏心，什么好的都会想着弟弟，我在家里就像空气，根本就没人在乎。爸爸工作比较忙，很少有时间陪我玩，妈妈也只会照顾弟弟，几乎当我不存在。弟弟想要什么，他们就会买什么，而我想要什么，他们从不关心。在我的印象中，他们好像除了我的学习，什么都不会过问。我也没办法，只能偶尔制造出一些麻烦，来气气他们。"

这个案例让我想起一部名叫《约书亚》的电影，剧中小男孩为了跟妹妹争宠，而做出了一系列对家人的攻击行为。当然，现实中这个小女孩只是制造了一些麻烦，没有达到电影里那个小男孩那么极端的地步。她只是希望妈妈在关注弟弟的同时，可以多陪陪自己，因为她也是妈妈的孩子。站在妈妈的角度，养育两个孩子的确辛苦，她希望女儿可以懂事，能够让自己省心。

在有二孩的家庭，父母需要给予大的孩子更多的关注，让大的孩子感受到自己在家庭中的特殊地位。只有大孩子内心获得了安定，他才会去照顾小孩子。因为小的孩子的出生本身就打破了家庭的平衡，动摇了大孩子作为父母唯一孩子的存在。所谓不平衡就是平衡，往往看似平衡却常常不平衡。父母只有多关注大孩子，才能稳定家庭秩序，达成系统的平衡。另外，父母还要多引导两个孩子进行互动，让他们在相处中培养深厚的感情。

中国古代文化中有太极之说，阴中有阳，阳中有阴，任何事物都有两面，而且可以相互转化。在孩子的成长过程中，每一个问题的出现都是一次培养他们感情的良好契机。因此，父母要不失时机地抓住每一次与孩子相处的机会，该肯定的肯定，该转化的转化，做一个有智慧的人。

做符合身份的行为

让孩子的内心充满安全感

在孩子的眼里，父母永远是温暖与力量的象征。

记得有一个妈妈曾向我咨询，她与 14 岁的儿子起了冲突，其间儿子说了一些过分的话，让她特别难受。其实这样的事情已经不止一次发生，只是之前没有这么严重。孩子和爸爸的关系也不太好，平时几乎不说话。问起原因，她说："孩子在 9 岁时被同学欺负，当时我们以为是孩子们闹着玩，就没有太在意。从那以后，他就开始恨我们，认为我们没有帮他。其实我们也很后悔，一直想做些弥补，可不论我们做什么，他都比较抗拒。"

男孩在最脆弱的时候，希望获得父母的理解与支持，而父母却忽视和否定了，加剧了他内心的恐惧与不安。他已经不再相信父母，也就无所谓再表达尊重。信任关系一旦遭到破坏，要想重建就十分艰难。

在孩子的内心深处，家庭是一个安全的地方，而父母就是这个家庭的卫士。在幼儿的眼中，父母无所不能，他们对父母充满敬畏和尊重。而到了青春期以后，父母在他们心中已不再神圣，他们开始用批判的眼光来重新审视父母的思想和行为，从而做出独立的评价。曾有一个 13 岁的女孩在咨询时对我说："孟老师，我真的搞不懂，明明我爸爸对妈妈很不好，可妈妈为什么还要跟他过下去。”倘若孩子不能拥有富足的精神世界，那么他们的内心就会变得十分贫瘠。

有一次，我在幼儿园做家庭教育培训，有个妈妈说：“孟老师，我女儿读小班，入园很困难，每次分开，她都会哭得撕心裂肺。有时，她还会抱住我的腿，怎么说都不愿松开。”还有个妈妈说：“我儿子读中班，他好像和谁都走不近，见人也不打招呼，有时就连我叫他，也都爱理不理。”

这两个孩子的内心都极度缺乏安全感，一个属于分离焦虑，一个属于社交恐惧；一个是源自父母的过度保护，一个是因为父母的经常缺位。

结合这两个案例的咨询，我有如下建议：

- 真诚倾听。父母要真诚地面对孩子，并能够认真倾听，让孩子通过语言充分表达自己的想法和感受。

- 温暖接触。父母要增加与孩子身体的温暖接触，多牵手，多拥抱，多轻抚他们的后背。

- 提前告知。在面对即将发生的事情时，父母要提前告知孩子，让他们的内心有所准备。

- 安全陪伴。父母要增加对孩子的高质量陪伴，让孩子感受到力量的存在。

- 角度转变。父母要转变视角，转关注问题为关注方法，转发泄情绪为积极探索。

- 情感投资。父母要增加与孩子的互动，通过逗乐、追逐、角色扮演等方式来增加对孩子的情感投资。

- 心态积极。面对孩子的问题，父母要查明原因，从内突破，积极寻求解决的方法。

在孩子每一个焦虑或恐慌行为的背后，都有一颗不安的心。而不安，来自心理平衡关系的打破，要想稳定这种平衡，就要父母给出有智慧的爱。在面对孩子的不良行为时，父母要站在儿童发展的角度，理解他们当下的困难，并给予及时的支持。也许孩子的改变会比较缓慢，甚至需要父母付出极大的耐心，但对于培养一个优秀的孩子来说，这也许才是真正的捷径。

爱是一种行动

孩子对爱的体验，是父母在不断的行动中给出的感受。

曾在一次家庭教育培训上，一个妈妈说："孟老师，你讲得挺好，我也知道为了孩子父母需要做出改变，可我有时就是控制不住自己。比如当看到孩子把家里弄得很脏很乱时，我就会忍不住地说上几句。"

我问："你是不是觉得教育孩子特别辛苦?"

她说："是的。"

我又问："你是否很爱自己的孩子?"

她又说："是的。"

我接着问："如果你把对孩子的爱从感觉转变成行动，那会是怎样?"

她想了想说："哦，我明白了。"

父母培养孩子不能跟着感觉走，而应该依据孩子的个性特点和身心发展规律，踏实有效地进行。倘若父母活在对孩子爱的感觉中，就容易患得患失，被情绪和环境所左右。父母只有把爱当成一种行动，无条件地做、有针对性地做、发自内心地做，才能够真诚地引导自己，影响孩子。

父母只有不断地用行动向孩子表达爱，孩子才能感受到爱。爱不是说出来的，而是做出来的。孩子自出生以后，就开始对父母的行为进行“打分”，当分值太低或者出现负数时，他们就会对父母丧失信任。而当他们遇到困难或内心脆弱的时候，倘若父母能够在行动上及时给予支持，他们就会为父母打出更高的分数。

曾有个妈妈向我分享过这样一个故事。有一次，她带着10岁的女儿去一个高档的酒店吃饭。席间，女儿不小心打破了杯子，服务员看到后，露出了非常难看的表情。看到女儿不知所措的样子，她连忙安慰说：“你伤到了没有?”然后淡定地对服务员说：“没事，我来赔，一会儿一起结算。”本来她和女儿的关系很一般，但从那件事情以后，她们一直很好。

爱，一旦付诸行动，就会产生无穷的力量。

贴一个积极的标签

父母的身份不同，对孩子的影响也会不同。身份就像一个双面胶，一方在粘住另一方的同时，另一方也在用力。父母怎么看待孩子，孩子就怎么看待父母。

有一次，一个爸爸带着12岁的儿子来找我咨询。

他说：“孟老师，这孩子很不省心，都这么大了，还那么懒，晚上不睡觉，早晨不起床。”

男孩说：“只要我早晨晚起几分钟，我爸就会不停地说。有一次，他还当着亲戚的面，说我好吃懒做，像个寄生虫。以前我写作业还挺快的，就因为他后来不断地催，我才没有心情写下去。”

爸爸认为孩子懒惰，孩子认为爸爸苛刻。他们都给对方贴上了负面标签，并宣泄着各自受伤的情绪。当爸爸认为自己有一个糟糕的孩子时，孩子也同样会认为自己有一个糟糕的爸爸。不同的是，爸爸说了出来，而孩子把话压在了心底。当爸爸评价孩子时，孩子也在评价爸爸。当爸爸认为孩子不听话时，孩子也会觉得爸爸不可理喻。

结合这个案例的咨询，我有以下建议：

__ 身份转变。爸爸要以结果为导向，从一个批评者向引领者转变。在面对孩子的不良行为时，要学会自我约束，并坚持正确的培养原则。

__ 修复关系。爸爸要告别抱怨与说教，停止对孩子的攻击；要和孩子坦诚相待，增加对孩子的情感投资。

__ 相互理解。爸爸要认真倾听孩子的想法，理解孩子的担忧；孩子也要学会理解爸爸，尝试站在爸爸的角度，来感受他的挣扎与期望。

__ 互动交流。爸爸要与孩子积极互动，自我暴露，以开放的心态平等交流。

__ 协议领导。根据互惠原则，制定家庭协议。爸爸和孩子在明确各自的具体职责后，要相互监督，利用协议来领导各自的生活。

__ 家庭会议。每周定期召开家庭会议，对本周情况进行总结，并对协议的执行情况做出及时的反馈。

孩子在成长中的叛逆，以及缺乏自制的行为很容易让一些父母失去耐心。因此，父母只有为自己设定一个积极的身份，去除对孩子的负面标签，并站在发展的角度来不断探索成功的经验，才能激发出足够多培养孩子的智慧。

制定合理的规则

有些父母认为，孩子太小，还不懂事，为了他们的成长，需要建立更多的规则。我在咨询中经常会听到一些父母有这样的抱怨："必须给孩子立立规矩，不然他们不知道我们的厉害。"从这些话语中我有一种强烈的感受，好像只有在制定规则的时候，他们的内心才会充满力量。

在一次教师培训活动上，有一个年轻的教师问："孟老师，过多的规则会不会让孩子变得胆小?"

我的回答是：倘若这些规则是想象出来的，不符合客观规律与自然法则，那就会对孩子造成很大的伤害。而且制定得越多，对孩子的伤害也就越大；制定得越早，对孩子的伤害也就越深。不合理的规则不仅会让孩子的内心变得茫然，还会影响他们对这个世界的认知。

比如，一个妈妈认为泥土很脏，她只要看到孩子玩泥土，就会大声呵斥。同时立下规矩，只要玩泥土，就不给饭吃。孩子不理解玩泥土与吃饭之间为什么要对立起来，但为了活下去，他只能选择服从。而妈妈不明白，孩子玩泥土不仅是一种对未知的探索，也是在勾画心中美好的画面，但孩子在成长过程中的这些积极行为，却经常会被父母那些不合理规则给破坏。

有一次，我参加一个聚会，在吃饭的时候有个朋友被辣到了，他便要了一杯牛奶。可能是觉得一个人喝不好意思，就顺便给每个人都叫了一杯。当服务员把牛奶端过来的时候，有个女孩突然大叫了起来："我不要这个，快点拿走！"

大家一时沉寂，都以为发生了什么大事。

后来，这个女孩分享到："我小的时候比较瘦，我妈妈觉得牛奶有营养，就拼命地让我喝，一顿要喝三杯，不喝完不让离开。现在我只要听到牛奶这两个字就会浑身不舒服，看到牛奶就更受不了了。"

这个女孩被不合理的规则伤得够深。

父母希望孩子身体健康，这是好的，也符合父母的身份，但要采取合理的方式，而不是做出过激的行为。我们中的一些人在成长的过程中，也可能遭遇过类似的伤害，希望过去的一切能够在今天得到释怀。

规则只有在符合客观规律的情况下，才会对孩子产生积极的影响。而且大量的事实证明，在正确规则的引导下，孩子不仅不会自卑，反而会更加自信。因为合理的规则不仅能够规范孩子心中的秩序，还可以培养他们精神上的安定。比如，孩子从小就被教育，过马路要看灯，红灯停绿灯行，饭前要洗手饭后要漱口，做事要用心投入并循序渐进，等等。

合理的规则可以引导孩子更好地认识这个世界，并让他们确定自己的行为所带来的价值。

比如，当孩子把书本杂乱无章地堆放在书桌上时，他会有什么样的感受？倘若要求他有序平整地摆放这些书本，他又会有什么样的体验？

再比如，一个孩子在学校犯了错误，被叫了家长，家长不问缘由就对孩子一顿责骂。倘若事实是孩子被人欺负，或是老师处理不公，那么，面对家长的行为，孩子会有什么样的想法？倘若家长不了解真实情况就擅自做出评判，想必孩子的内心一定会非常愤恨。那么在以后的日子里，他就会有一种被家庭抛弃的感觉，容易失去对生活的热情。倘若孩子确实在学校做了过分的事情，而家长却因为溺爱，不去了解事实的真相，直接把责任推给学校和老师。那么，孩子又将会变成什么样子？

遇到这样的情况，父母应坚持“先了解情况再解决问题”的原则，先让自己暂停一下，经过理性的思考后，再付诸行动，也许孩子不仅可以获得公正的对待，还可能被有效地引导。当然，父母在对孩子制定规则之前，要先赢得他们的信任，只有自己信任的人，孩子才愿意听从。比如，一个经常迟到的爸爸，却要求孩子必须准时到达；一个不尊重孩子的妈妈，却要求孩子能够尊重自己。倘若父母都言行不一，又怎能赢得孩子的信任？因此，父母只有身体力行，依据正确的规则行事，才能够在孩子面前树立足够的威信。

做一个真实的人

在孩子面前，父母不用刻意掩饰，因为所有的虚假都会被孩子看得清清楚楚。

有一次，一个15岁的男孩和妈妈一起来找我咨询。妈妈说：“孩子的爸爸走得早，我一个人带着他快10年了。孩子以前很乖很懂事，这几年他就像变了一个人似的，整天就知道玩游戏。我工作比较忙，陪他的时间少了很多，有时候我想和他走得近一点，可他很不情愿，真是不知道该怎么办才好？”

男孩说：“尽管我一直都很羡慕有爸爸的孩子，但我已经习惯了没有爸爸的日子。妈妈对我很好，她很不容易，我心里明白。她说我没有朋友，要做我的哥们儿。有一次在大街上走路，她把手搭在我的肩上，这让我很不舒服。尽管我没有什么朋友，但我也不希望她变成这样。其实，这么多年来，我觉得一个人也挺好。”

这个妈妈为孩子付出了很多，她希望通过自己的努力，给孩子更多的安全感。面对父爱的缺失，她渴望与孩子成为朋友，不想让孩子过于孤单。可她并不明白，在孩子的眼里，她不仅是个妈妈，还是个女人。

其实，父母不需要为了接近孩子，而尝试与他们交朋友，父母就是父母，在孩子的心中有着特殊的意义。父母不需要为了孩子去刻意伪装，只要做好真实的自己就可以了。只是父母在与孩子沟通的时候，要多一点对孩子的倾听和理解，而不能一直活在自己假想的“应该”中走不出来。

倘若父母能够明确自己的身份，我想，这不仅可以影响自己，还可以帮到孩子。父母对自己身份的认同就像心理学上的蝴蝶效应，一个看似微小的认同，却能够对孩子的一生产生深远的影响。

建立积极的能量场

坚持积极的行为

一个人内在的能量可以通过外在表现出来，它就像一个磁场，或强或弱地影响着自己或周边的环境。因此，父母自身的状态、处理情绪的方式及对待生活的态度，都可能对家庭和孩子产生直接或间接的影响。比如，一个经常抱怨的妈妈，就很难培养出积极向上的孩子；一个情绪暴躁的爸爸，不可能给到孩子足够的安全感。只有内心充满正能量的父母，才能够为孩子的成长不断注入力量，促进他们的身心获得健康的发展。

大量的研究显示，充满积极正能量的父母，通常有以下特征：

__ 结果导向。在面对问题时，他们可以抛开成见，以结果为导向，积极思考，主动做事。

__ 领导情绪。他们对自己有很深刻的了解，可以预见自己情绪的变化，并能够根据现实的需要及时做出有效调整。在面对负面事件时，他们能够摒弃受害者的心理，通过积极的行动来获得迅速成长。就算事实无法改变，他们也能够坦然接受，乐观面对。

__ 坚持原则。他们坚持从内部突破来领导自己的原则，不容易被情绪或环境所左右。

__ 善用时间。他们珍惜时间，注重效率，专注做好最重要的事。他们擅长利用时间来创造价值，而对消磨时间总会感到不安。

__ 品德至上。他们重视品德建设和人格发展。

__ 懂得接纳。他们能够接纳不完美的自己，也能够接纳不完美的孩子。他们懂得换位思考，彼此尊重。

__ 积极倾听。他们善于倾听，允许孩子充分表达自己的感受，同时能够做到不评价，不总结，不建议，不急于回答。通常只有在孩子求助的时候，他们才会做出适当的引导。

__ 有效沟通。他们非常重视与孩子的有效沟通，而且会非常谨慎地使用语言，除了适当的赞美和鼓励外，他们还十分关注身体语言对孩子的影响。

__ 注重健康。他们重视对自己身心健康的投资。在身体上，他们作息规律、合理饮食、适当运动；在心理上，他们喜欢阅读，陪伴家人，乐善好施。

__ 不断更新。他们善于学习，敢于实践，并能够在不断的深度思考中提升自己。

父母只有做出了改变，孩子才会跟着改变。父母只有注重自己的内在建设，孩子才能收获足够的力量。父母自身的能量场可以潜移默化地影响孩子，从而让孩子在认知、情感和行为上表现出与他们相似的样子。

有时，父母的情绪不仅会影响自己，还会影响到整个家庭。我在咨询时，曾经遇到过一些这样的情况：

一个15岁的女孩说："我在家里快烦死了，妈妈经常唠叨，好像每个人都欠她的。有时一点小事她都会揪着不放，还能说到生死，真是无语。"妈妈说："我也不想那样，可马上要中考了，她还是不用心，我很着急，要再不管她，以后可怎么办?"

[注解：妈妈的唠叨和焦虑，让孩子感到痛苦，让家庭的氛围也变得异常凝重。]

一位4岁男孩的妈妈说："孩子太调皮，经常在家里闯祸，打了不知道多少次，可他还是改不了。"

[注解：妈妈认为孩子是家庭麻烦的制造者，她不能接纳现在现实中不够完美的孩子，但又无力改变。]

一位8岁男孩的爸爸说："孩子没有时间观念，一件很简单的事情都会拖拉很长时间，而且还经常丢三落四，不长记性。”男孩说：“爸爸只要心情不好，就会骂我。而他在家里不是玩手机，就是打游戏。他很早就答应陪我出去玩，现在一年都快过去了，也没见他真正行动起来。”

[注解：爸爸怎么做，孩子就怎么学。承诺不能兑现的教育，很难赢得孩子的尊重。]

一位13岁女孩的妈妈说：“女儿经常对我撒谎，有时还会说一些脏话，真是把我气死了。”女孩说：“我是撒谎了，可她也是这样。我说的不是脏话，那只是口头禅。再说了，我能那样说，也是她逼的。我没有错，不想道歉。”

[注解：女孩是妈妈的影子，妈妈对自己行为不自知，培养着女孩对自己行为不自知。]

一位16岁女孩的爸爸说：“孩子在学校谈恋爱，还整天和学习不好的同学混在一起，真是拿她没办法。而且现在她的脾气越来越大，一点儿都说不得。”女孩说：“家里太压抑，他们经常吵架，以前我小，一直忍着。现在我大了，不想再那样，我知道该怎么做。”

[注解：人性中，越禁忌越渴望，越压抑越反抗，家里没有了安全，孩子的心里也就没有了安全感。]

父母内心及父母关系决定着家庭的温度，什么样的家庭氛围就会塑造出什么样内心的孩子。父母如何使用能量，使用什么样的能量，将会直接影响孩子对自身的评价，以及对社会的认知。一个习惯控制孩子的妈妈，很容易培养出内心脆弱的孩子；一个缺乏力量的爸爸，也很难让孩子找到存在的价值。父母之间的关系，也是孩子与自己的关系；父母之间的和谐，也是孩子内心的和谐；父母之间的分裂，也是孩子内心的分裂。在家庭环境中，所有的问题都是关系的问题，而关系中的核心问题，就是人的问题。因此，父母只有从内部突破，不断提升自己，重塑内心的正能量，才能培养出积极向上的孩子。

在与孩子相处的过程中，父母可以从这几方面投入：

1. 关注积极面。通常一个人越是关注什么，也就越容易获得什么，所谓意之所在，能量随来。因此，父母要关注孩子行为中比较积极的一面，并及时给予肯定和支持，这不仅有利于增进亲子信任关系，还可以让孩子的内心充满力量。

2. 正面强化。父母对孩子要多施加一些积极的行为，比如，在交流中，多使用“对的，就是这样”“是的，有道理”之类的口头禅，或者养成对孩子点头、微笑、拥抱和拍肩的习惯。

3. 让孩子觉得自己好。在提反对意见时，父母要把“但是”改成“同时”。比如，爸爸对孩子说：“你很聪明，但是就是不知道努力。”这样孩子就会觉得自己很失败，是一个“废材”。如果改成说：“你很聪明，同时可以做得更好。”孩子就会受到鼓励。

4. 同理孩子的感受。与孩子沟通问题时，父母要就事论事，不扩大，不泛化。让孩子多表达自己，他们说的话多了，内心也就亮堂了。

5. 帮助他人。孩子在帮助他人的时候，内心容易获得力量，也会从中感受到长大的价值。

6. 保持精进的状态。我们都有这样的感受，树立一个明确的目标，然后付出极致的努力，在这种精进的状态下，内心会充满无穷的力量。所以，父母要引导孩子找到一个想要发展的方向，让其全力以赴，在达到目标后，他们也会自信满满。

生产正能量

情绪的出现是一个瞬间行为，因此一个人要想把控好情绪，就要改变对事物的认知，并在认知与情绪表达之间的反应时间内注入更多的积极因素。

有一个妈妈在面对孩子的问题时，情绪容易失控，过后又会非常自责。于是，她做了一个设定，以后只要生气，就先暂停一下，做几个深呼吸，待内心平静后，再去思考解决问题的方法。这样坚持了一个月后，她的情绪调节能力提升了许多。

这个妈妈的转变经历了三个阶段：

1. 意识觉察。在经历对情绪问题的多次反省后，她决定做出改变。

2. 内容重塑。她对自己的情绪处理方式做了提前设定，并把内容步骤化，让具体过程清晰可见。

3. 积极执行。她坚持情绪处理方式，不断突破自我，直到出现好的结果。

一个人只有对自己的需求进行充分的觉察，才会激起改变的渴望，而且这种觉察的次数越多，想要改变的决心也就越大。如果觉察不够强烈，只想依靠外在的方法来寻求突破，那便很难达到理想的效果。只有以结果为导向的觉察，才会彻底激发改变的欲望。

可是，要想做出改变，仅有觉察还远远不够，还要对思维内容进行重塑，这样才容易对结果做出最有利的选择。而整个思维的重塑，则需要在反应时间内迅速地完成。

反应时间是大脑在刺激和反应之间的一段时间，由于它非常短暂，所以很容易被忽略，但可以通过训练被慢慢地拉长。在这个时间内大脑会整合旧有的经验和搜索相关的信息，以对刺激做出迅速的反应。在这个反应时间内大脑所思考的内容，将决定一个人即将表现出来的情绪和行为。例如，孩子突然对妈妈说："我不想去学校了。"妈妈立刻回应："不去学校干什么，你还这样小，连打工都没人要。"孩子的反馈是：妈妈不理解我，我不去学校是有苦衷的，妈妈不仅不帮我，还责备我。倘若妈妈在听到孩子的表达后，暂停一下，以有效的沟通结果为导向，然后温和地对孩子说："怎么了？有什么困难我可以帮你的？"相信孩子在听到妈妈的表达后，一定会对她更加信任，从而愿意做出积极的改变。

刺激是客观的，对刺激的反应却是主观的。反应时间也是客观的，但在这个时间内的信息却是主观的。只要改变反应时间内的信息，就可以改变对刺激的反应。

父母对自己情绪的引领，往往可以从利用反应时间开始。如果在反应时间内，大脑能够迅速产生对结果有效的信息，便可以控制自我，获得成长。

因为反应时间比较短暂，要想实现突破，就要拉长反应时间。而拉长反应时间最有效的方法就是积极暂停，也就是说遇事不要急着下结论，要以结果为导向，进行深入的思考。这样做的目的是为了让大脑迅速冷静下来，然后为信息重组争取更多的时间。在这里，实现积极暂停的方法有：身体隔离、深呼吸、数数字、转移话题、沉默、微笑、行为转移（休息一下，喝杯茶……）等等。只要可以让自己暂时抽离出来，又对自己和他人无害，都可以尝试使用。但在这个暂停的过程中，需要坚持一些正确的原则，如未来景象、持续发展、结果导向、积极角度、正确身份等。如果这些原则能够配合积极想象，就可以加快有效信息的交换。

一次，我去一个小学做家长培训。有一个妈妈说："孟老师，我有两个孩子，大的上四年级，小的上二年级。在家里，大的总是欺负小的，大的学习好，小的学习差，大的比较叛逆，小的很听话。只要两个人发生矛盾，小的就会迅速道歉，而大的却永远不会。有时大的把我气急了，我就会打他，可他下次还会那样，真不知道该怎么办才好？"

两个孩子都期望通过特别的行为来获取妈妈的关注，从而争取在家庭中的有利地位。小的孩子害怕自己学习好了，会威胁到大的孩子，这对自己并没有好处，所以他就把自己变得弱一点，希望通过逃避来获得更多的安全。而大的孩子则是不断地出击，他不仅要保持学习上的优势，还要在与小的孩子的冲突中展现自己的力量。

这个妈妈需要做出的改变：不要让两个孩子进行对比；多关注大的孩子，让大的孩子感受到安全感；同时要多积极鼓励小的孩子，让小的孩子认同自己的价值。这个妈妈只有以教育好两个孩子的结果为导向，并在反应时间内，对内容进行有效重塑，才能对孩子施加积极影响。

如果父母可以利用反应时间经常进行积极的认知转换，就可以在孩子们的内心不断产生正能量，从而在培养孩子方面激发更多的智慧。

在培养孩子的时候，父母要把关注点放在自己的身上，从内突破寻找方法，只有自己做出了更好的改变，孩子才会获得更好的发展。

积极行动

父母对家庭教育知识的学习，不能只满足于知道的层面，还要对学到的内容进行深入的思考，然后结合自己孩子的具体情况不断实践，最终达到重塑自我、影响孩子的目的。

请写下您对本节阅读的感悟：______________________

____

____

____

____

____

____

第二章　建立良好的亲子关系

习惯二：领导情绪——让孩子学会自控

> 如果孩子可以控制自己的情绪，那么他们就容易在不确定的未来拥有更多可掌控的力量。

正确认知情绪的特性

情绪是身体的一部分，受思想支配，并与情感相连。当刺激出现时，人的大脑会迅速整合旧有信息及相关知识，做出对自己最有利的价值评价和行为反应。在通常情况下，人们都会认为情绪的表达是一种自然流露，其实这是大脑对刺激快速加工的结果，只是这一过程太过短暂，一般不易被人觉察。

在面对同一个刺激时，不同的人会产生不同的情绪反应，其根源在于信念与价值观的不同。比如，一个 2 岁的男孩把泥巴弄得满身都是，如果他的妈妈认为他这是在探索这个世界，那么她不仅不会责备男孩，反而会与男孩进行一些亲密的互动。相反，如果他的妈妈认为这种行为是错误的，那么男孩得到的一定是妈妈严厉的呵斥和惩罚。所以，在培养孩子上，父母要做一个热爱学习的人，只有在全面了解儿童生理、心理特点的基础上，才能树立正确的信念价值观。

下面我们来看一下情绪有哪些特性：

持续性

每一种情绪的产生都有一个深层次的原因，而在情绪产生之后，或长或短，都会持续一段时间。在这段时间内，情绪需要被释放、梳理和转化。倘若人为终止了这一过程，未被释放的情绪就会被压抑起来，然后通过破坏行为或身体症状等不断呈现。

例如，一个3岁的小男孩和妈妈一起逛商场，他发现了一个喜欢的玩具，便希望妈妈能够买下。妈妈拒绝了他的要求，他便不依不饶，哭个不停。妈妈认为很没面子，就严厉地说："不许哭了，再哭我就揍你。"男孩不哭了，愤怒的情绪也压抑了下来。在以后的日子里，倘若妈妈经常如此，他就会莫名地大叫，或者使用暴力来解决问题。

曾有一个13岁的男孩和妈妈一起来找我咨询。妈妈说："孩子这段时间不能安心学习，总感觉身体不舒服，去医院做了检查，也没发现什么问题。孩子从小就有哮喘，药也一直在吃，马上要中考了，担心对他产生不好的影响。"男孩说："我时常感到憋闷，总感觉有什么东西堵在喉咙里。妈妈比较严厉，从小到大，不论我说什么，她都很难同意。只有在我生病的时候，她才会像一个妈妈。后来我也不知道怎么的，只要感觉有压力，就会生病，而且还会哮喘很长时间。"

我在咨询中发现，对孩子来说，小时候有哮喘，是一件很正常的事情。长大后，如果哮喘还一直存在，又没有病理方面的原因，那就说明他们的父母剥夺了他们说话的权利。孩子一旦产生负面情绪，父母就要耐心等待。因为大量事实证明，"疏"比"堵"更能促进孩子身心的健康发展。

周期性

每个人可能都有过这样的经历，有时候心情不好，无论做什么事都提不起兴趣；但不去管它，只要休息一下，或者忙点儿别的事情，情绪就会不知不觉地好起来。这是因为情绪的变化有一个固定的周期，有高峰也有低谷，而且还会随着身体状况的变化做出相应的调整。在正常情况下，大脑对情绪具有自动调节的功能，只要不是在低谷的时候过度沉溺，一般都不会对生活产生太大的影响。

例如，一个3岁的小女孩入园有点困难，每次与妈妈分离她都表现得十分焦虑。倘若在这个时候，妈妈可以给予她及时的安慰与支持，相信只要坚持一段时间，小女孩的情绪就会慢慢好转。

曾有一个16岁的男孩因为学习问题来找我咨询，他不知道该如何才能做好学习计划。因为在晨读的时候，他喜欢做一些理科的题目，而且效率很高，可老师要求每个学生都要大声地朗读文科的内容。这让他感到十分困惑，不知是要服从老师的安排，还是要跟随自己的节奏。

不同的孩子有不同的情绪周期，同一个孩子在不同的阶段也会有所差异。父母要细心观察孩子的情绪状况，然后依据孩子的个性和优势进行有针对性的支持和引导。

泛化性

有些人在心情不好时，什么事都做得出来，不仅会对自己造成伤害，还会给他人带来麻烦。这种把自己的不良情绪发泄到其他人或事物上的行为，就是情绪的泛化。比如，有的人在生气的时候会摔门或砸东西，其实门和东西与情绪的产生没有任何关系，但却成了发泄的对象。

例如，一个爸爸正在为工作的事情而烦躁，这时，5 岁的儿子跑过来请求玩打架的游戏。于是他就把孩子严厉地教训了一番，并呵斥孩子赶快走开。

曾有一个 12 岁男孩的妈妈来找我咨询，说是孩子这段时间的状态特别糟糕。究其原因是他感到老师处事不公，上课有很多同学说话，老师却偏偏只惩罚了他一个人。他内心十分压抑，于是就开始在班级里捣乱，也不愿意再听那个老师的课。

情绪一旦泛化，就会迅速传染，有时看似一个点，很快就能扩散成一个面。父母一旦发现孩子出现不良情绪，就要及时引导，并划定情绪边界，避免对他们造成不必要的伤害。同样，父母在出现不良情绪时，也要进行有效调整，不能任其泛化，给自己和家庭带来更坏的影响。

沉溺性

大脑喜欢沉溺于习惯的事情上，尽管有些事情对一个人来说并不一定都有好处，但大脑却乐在其中。有些父母可能会有这样的经验，孩子在 3～6 岁时会反复观看同一集动画片，而且在看的时候还非常兴奋。其实，孩子的这一行为就是对快乐的一种沉溺。他们体验到的不仅是有趣的故事，还有对知识的探索与学习。倘若父母在这个时候经常打断他们，或者给予他们一些不够客观的评价，那么他们就容易丧失对学习的热情。

例如，一个 13 岁的男孩每天放学回家都要上网很长时间，有时就连吃饭也要坐在电脑旁边。他如此的执着，是为了获得什么好处吗？当然不是。只是对他来说，上网已经成了一种习惯，一旦不上，他就感觉浑身不舒服，整个人像丢了魂似的，没有着落。

其实，很多孩子对网络的沉溺是一种情绪的沉溺，他们不能从现实关系中获得满足，只能通过网络来暂时填补某种心理的缺失。情绪一旦沉溺，就会产生巨大的能量。在生活上我们会发现，越是积极的人越是对未来充满信心，越是消极的人越是对人生充满迷茫。同样是对情绪的沉溺，选择的方向不同，结果也就大相径庭。

因此，父母要及时了解孩子的情绪状况，一旦发现他们对负面事件有沉溺趋势，就要及时进行有效引导，让他们从不良的情绪中尽快抽离出来，做一些积极的事情。

逆反性

有些父母可能有过这样的感受：越是不让孩子做什么，孩子就越要做什么。也许他们会认为，这是因为孩子处在叛逆期，长大一点儿就好了。其实这是孩子成长的一种需要，也是大脑的一种机能，人们往往对越禁忌的东西越渴望。比如，越不让一个人笑，这个人就越容易忍俊不禁；越不让一个人哭，这个人就越可能泣不成声。情绪一旦被禁止，就会产生巨大的逆反力。

例如，一个9岁的男孩在学校偷了同学的东西，回到家后被爸爸打了一顿。可没过多久，男孩又开始偷窃，这个爸爸就没有了办法。男孩拿同学的东西，背后一定有一个强大的情绪在推动，他只是想借助偷窃这个行为来获得某种精神上的满足，爸爸的行为不仅不能缓解男孩行为背后的焦虑，反而会导致他做出更多的叛逆行为。

曾有一个妈妈来找我咨询，她14岁的儿子在学校里谈恋爱，被老师点名批评。孩子回到家后，她对孩子多说了几句，希望他要以学习为重。可孩子不仅没有收敛，反而在班级里大肆搂抱，还开始不断逃课。

当孩子出现问题的时候，父母的处理方式非常重要，如不得当，就容易引起孩子更大的叛逆心理。事实证明，不明原因的粗暴干涉和强制性的说教与制止，都很难让孩子认识到问题所在，只有了解他们行为背后的原因，读懂他们行为背后的情绪，才能引导他们进行深刻地反思。

情绪的5个特性之间并不是孤立地存在，而是相互依存、相辅相成的。父母在面对孩子的不良情绪时，只要不断地思考这5个特性，就可以做到认知清晰，有章可循。倘若再配合使用一些有效的沟通技巧，那么情绪处理起来就会变得容易很多。

父母在与孩子沟通时，不仅要听懂他们说了什么，还要读懂他们的肢体语言，以及语言背后的情绪。沟通往往从情绪开始，由情绪结束。父母只有正确感知孩子的情绪，才能真正理解他们的需求。积极的情绪可以推动一个人不断向前发展，而消极的情绪则会让一个人慢慢走向沉沦。因此，父母要引导孩子学会利用情绪的力量为自己服务，而不是让情绪成为阻碍自己成长的痛点。

曾有一个13岁的女孩来找我咨询，她说："孟老师，为什么我一想到学习，就感觉不在状态。其实我也很想学好，可就是喜欢不上。"我的回答是："一定要在自己情绪状态比较好的时候学习，从易到难，循序渐进，增强学习成就与大脑之间的快乐链接。一旦这种链接成为一种习惯，以后再提到学习，大脑就会非常兴奋，并激发出更多的能量。”

每一个情绪的产生，都有一个启动的开关。在一个家庭中，有人说，家庭氛围的开关掌握在妈妈的手里，妈妈的情绪状态直接决定着整个家庭的色彩。为了给孩子营造一个良好的环境，有些妈妈很会隐忍，即使情绪不好，也不会在孩子面前显示。也有人说，家庭氛围的开关掌握在爸爸的手里，因为妈妈的情绪大多来自爸爸。倘若爸爸能够很好地对待妈妈，妈妈就不会有糟糕的情绪。还有人说，家庭的氛围不好，是爸爸妈妈的人格不够完善，是他们在小的时候没有被自己的父母很好地对待。但不论如何，父母都要学会控制自己的情绪，对情绪的有效自控，也是一个人内心成熟的标志。

除此之外，父母之间的关系也会对家庭氛围产生非常直接的影响。

记得在一次家庭教育培训会上，有一个12岁孩子的妈妈说：“孟老师，如果我和爱人发生了争吵，被孩子看到了怎么办?”我的回答是：“只要双方不攻击对方的人格，不发生肢体冲突，仅仅是就事论事地说明道理，不会对孩子产生太大的影响。倘若双方在争吵过后，能够积极地解决问题，重归于好。孩子就会在观察父母的行为中懂得，人与人之间发生矛盾十分正常，只要去积极沟通，多想方法，问题便可以很好地解决。”

有研究显示：从来不吵架，伪和谐的父母，很难培养出坚强而勇敢的孩子；而经常吵架，消极相处的父母，也容易让孩子变得懦弱而自卑。只有偶尔吵架，又积极处理的父母，才能培养出自信而理性的孩子。当然，这并不是鼓励父母去吵架，而是当矛盾无法避免的时候，父母要面对现实，积极解决，要让孩子看到一个真实的世界。这样孩子就会明白：在生活中出现不良情绪并不可怕，只要去坦然面对并进行有效处理，一切都可以慢慢好起来。

有效回应孩子的情绪

父母用什么样的情绪来回应孩子，孩子就用什么样的方式来发展自己。

尊重孩子的感受（0～6 岁的孩子）

由于语言和思维发展的滞后，孩子在 6 岁之前还不能很好地表达自己的想法，也不能深入地理解父母口中的对错，他们只能通过父母的情绪变化来判断自己的做法是否受欢迎。在这个阶段，他们主要是通过感受来传递和收集信息，从而为自己的成长积累更多的经验。

一个 4 岁的小男孩在客厅的沙发上跳来跳去，爸爸坐在旁边忙工作。他看到孩子兴奋的样子，就提醒说："别跳了，这样容易摔倒。"话音刚落，只听到"扑通"一声，小男孩从沙发上滑了下来。

倘若这个爸爸正陷入工作上的烦躁之中，而孩子的行为又刚好加重了他负面的情绪。试想，他会做出什么样的反应？相反，如果这位爸爸可以迅速调整好自己情绪，并站在理解和支持孩子的角度去关注他的感受，那么，又会产生怎样的回应？

也许，他会这样做：

（1）对孩子挖苦地说："我提醒你多少次了，不要来回跳，你就是不听。看看！摔倒了吧。你就不能安静一会儿，真是烦死了。”然后继续工作。或者走到孩子身边，简单地看一下，发现没什么大事就又走开了。（*爸爸：回避式回应。孩子：爸爸不值得信任。*）

（2）慢慢地走到孩子身边，一边搀扶一边斥责地说：“我早知道会这样，说你还不听，现在好了。来，让我看看摔到哪里了？下次再这样，我就不管你了。”（*爸爸：矛盾式回应。孩子：对爸爸时而信任时而不信任。*）

（3）迅速跑到孩子身边，把他抱在怀里，安慰地说：“摔到哪里了？疼不疼？”然后保持安静，等待孩子恢复平静后，再进行必要的引导。（*爸爸：安全式回应。孩子：爸爸值得信任。*）

父母对孩子的教育，都藏在对孩子的回应中。父母不可能一本正经地把孩子叫到面前，然后非常正式地说：“来吧，我现在和你讲讲我准备怎么样培养你……”孩子在6岁之前会把父母对自己行为的每一次回应，都内化成一种生存经验，存储到自己的信念系统中，等待以后有需要的时候，进行提取和模仿。

倘若父母对孩子的消极回应只是偶尔几次，这不会对孩子造成太大的伤害。而事实上，有过第一次消极回应的父母，就会习惯性地认为，这是教育孩子的最好方式，然后不断地重复类似的行为。之所以会这样，是因为他们曾经也这样被父母对待过。他们察觉不到自己的行为对孩子造成的伤害，也就很难进行深刻的反思，就算孩子的问题恶化到迫使他们做出改变的时候，他们也很难真正付诸行动。也许他们会说，道理我们都懂，可就是无法做到。这不是借口，事实的确如此。因为他们不完善的人格会让他们在做出改变的时候，内心充满恐惧。只有他们对自己有了深刻的认识，并意识到问题的存在，才能在培养孩子上面有所作为。

在回应6岁以下的孩子时，我有一些这样的建议：

__ 让孩子充分表达自己的想法。父母可以通过耐心询问，让孩子说出自己内心的感受或描述正在发生的事情。

__ 给予身体语言的支持。父母在倾听孩子的时候，要注意肢体语言的使用，比如温和的语气、缓慢的语速、肯定地点头、赞许的微笑、轻轻地抚摸、深深地拥抱等。

__ 先处理情绪再给出建议。面对孩子的不良情绪，父母不要急着给出建议，而要先疏导他们的情绪，待他们的情绪平复后，再给予必要的引导。

__ 给予孩子安静的陪伴。孩子在发泄不良情绪时，父母除了给予他们温暖的拥抱或静静的陪伴外，建议什么都不要说，什么都不用做，而要给足他们充分释放的时间。

__ 勇敢地对孩子说“不”。当孩子无理取闹时，父母要对他们坚定地说“不”，让他们清楚规则的重要性及父母的底线。然后把他们带到一个安全的环境，不批评，不说教，不打骂，只需静静地陪着，直到他们恢复平静。

__ 有效的情绪转换。当孩子的不良情绪获得释放后，父母要积极与他们互动，及时通过游戏或角色扮演来引导他们进行情绪转换，以此来培养他们瞬间调节情绪的能力。

__ 理解孩子情绪背后的含义。0~3岁的孩子通过情绪的表达来满足生存与发展的需要，3~6岁的孩子会有目的地使用情绪以满足自己。对于前者父母要给予及时的关注和支持，而对于后者则要分清好坏，坚持原则，正确引导。

孩子每一次问题的出现，对父母来说，不仅是一种挑战，也是一次教育的契机。

在处理孩子的情绪时，父母要努力做到态度真诚，因为只有真诚，才能赢得孩子的信任。孩子对真实的情感具有天生的感受力，他们会通过灵性的判断来确认这份关系是否值得信任。此外，6 岁以下的孩子对情绪的感知能力远远超过对语言的认知和理解能力，他们往往通过观察父母的面部表情、语音语调和肢体动作来感知父母的所为。虽然他们的语言记忆能力发展比较缓慢，经常记不起做过的事情；但他们的感觉记忆能力却发展迅速，善于利用眼睛和大脑来观察和感受父母的身体动作，并通过捕捉到的父母情绪信息来了解父母的意图。他们对很多事物都充满好奇，经常先睁大眼睛观察身边的一切。

除了感觉记忆外，6 岁以下的孩子还擅长存储一些身体记忆。他们渴望父母的安抚和拥抱，并期待与父母有更多的身体接触。孩子越小，这种表现就越明显。孩子天生对妈妈身体的气味比较敏感，在面对危险的时候，他们会投进妈妈的怀抱，就像婴儿时在妈妈的子宫里一样获得安全感。如果儿童在婴幼儿期没有从父母那里获得足够的身体安慰，那么他们就会用一生的时间来补偿这种缺失。也就说，只有他们与养育人发生了身体接触，内心才会获得暂时的满足。

一次，我在对幼儿老师做培训时，有一个老师说："我们班级里有一个孩子很调皮，经常动手打人；还有一个孩子比较封闭，习惯一个人玩耍，我不知道该怎么做才能更好地教导他们?"

这两类孩子都对自己的身体缺乏自信，一个企图通过攻击他人来获得身体满足，一个则选择逃避现实来掩饰内心的自卑。他们从小没有从父母那里得到足够的身体支持，导致他们不能在精神上获得独立。他们非常害怕孤单，而且在需求不被满足的情况下容易出现焦虑。

他们中的一些孩子不能认同自己的身体，从小就容易生病，或者稍有不顺就会攻击自己，甚至认为自己不值得拥有健康，包括生命。还有一些孩子在长大后会过早地发展恋情，并渴望与同性或异性发生身体接触，好像他们的身体只有在被足够地抚摸后，才能得到片刻的安宁。他们这种缺乏身体边界的行为，与婴幼儿时期被强制与养育人身体分离的行为有着很大的关系。

因此，在孩子 6 岁之前，父母要多拥抱孩子，多肯定他们的身体，让他们从小就拥有一个温暖的身体记忆。

协议领导情绪（6 ~ 12 岁的孩子）

从 6 岁开始，孩子就有了独立的思考和个性的判断，他们不再对父母过度依赖，而是期望从老师和同伴那里获得更多的认同。面对生活和学习上的困难，他们很容易自卑，一部分孩子会通过积极的行动和勤奋的努力来获得改变，而另一部分孩子则会选择消极的顺应和无声的逃避。在面对父母的负面情绪时，他们通常会把真实的自己隐藏起来，选择对自己最有利的方式进行回应。

有一个小女孩，到了 10 岁还不能很好地整理自己的房间，衣服经常随便乱扔，床单和被子也总是揉成一团。妈妈看不惯时就会说上几句，但小女孩仍旧我行我素。一天，小女孩要参加学校的活动，却怎么也找不到自己想穿的那件衣服，情急之下，她哭了起来。这时，妈妈走进了小女孩的卧室。

猜猜，这个妈妈会做出什么样的回应？会不会一边指责又一边帮助小女孩去寻找那件衣服，或者趁机对她教育一番，说一些“下次要把衣服摆放整齐”“不要再乱扔衣服”之类的话。倘若如此，小女孩就真的会发生改变吗？事实上，小女孩很难听进去这些道理。

我的建议是：妈妈可以来到小女孩的身边，帮助小女孩擦干眼泪，然后和她一起去寻找那件衣服。在找的时候，除了必要的询问外，妈妈不要说多余的话，这时的安静比什么都重要。在找到后，妈妈要向小女孩示范衣服的分类和叠放方法，并告诉她有序和平整的标准，然后和她一起整理床单和被子。到了晚上，妈妈可以找一个空闲的时间，与小女孩面对面进行一次深度沟通，在坚持共赢的前提下，制定一些可执行的协议来引导小女孩今后的行为。

面对 6 ~ 12 岁的孩子，在处理他们的情绪时，父母可以采取以下行动：

__ 孩子在哭的时候，父母不要过度安慰，要少说话，并增加安静陪伴的时间。

__ 孩子在情绪中时，父母要停止说教，不给建议，只去做一些可以调整状况的事情。

__ 孩子在发泄情绪时，父母要耐心等待，直到他们恢复平静。

__ 面对孩子的不良行为，父母要提出具体的改善标准，并亲自示范，最终利用协议来监督实施。

__ 协议的制定要具体、清晰、可操作。比如衣服要叠放平整，摆放有序，平整就是要没有折痕，有序就是要分类明确。再比如，卧室要干净整洁，干净就是地面上没有纸片和垃圾，整洁就是桌面干净，物品摆放整齐。

__ 协议的执行要具有弹性，并循序渐进，父母要根据孩子的实际情况进行灵活的调整。

__ 父母要培养孩子的家庭意识和责任担当，让他们参与家务和适当的体力劳动。

__ 父母要引导孩子利用情绪的能量去学习，让他们每天坚持去做一件积极的事情。

__ 父母要鼓励孩子坚持至少一项身体运动，增强他们的体质和耐力，锤炼他们的意志。

6 ~ 12 岁是孩子习惯培养和规则设定的关键期，也是他们社交行为模式形成的重要阶段。在这个时期，他们对这个世界的认知和自我价值的评定有了新的发展，而且会把学到的经验纳入自己的信念系统中，在以后有需要的时候，拿来指导自己的行为。

与孩子共情（12 ~ 18 岁的孩子）

孩子到了 12 岁以后，开始坚持自己的想法，他们认为自己已经长大，不再需要父母过度的帮助，只在必要的时候他们才希望父母出现。他们渴望独立，容易叛逆，经常会不听劝诫，一意孤行。在父母面前，他们看起来不爱说话，表现平静，其实内心经常纠结，躁动不安。由于理想和现实的差异，他们常常陷入矛盾之中，不想告诉别人，却又不敢面对。倘若不能解决这种差异，他们就容易陷入负面情绪的泥淖，沉溺在游戏或其他消极的事情上，让自己仓皇地逃离。他们很少给父母倾听的机会，甚至不愿意和父母单独相处，害怕父母的说教，在父母那里，他们只希望获得更多的尊重与自由。他们活在自己想象的世界里，不愿意出来，也不让别人进去。

情绪化是这个年龄阶段孩子的代名词，只是有的人表现了出来，而有的人压在了心底。他们的内心就像一座火山，时而平静，时而爆裂，他们也不能很好地控制自己的情绪，有时还会做出一些奇怪的事情，或者说出一些莫名其妙的话，好像只有这样，他们才能拥有独立的存在。

面对他们成长中的矛盾与不安，父母要坦诚接纳，并给予足够的理解和尊重。父母只有走进孩子的世界，了解他们内心深处的担忧，与他们共情，才会赢得他们的信任。孩子也只有在父母那里感受到了安全，才会把真实的自己呈现出来，与父母坦诚相待。对他们来说，在这个阶段，父母给予的心理支持远比一些所谓的正确方法更为重要。

曾有一位15岁男孩的妈妈来找我咨询，她最近感觉孩子的状态不好，每天吃过晚饭后就把自己关在卧室里，说是写作业，也不知道真正在干什么，因为老师反映最近孩子的作业都不能完成。总之，直到很晚，他屋里的灯还亮着。后来才发现，孩子不知从哪里弄来一个手机，在玩游戏。马上要中考了，她有点着急，知道孩子现在这个年龄比较敏感，不能多说，但如果不说，让他这样下去又不知该如何是好。前天，他爸爸把网络关掉，孩子就嚷了起来，昨天晚上放学回家，他把校服换掉，没有吃饭就出去了，直到很晚才回来。

想一想，如何帮助这位妈妈？

结合这个案例，面对12岁以上的孩子，我有以下几点建议：

• 情绪等待

在发生冲突后，孩子的情绪平复需要一段时间，在这段时间内他的内心一定会进行激烈的斗争。这时，父母需要做的只有耐心地等待。除了叫他吃饭外，不要与他有过多的交流，也不要对他微笑或表达想要接近的渴望。只有等他的情绪稍微稳定后，再找时机与他沟通。在沟通的时候，要多倾听他的想法，不要总结和建议，只需表达理解和尊重。

• 协议管理

在有效地倾听孩子后，父母和孩子要通过协商制定一个双赢的协议，让孩子通过协议来安排自己的生活。协议的内容要从生活开始，向学习过渡，父母和孩子都要严格遵守协议，并互相监督。

• 增进情感

每周，爸爸都要安排一个固定的时间与孩子单独相处，而且要把这个时间写到协议中，认真执行。在这个时间内，爸爸与孩子可以是一次积极的互动，也可以是一次安静的陪伴。倘若条件允许，双方还可以设定一个共同的目标，然后分阶段一起完成。

• 加深理解

爸爸要尝试站在孩子的角度去思考问题，并以孩子感受为中心，进行深入的探讨。在这个过程中，爸爸可以坦诚自己当年的经历，对孩子现有的想法表示理解和尊重。总之，爸爸要修复与孩子的信任关系，增加对孩子的情感投资。

父母与孩子沟通的时候，在人格上要把他们当作一个成年人对待，而不能认为他们还是想法不着边际的孩子。但在处理情绪和解决实际问题的能力上，父母要把他们看成一个孩子，对于他们做得不好的地方，要给予谅解和鼓励，而不能把他们当成一个可以很好约束自己的成人，而去没有底线地批评与指正。其实，孩子在生活或学习中，有很多地方都需要父母的帮助，只是他们脆弱的心理和强大的自尊，以及害怕父母不被理解的恐惧，才让他们在父母面前欲言又止，望而却步。父母只有接纳、尊重和理解他们，他们才会向父母打开心门，并愿意说出自己真正的渴望。

对情绪的智慧管理

孩子一旦拥有一个积极的情绪管理风格，将会终身受益。

情绪秩序的培养（0～6岁的孩子）

成长中的孩子在需求未被满足的时候，会习惯性地通过情绪来表达自己的渴望，而且年龄越小，这种情况就越明显。比如1岁之前的孩子，经常会通过哭闹来表达饥饿、口渴、伤痛、恐惧和不安，在这个时期，情绪是他们与父母沟通的主要工具。6岁以后，他们的语言表达水平得到较快的发展，才开始慢慢弱化通过情绪来传递所有的信息的状况，但情绪表达依然在与这个年龄阶段孩子的沟通中起着非常重要的作用。因此，在孩子6岁之前，父母要重视对他们情绪的培养，这对增强他们内心的安全与力量起着非常关键的作用。

有一次，一位5岁男孩的妈妈向我咨询，她说："孟老师，我的孩子没有耐性，只要遇到一点困难，就容易发火。有时他做错了，我们还不敢说，不然他就会在地上打滚，或哭个不停。前几天，我们一家人去逛商场，他看到一个玩具，想要买，我们没有答应，他就闹了一天。奶奶说了他几句，他还动起手来。”

男孩之所以会表现出这样的情况，是父母过度宠爱的结果，他习惯通过哭闹的方式来与父母对抗，并从中获得期望的好处。他并不明白情绪的边界是什么，但他知道情绪是对付父母最好的工具。在他看来，自己在父母面前这种肆无忌惮的表现，不仅不会遭到惩罚，反而能够引起他们更大的关注。他认为父母对自己的一切付出都是理所当然的，倘若哭闹无法满足自己的要求，他就会做出更加恶劣的行为。

结合这个案例，针对6岁以下的孩子的培养，我有以下几点建议：

- 安静等待

当孩子无理哭闹时，父母不要说话，只需要在旁边静静地等待，要让孩子看到父母坚持原则的决心。

- 感受确认

等孩子的情绪稍微平复后，父母可以问：“你现在好点了吗?”如果孩子此时还是不依不饶，那就对他说：“如果你觉得难受，那就再哭一会儿，我会在旁边陪着你。”

- 规则设定

等孩子不再哭闹了，父母可以说：“哭可以让你感到好受点，但不能解决问题。你想要什么，可以说出来，如果我觉得可以，就会满足你；如果觉得不可以，你哭闹也没有用。”“你难过的时候，怎么哭都可以，但不能打人。”另外，为孩子设立规则的人，一定要是孩子最信任的人，这样孩子才容易接受和服从。

● 情绪转移

当孩子确认了规则后，父母要给他一个温暖的拥抱，然后给他买一个他喜欢的甜品，或者陪他玩一个有趣的游戏。

● 提前设定

在以后逛商场之前，父母可以提前告知孩子：在经过同意后，允许他买一个东西。这个东西一定得是经过讨论，而且是孩子期待已久的，而不是他看到什么就要买什么。

父母对孩子情绪的培养，要注重认知与行为的同一。情绪认知就是对引起情绪事件的表述及相关的情绪反应。比如，孩子说："爸爸，今天我帮助同学了，老师表扬了我，我真的很开心。"这就是一个情绪认知的过程，包含了对原因的表述和反应。情绪行为就是对应情绪认知的一种行为表现。比如，孩子感到委屈，哭了起来，哭就是情绪行为。再比如，妈妈答应孩子可以在午饭后吃一个冰淇淋，孩子兴奋地跳了起来，然后笑着去拥抱妈妈。孩子的跳、笑、拥抱都是情绪行为。所谓同一性，就是情绪的认知和行为要保持一致。简单地说，就是开心的时候笑，痛苦的时候哭；而悲伤的时候哈哈大笑就表现为认知与行为的不同一。

以上案例中男孩，在需求没有得到满足的时候，只有哭闹，而不能用语言来表达自己的感受。这就是只有情绪行为，而没有情绪认知。当然，比较小的孩子还不能完整地用语言表达自己的情绪认知，这就需要父母通过耐心的询问来引导他们说出来。只要孩子的情绪认知和行为能够获得同一性发展，他们就能够快速地疏导自己的情绪。

一位妈妈发现6岁的女儿在家里不停地喊叫，问她怎么了，小女孩也不回答。除了喊叫，似乎从她脸上也看不出一点悲伤，但妈妈能感受到女儿内心的难过，后来才发现原来是她的布娃娃找不到了。

小女孩一直不说话，可能是因为她的内心比较焦虑，很多话压在了心里，害怕说出来会受到妈妈的责罚或者对自己不利。妈妈此时需要给予她一定的安慰，同时鼓励她说出来。如果小女孩始终不肯说，妈妈可以做出这样的引导："你是不是找不到那个布娃娃了？会不会忘到车里或者学校了？"如果她还是没有回应，那就接着说："如果你特别难受，可以哭出来，妈妈会一直陪着你。""如果实在找不到了，妈妈就陪你再去买一个。"

倘若小女孩以后又出现类似的状况，妈妈就可以坚持使用同样的方式来引导。只要循序渐进，并给以足够耐心，相信用不了多久，小女孩就能够把感受完整地表达出来。只要小女孩能够完整地表达自己的感受，她的不良情绪就可以得到释放。一旦孩子学会通过语言来表达感受，他们的内心很快就会轻松起来。

现实中，有些人遇到了悲伤的事情，哭不出来，也不愿表达，看着一副非常压抑的样子，跟自己过不去。长此以往，他们的心理就容易慢慢"癌症"化。也有些人习惯掩饰，看起来比较阳光，有说有笑，其实他们的内心十分脆弱，既落寞又孤单。他们这种自动化的情绪处理方式，都来自于6岁之前情绪认知与行为的混乱。在那个时候，他们遇到困难，要么是哭闹和攻击，要么是沉默和逃避，总之，不能用语言完整地表达自己的感受，就只能用不成熟的方式来进行防御。

有一次，我在一个幼教机构做培训，一位老师说："孟老师，我这里有两个孩子非常特别。一个是男孩，他遇到一点困难就会发火，比如，他摆积木，只要摆不好，就会扔得到处都是，而且还不允许其他小朋友玩。一个是女孩，非常脆弱，只要别人碰她一下，她就会哭很长时间，怎么安慰都不行，不知道这样的孩子该怎么引导?”

这两个孩子都是只有情绪行为而没有情绪认知，同时情绪行为的表达也不太合理，都超过了一定的边界。情绪行为的边界就是一个人在释放情绪的时候要有一个合理的范围，不能对自己和他人造成太大的伤害。对于这两个孩子，他们的父母和老师要耐心地引导他们说出自己内心的感受，让他们慢慢学会用语言来释放不良情绪。只要他们能够不断地把内心的压抑通过语言表达出来，就会对他们的情绪发展产生积极的影响。否则，等他们的情绪开始内化以后，再想引导就会变得十分困难，而且到了那个时候，他们甚至还会对自己和他人做出一些攻击行为。

情绪调整的方向（6～12 岁的孩子）

6～12 岁的孩子情绪已开始内化，他们已经有了相对稳定的内心世界，若没有强烈的事件刺激，一般不显出自己的情绪状态。在面对情绪压力时，大多数孩子选择压抑和逃避，只有很少一部分孩子可以积极主动地面对。在这个时期，他们开始写日记、努力学习、暴饮暴食、运动、多动、沉默、打架、说脏话、撒谎、偷窃等，甚至个别孩子在不堪重负的情况下还会选择自残或自杀。在情绪释放的表达方式上，他们已经开始向成人过渡，并表现出明显的个人化倾向。因此在这个阶段，父母不仅要给予孩子足够的理解与肯定，还要教会他们一些必要的情绪调节技能，以备他们在以后有需要的时候拿来使用。

有一次，我主持了一个小学生家长训练营培训。在提问问题的环节，有个妈妈说：“孟老师，我的儿子特别喜欢玩电脑游戏，每天放学回家他总是匆匆忙忙地写完作业，然后就开始坐在那里玩。如果我不叫他，他都不知道起来；如果我不让他玩，他就会在屋子里乱晃，感觉像丢了魂儿似的。”另一个妈妈说：“我家是个女孩，不爱说话，我说什么她都说好，学习也很认真，就是性格比较急躁。有时她写错一个字就会拼命地擦，我说了她很多次，但她就是改不了。”还有个妈妈说：“我的儿子很爱动，根本就坐不住，他做作业也比较马虎，而且在学校里还经常搞恶作剧。”

结合以上问题，面对 6 ~ 12 岁的孩子，我有以下几点建议：

- 培养一个爱好

在这个阶段，父母要依据孩子的个性、特质和兴趣，让他们选择一个爱好。对于爱动的孩子，可以选择球类、书法、散打、武术、游泳、跑步、舞蹈、游泳、体操、表演、唱歌、弹琴等。对于爱静的孩子，可以选择设计、画画、下棋、阅读、写作等。在这个过程中，父母要细心观察，找到孩子感兴趣的地方，然后鼓励他们坚持下去。只要孩子足够用心和喜欢，那么这个爱好就会内化成一种力量，在他们以后感到孤单的时候，给予有力的支持。

爱好，有一个就够了。如果孩子从小没有一个积极的爱好，那么他们就容易在空闲的时候变得迷茫。就像案例中的小男孩，在做完作业后，因无感兴趣的事情可做，就只有用玩游戏来打发时间。这样下去，他不仅容易对网络上瘾，还会消磨掉意志，让生命失去灵性。

- 动静结合调节身心

有些孩子喜欢安静，他们经常躲在人堆里不发出声音，除了体育课外，在操场上基本看不到他们的影子。父母在认可他们独立思考的同时，也要引导他们适当地参与一些身体锻炼，比如，跳绳、慢跑、身体拉伸等。这样不仅能够调整他们的情绪，还可以促进他们身心的健康发展。而有些孩子，总坐不住，他们喜欢制造出一些声音，生怕别人发现不了他们，或者他们根本就停不下来，只有在身体不断运动的时候，才会感到舒服和惬意。父母要鼓励他们多运动，多出汗，让他们充分释放身体的能量。总之，动静结合的身心调节方式，不仅能够提高孩子的情绪管理能力，还能够增强他们内心的力量，促进他们高效地学习。

- 积极面对情绪

当孩子出现负面情绪时，父母要积极暂停，让他们及时从焦虑的环境中抽离，或者引导他们做几个深呼吸，先平静下来，然后再去寻找解决问题的方法。比如案例中的小女孩，在她写错字的时候，父母可以引导她先做深呼吸，待内心安定了，再去观察这个字的写法。这时，她可以把正确的字在大脑里演练几遍，或者用手比画几下，等记住具体的笔顺和笔画后，再进入后面的训练。倘若又写错了，也只需简单地画掉，不用过度纠结和懊悔。在这个过程中，父母需要有足够的耐心，不断地给予支持和鼓励，通过反复的认同来提升孩子内在的信心。

具体步骤为：积极暂停；平静内心；寻找方法。

父母只有先做出改变，通过不同的时间、空间和角度来重新审视引起情绪的事件，孩子才会在父母的影响下慢慢建立起对事件认知的正面态度。

- 身份暗示

每个人在不同的环境中都有一个特定的身份，而恰当的身份认同可以激发一个人内在的能量。倘若孩子在学习时坐不住，那就给予“安静王”的称号，让他们通过挑战安静的时长，来抑制自己浮躁的内心。如果父母想培养孩子的责任心，那就给予“家庭小能手”的称号，让他们去做一些力所能及的事情。孩子一旦从身份中找到了成就感，他们就会更加自信，而且会主动重复积极的行为。

心理减压的技巧（12～18 岁的孩子）

孩子到了 12 岁以后，不喜欢和父母分享自己的感受，他们喜欢把自己的情绪隐藏起来，不让父母发现。他们这样做，一方面是害怕父母不理解自己，另一方面是为了保护自己脆弱的自尊。从表面上看，他们是为了寻求独立，其实内心却非常茫然。为了显示出自己的特别，他们经常伪装自己，把那些不为人知的负面情绪压在心底，从而表现出一种长大的样子。

在没有征求他们同意的前提下，父母想教会他们一些建议和方法，只会引起他们更强烈的反感。他们过于自我，不认为从父母那里可以获得真正的理解和帮助，他们对父母的套路早已心知肚明，已经没有耐心听父母给自己上课。面对父母的参与，他们会习惯性地选择逃避和掩饰，有时根本就不愿意坐在父母的身边，就算被父母强制教育，也经常会低头沉默，做做样子。只有在遭受重大挫折的时候，他们才会与值得信任的父母做一些简单的沟通，但过一个晚上，他们又会恢复原形。倘若他们与父母的信任关系已经破坏，他们就会把所有的情绪闷在心里，要么暴饮暴食，要么沉溺游戏。这些孩子也不想这样，但却在慢慢地把自己变成一个连自己都不喜欢的样子。

父母在面对孩子的情绪时，往往十分焦虑，不知道如何才能打开孩子的心扉。其实孩子的心扉无法从外部打开，而需要孩子在赢得父母的信任后，从内部开启。当然，在个人隐私方面，父母不需要了解孩子太多，因为孩子需要一个自己的空间，来储藏独立的思想和灵魂。但这并不代表父母在孩子面前无能为力，只要方法得当，父母还是可以在孩子那里有所作为的。

曾有一个15岁的女孩来找我咨询，记得刚见面的时候，她很热情地向我打招呼，而且笑得也十分灿烂。她最近有些压抑，所以想来找我聊聊。父母也感觉这段时间她不在状态，希望我能开导一下，让她把心思放在学习上。

她之所以不愿意与父母沟通，是因为爸爸太严厉，永远都认为自己是对的，而妈妈又太幼稚，感觉无法进行平等的交流。她说："孟老师，我们班里有些女生在心情不好的时候，会拿小刀划自己的手臂，其实我也想过，只是我怕疼，就没敢。我在特别郁闷的时候，会去天桥上走一走，看看上海的夜景。实在太难受了，就会哭一会儿。我妈妈可能也跟你说了，我在学校谈恋爱了，其实那根本就不是爱情，我只是感觉太无聊，想找个人陪陪。被老师发现后，我就和他散了，我不想成为老师和父母的焦点，因为那会给自己带来太多的麻烦。从我上小学起，爸爸妈妈就经常吵架，有时他们还会摔东西。每次放学后我都不想回家，就想在学校里多待一会儿。快要考试了，我也想把学习搞好，可我太笨了，就像我爸爸说的，我是个猪脑子，好像怎么努力都是这个样子。"

在这样的家庭环境中，女孩过得十分艰辛。她好像对什么都提不起兴趣，似乎自己根本就不配拥有任何幸福。在这个时候，不论父母说什么，她都听不进去。她活在自己的世界里，不让别人进来，自己又不愿意出去。倘若有一个坚持多年的兴趣爱好，倒是可以为生活增添一些色彩，可是她没有，这就使得原本压抑的生活变得更加乏味，也就只能跟着自己的感觉随遇而安了。

孩子在 12 岁以后已经对父母有了刻板的印象，此时父母要想对孩子施加积极的影响，就会比较困难。因为孩子已经不再希望从父母那里获得更多的建议，他们需要自己学会一些方法来处理自己的事情。

下面我提供一些情绪调节的方法，供孩子在有需要的时候选择使用。

- 目标能量法

在生活或学习上，有的孩子表现得无所谓，这可能来自他们对过去消极状况的沉溺，也可能来自对未来生活的担忧。他们知道自己从哪里来，却不知道要到哪里去。为了弥补现实的空虚，他们忙着社交、攀比、恋爱、上网、游戏，只要不让自己停下来，他们就会感到充实。其实，他们这样做，只是对现实无力的逃避，并不能从中找到真正的出路。他们这种状态，就像在大海里迷失方向的航船，没有顺风，只有逆风，无论船体多么牢固，都将会被慢慢拖垮。

要想改变这种状况，就要为生活制定明确的目标，并坚持循序渐进地执行。不论目标是大是小，都要用心去做。也许做起来并不容易，会经常出现想要放弃的状况，但只要稍微自控一下，就会有一些特别的惊喜。

目标的制定可以从生活开始，然后再慢慢过渡到学习。比如早晨坚持刷牙3分钟，写作业之前做好时间规划，每周做一次出汗的运动等。只要每天坚持去做一件积极的事情，他们就会从中找到存在的力量。在这个过程中，父母要不断地鼓励孩子，给他们支持。当然，父母不能直接告诉孩子该怎么做，而要引导他们制定目标协议，然后利用协议监督执行。

一个人内心只要有了目标，眼睛就会变得明亮，精神上也会充满力量。

● 五步脱困法

每个人都有伤心的时候，孩子也一样，只是有些孩子可以有效地释放不良情绪，与自己和解，而有些孩子则习惯把大量的不满和委屈闷在心里与自己对抗。当父母发现孩子属于后者的时候，就可以引导他们尝试使用下面的方法，来协助他们走出困境。

这个方法分为五步，具体步骤如下：

（1）××，你做的……事情，让我感到很生气。

（2）你在做……事情的时候，根本就没有考虑过我的感受，我很伤心。

（3）你可能有自己的难处，而我却不能给到理解，我有些内疚。

（4）你其实为我做了很多，我也能感受到你的爱，为此我深表感激。

（5）希望以后……，我们都能让自己过得更好。

当孩子与亲人或挚友发生误解或矛盾的时候，就可以利用上面的句式来写出内心的忧虑与期望。只要多加练习，并灵活变换内容，就能够慢慢地舒缓情绪，获得安慰与释然。

比如案例中的那个小女孩就可以写这样一封信给父母：

亲爱的爸爸妈妈：

你们对我的要求过于苛刻，经常不问缘由就说我的不是，这让我感到非常生气。你们在指责我的时候，根本就没有考虑过我的感受，这让我感到十分伤心。你们可能是希望我变得好一点儿，而我却不能很好地理解，有时还会故意和你们顶嘴。现在想一想，自己做得也有点过分，为此，我感到十分内疚。你们为我付出很多，我都看在眼里，只是因为我想做我自己，出于自尊和面子，我才不肯承认。我知道你们非常爱我，我也非常爱你们，感谢你们为我付出的一切。以后我会多多理解和体谅你们，你们为了养育我也很不容易，我非常幸运有你们这样的父母，希望我们一家人会越来越好。

爱你们的孩子：××

当父母看到这封信的时候，也要用同样的方式写一封给自己的信，然后再写一封给孩子的信。在写信的时候，要有足够的真诚，而不用拘泥于形式，只要把压抑的情绪充分表达出来就可以了。

这个方法中的五步是一个人的内心情绪从糟糕到好转所要经历的五个阶段，所以叫作五步脱困法。它会让情绪能量从负面向正面进行积极转化，并包含五种心理的变化：生气、伤心、内疚、感谢和希望。在运用的时候，孩子可以写出来，也可以说出来。在说的时候，可以说给别人听，也可以录音给自己听。在录音的时候，要不断地说，不断地听，直到内心感到舒服为止。另外，在写或说的时候，只有在一个情绪得到充分表达后，才可以过渡到下一个情绪。比如，对一个人做出的事情非常生气，那就用大量的文字或语言来充分表达，直到脱离愤怒以后，再去表达伤心的情绪。同时在表达的时候，语言要尽量详尽，可以从视觉、听觉、触觉、味觉、嗅觉等角度展开。不管是说还是写，都要让孩子充分体验当时的情景，全身心地投入，这样才有利于他们彻底释放不良情绪。情绪也只有在得到充分的释放后，才会慢慢进行转化。

- 四位感知法

当孩子对某人或某事愤愤不平无法释怀的时候，父母可以引导他们尝试使用四位感知法。这个方法的特点：让孩子通过多维的空间和角度来重新看待相关的人或事物，为他们的思维经验增加几种可供选择的可能。这个方法不仅能够引导他们全面地看待问题，还可以扩大他们内心的格局，促进他们朝向更加积极的方向发展。

具体的操作如下：

（1）位置一：自己的角度

思考：我的体验、感受和对事物的看法是什么？为什么我会有这样的看法？这些看法对我会产生什么样的影响？

（2）位置二：对方的角度

思考：对方为什么会这样做？对方的个性和特点是什么？对方这样做有什么好处？

（3）位置三：旁观者的角度

思考：你和对方都在干什么？这样的事情会对环境产生什么样的影响？该如何客观看待所发生的一切？

（4）位置四：未来的角度

思考：过了2年、5年、10年或者将要死的时候，再来看待现在的人或事，你的感受如何？你想要对自己说点什么？对你来说，什么才是最重要的？

父母可以把这四个位置分别写到四张纸上，然后把纸放在地上，引导孩子站在每一张纸上，去充分体验在相应位置上的感受，直到情绪彻底释放后，再跳到下一个位置。在第一次进入相应位置的时候，孩子可能会有很多负面的情绪，只要他在这个位置上有足够的思考和体验，当走出的时候，情绪就会缓解很多。另外，父母可以让孩子为自己的情绪打分，比如满分10分，孩子刚进入某个位置的时候是几分，走出来的时候又是几分。在经过几次循环之后，又剩下几分。因为每一个位置都是一个角度，孩子只有充分体验到这个位置的情绪，并结合所在位置的角度去看待问题，负面的情绪才容易获得转化。

我们用这个方法来处理上面案例中女孩的恋爱问题：

（1）位置一：自己

我：谈恋爱是因为太无聊，我知道老师、父母都不允许，可我实在是太孤单了，而且生活和学习都太压抑，我想谈个恋爱放松一下。我不懂爱是什么，但只要有人陪着，我就会舒服一些。

（2）位置二：老师和父母

老师：这个女孩谈恋爱会对班风产生不好的影响，不仅学校不允许学生谈恋爱，而且谈恋爱还会影响她的学习。我希望这个女孩的家长可以配合我彻底解决这个问题，尽管我也知道，女孩会很不舒服，可这都是为了她好。

父母：孩子现在谈恋爱，我很担忧。这不仅会影响她的学习，还可能对她的精神和身体造成不必要的伤害。她现在还小，不懂事，为了她的未来，我要坚决制止。

（3）位置三：同学

同学：我很羡慕她有人喜欢，恋爱的感觉一定很好，倘若有人这样对我，我也很想尝试。但我觉得，现在谈恋爱太早，还会分散精力，影响学习。同时学校也有规定，不允许学生谈恋爱，我不想让自己陷入被动的局面。再说，感情的结果很难把握，倘若分手了，也一定会很痛苦。

（4）位置四：未来的自己

5 年后：我在外地读大学，离父母很远，我感到很自在。现在我谈恋爱了，和喜欢的人在一起，这种感觉真好。10 年后……

面对同一问题，只要站在不同的位置和角度反复地思考和体验，就可以更加全面地看待问题，从而扩大内心格局，获得新的突破。

● 未来景象法

当孩子的内心缺乏力量时，父母可以引导他们针对某一具体目标进行积极想象。12 岁以上的孩子喜欢幻想，他们习惯发呆或做白日梦。倘若以明确的目标为导向，启发他们对未来景象进行自由联想，就可以刺激他们产生当下的奋斗力量。在想象的时候，他们需要完全打开视觉、听觉、触觉、嗅觉和味觉等通道，让全部身心都沉浸在生动而具体的目标景象中，只有足够的投入，才能激发他们改变的渴望。

下面以女孩感到生活无聊为例：

期望目标：让生活充满力量。

目标景象：目标有什么样的画面？感觉起来如何？假如自己

在未来达到了这个目标，会是一种什么样的体验？到那个时候，观察身边的人，他们会怎么看我？他们会有什么样的表情？会说些什么话？还会有什么人？他们会有什么样的表现？

现在：为实现目标景象，需要做点什么？第一步是什么？最重要的是什么？是否需要制定一个实现目标景象的协议，若需要，该如何制定？制定后，又该如何执行？

如果孩子在使用这个方法后，还没有足够改变当下的动力，那就说明目标还不够明确，景象还不够清晰。这就需要把目标具体化，把想象图片化。只要孩子不断强化想要达成的目标景象，就可以获得改变的力量。

- 积极行动法

当孩子沉浸在痛苦中，以受害者自居，无法释怀的时候，父母可以引导他们暂停想象，积极行动起来。人的许多痛苦都是想象出来的，当真正面对的时候，往往并不是这样。积极行动可以让一个人在做的过程中修正自己，吸取能量。当然，行动要以结果为导向，朝向一定的目标，这样才能集中精力做好一件事情。只有身体在动起来的时候，大脑才会停止胡乱想象。现实中，一个人越是活在不切实际的幻想中，越会感到生活很不如意。而只有不断地尝试改变，才会感受到力量的存在。

以上五种方法，不仅适合孩子，也适合父母；不仅可以单独使用，也可以交叉使用。在面对孩子的情绪时，父母只有先改变自己的认知，把控好自己的情绪，才能对孩子产生积极的影响。有时候，让人情绪低落的往往不是事情本身带来的伤害，而是对事情的不合理看法和态度。只有对事情的看法和态度发生了改变，情绪调节起来才会容易很多。

培养孩子的情绪信仰

坚定正确的情绪信仰，可以让一个人拥有强大的心态。

情绪过程（0～6岁的孩子）

孩子在6岁之前习惯通过情绪来表达未被满足的需求，哭闹与喊叫是他们呈现给父母的主要形式。这种表达在0～3岁具有随意性，而在3～6岁具有目的性。他们只是把情绪作为与父母交流的工具，而对情绪本身没有足够深刻的理解。一旦不能利用情绪从父母那里获得想要的东西，他们就会瞬间陷入无助与焦虑之中。

一个3岁的小女孩跟在妈妈的身后，一边走一边剥着一块糖果，一不小心，剥开的糖果掉在了地上，她大哭起来。妈妈连忙安慰说："没事儿，一会儿回家我再给你拿一颗。"可小女孩还是止不住地哭，并且弯腰去捡那颗脏了的糖果。妈妈看到后急切地说："不许拿！你看，上面都是细菌，我都说过了，一会儿回家再给你拿一颗，你怎么一点都不听话。不许哭了，听到没有！"

一个小女孩失去了心爱的糖果，这是一件悲伤的事情，她有哭的权利，而妈妈的强烈制止，让小女孩感到无比的迷茫。她不知道妈妈为什么会如此的愤怒，也不懂妈妈所说的"细菌"到底是什么意思，她只知道"她的哭"惹得妈妈很不开心，好像只有自己停止了哭泣才能消除妈妈心头的怒火。在妈妈看来，这只是一颗糖果，回去再拿一颗就是了，用不着哭得这么伤心，她不知道对小女孩来说，这颗糖果真正意味着什么。

小女孩与妈妈的看法不同，她不会因为妈妈的解释而停止哭泣。一个人情绪的产生和消退需要一个身心适应的过程，倘若这一过程被强行终止，那些没有释放出来的情绪就会被压抑起来，成为这个人内心深处比较负面的一部分。

【建议】妈妈可以蹲下来，关切地问："让我看看是怎么了？哦，原来是糖果掉在了地上，这好伤心呀。可这个脏了，不能吃了，一会儿我回家再给你拿一颗，好吗？"然后抚摸她的后背，静静地陪伴。待小女孩平静后，再问："现在好点了吗？"然后给她一个温暖的拥抱，说："如果你以后感到难受，就像今天一样，哭出来，好吗？"接着与小女孩聊一个比较开心的话题，转移她的悲伤情绪。

这个情绪疏导的过程："糖果掉在了地上"（事件描述）→"这好伤心呀"（感受认同）→"回家再给你拿一颗""现在好点了吗"（理解与支持）→"以后感到难受，就像今天一样，哭出来"（认知与引导）→"聊一个比较开心的话题"（情绪转移）。

由此可见，父母对孩子的情绪认知培养需要经历这样的步骤：**客观描述引起情绪的事件→用情绪词汇表达事件所引发的感受→给予足够的情感安慰与支持→有效引导对情绪的认知与学习→通过积极的行为实施对情绪的转移。**

孩子的情绪产生、释放和转化需要一个循序渐进的过程，在这个过程中，父母要做到及时回应、有效共情、耐心等待、合理引导及积极转化。只有这样，孩子才会从当下的情绪事件中获得以下三种信念：有情绪是正常的，可以进行合理表达；情绪是一个过程，要掌握不同的阶段；情绪不仅可以释放，还能够积极转化。

许多孩子之所以无法把控情绪，就是因为他们对情绪缺乏了解，因为不了解，所以在面对的时候，才会不知所措，并充满恐惧。只有对情绪发生发展的过程有了深刻的理解，他们的内心才会拥有坚定的信念，并在情绪事件中获得足够的成长。

一个3岁的小男孩在爸爸的陪伴下去打预防针。在去医院的路上，爸爸说："打针的时候会有点疼，如果你实在忍不住可以哭出来。"到了医院，已经有很多小朋友在等待，而且还时不时地传来尖叫和哭声。爸爸抱着小男孩静静地排队。轮到小男孩的时候，他有些紧张，向后退缩了几下。女医生十分急切地说："快，快，左边上臂衣服拉起来！"小男孩用力蜷缩起胳膊，女医生不耐烦地说："一点儿都不疼，你是个男孩子，你看那个小女孩都不怕。"男孩回头看看爸爸，说："不疼吧？"爸爸回答："有点儿疼，不过有爸爸在。"女医生接着说："不疼的，来！"她程式化地拉起小男孩的胳膊，迅速完成了任务。小男孩哭了起来。

在回去的路上，小男孩一直说："爸爸，疼！"爸爸想了想，说："孩子，医生也许是想安慰你，怕你哭得太伤心，所以才说不疼。但是，你要遵从自己的感受，做真实的自己。"

面对即将发生的事情，爸爸提前告知了小男孩，降低了他对打针的恐慌。在小男孩感到疼痛的时候，爸爸没有做不合理的评价，而是引导他把悲伤的情绪宣泄出来。而当打针的反馈信息出现矛盾的时候，爸爸及时进行了澄清，并引导小男孩换位思考，多角度看待问题。

为更好地培养0~6岁孩子的情绪信仰，我有以下一些建议：

- 孩子能够做的事就让孩子自己做

在这个时期，孩子通过与外界发生关系来确定自己的价值，所以父母要引导他们独立完成一些力所能及的事情，让他们的价值可以被看见。

在一次幼儿家长研讨会上，一个妈妈问我：“孟老师，我儿子4岁半，现在读中班。老师说以后家长把孩子送到学校门口就可以了，让孩子自己进教室。但我觉得儿子还小，到学校还要洗手、检查、爬楼梯，我不太放心。可是学校有规定，不知如何是好?”想来这个妈妈在平日里一定为孩子付出了很多，孩子能做的事情她已习惯代劳，其实她这样做，并不利于孩子身心的健康发展，反而会剥夺孩子对自我价值的追求。

【建议】这位妈妈与孩子进行一次真诚的沟通，征求孩子的意见。倘若孩子愿意自己进教室，那就再带孩子熟悉一下去教室的路线，并让孩子熟记一些特殊的标记。如果孩子不愿意，那就对孩子做一些引导，肯定孩子的成长，激发孩子独立的渴望。孩子可以做的事情就让孩子自己做，父母不要插手，不要剥夺他们成长中的成就和乐趣。当然，对于一些身体比较瘦弱，还需要特别照顾的孩子，那就另当别论。孩子只有在行动中找到自己的价值，内心才会充满力量。

- 培养孩子做真实的自己

许多人喜欢孩子，其中一个很重要的原因，就是孩子活得真实。孩子能够自由地表达自己，天真地笑，痛快地哭。而成人往往做不到这些，所以才会羡慕。有的父母善于在孩子面前表演，可能是碍于身份和面子，所以习惯掩饰和伪装。倘若父母不能真诚地对待自己，也就很难真诚地对待孩子。

一个5岁的小男孩不小心把家里的贵重物品损坏了，他十分恐惧，害怕受到爸爸的责罚。而爸爸知道后明明很愤怒，却要压着火，假装出一副很有度量的样子，并说出一些违心的话。爸爸这种不真诚的善意，会很容易被男孩察觉到。他会想：爸爸怎么会这样？难道以后我可以随便破坏而不受惩罚吗？难道成人都是这样来表达情绪的吗？

爸爸的做法，看似在控制情绪，其实是在恶化情绪，因为压抑的情绪始终是要释放的。正确的做法是：爸爸在发现孩子损坏物品后，要及时向孩子表达自己的伤心与愤怒，并让孩子进行深刻的反思，只有这样，孩子才能感受到爸爸的真实，敬畏爸爸的权威。

● 给孩子表达自我的时间

有些父母在倾听孩子的时候，缺乏耐心，他们认为孩子说的不对，简直是在浪费时间。所以他们会无故打断孩子，说出自己的观点。而在孩子看来，父母无故打断自己的话，不仅剥夺了自己说话的权利，而且还否定了自己存在的价值。

一个2岁8个月的小男孩一脸沮丧地对妈妈说：“妈妈，我……我的那个……那个地图找不到了。”“是去超市的那张购物清单吗?”“是的!”“我扔了，都已经脏了。”“那是我……的地图。”小男孩哭了。“哭，有什么好哭的，下次再给你一个，不许哭了。”“我就想要那个……地图。”“好了，别说了，知道了。”妈妈不耐烦地敷衍着，小男孩则在一旁断断续续地哭。

一个3岁半的小女孩从幼儿园回到家里，拿着一幅涂得很乱的画兴奋地对妈妈说：“妈妈，你看，这是我……我画的。是老师……让我们画的。”“好的，来让我看看，这画的是什么呀?”“这……这是一个大……大苹果。”“哈哈，好大一个苹果，但我看着怎么像一个大鸭梨呀！难道是鸭梨苹果吗?”“对的，是鸭梨苹果!”“哈哈……”“来，我们一起再画一个苹果，然后贴到你的书桌旁边，好吗?”“好!!!”小女孩飞快地跑去拿纸和笔。

通过以上对比，我们可以发现：只要让孩子的行为和语言获得完整的表达，他们的情绪就会朝向一个健康的方向发展。否则，积极的情绪会瞬间转向负面，从而造成他们在情绪认识上的混乱。

● 培养孩子内心的安定

人区别于动物的一个特点就是：人可以通过遵从一些社会规则，来让自己的生活变得更加美好。有规则才会有顺序，有顺序才会有安定。只有在合理规则的引导下，孩子内心才会充满安定和力量。

一个5岁的小男孩和几个同龄的小朋友在一起玩耍，这时妈妈走了过来。孩子对妈妈说：“我想买个恐龙玩具，就在那个商店，有一个小朋友刚刚买过。”妈妈犹豫了一下，说：“不买，你已经有很多这样的玩具了。”“不行，我要买，不然我就不回家，晚上也不吃饭了。”小男孩嘟囔着，并用力地去拍打着妈妈。

这位妈妈平日里一定非常宠爱孩子，而且对他的要求也能轻易地满足，所以孩子才会出现这种稍有不满就威胁，甚至拍打妈妈的行为。倘若在培养孩子的时候，父母让孩子由着自己的性子，想怎么样就怎么样，那么孩子就会表现出更多动物化的行为。因此，在孩子提出无理要求的时候，父母要坚定地回绝，没有节制地满足他们的要求，会让他们养成破坏规则的习惯。

【建议】当孩子提出要买玩具的时候，妈妈可以问：“这个玩具有什么不同?”然后让孩子进行完整的表达。如果理由合适，就可以答应他买这个玩具，但不是现在，而是在未来的某个时间。比如生日或周末，具体时间可以协商，但最终由妈妈决定。妈妈这样做不仅可以暂时稳定孩子的情绪，还可以培养孩子延迟满足的能力。如果孩子不同意或者理由不合适，那就不能买，随便他怎么哭闹，都要坚持。只要这样的事情多做几次，孩子自然就会明白规则的重要。

在孩子 6 岁之前，父母在养育他们的同时，还要引导他们遵从必要的规则，这不仅可以让他们更好地适应社会，还能够培养他们内心的安定。

情绪策略（6 ~ 12 岁的孩子）

6 ~ 12 岁的孩子希望学到更多的知识以指导当下和未来的行为，他们在摸索中学习，并渴望获得更多的认同。但信息的泛滥及矛盾信息的碰撞，容易让他们在学习中迷失，从而偏离正确的价值取向。父母要及时协助他们澄清不合理的信念，引导他们朝向更加积极的方向发展。

有一次，一位妈妈带着 11 岁的儿子来找我咨询。她说："孟老师，我发现我孩子这段时间糟糕透了。晚上写作业拖拖拉拉，一会儿摸摸这个，一会儿摸摸那个，而且写不了多久就开始玩手机。我允许他累的时候可以玩 10 分钟，但玩过之后他也不好好写作业，我真是拿他没办法。而且他烦躁的时候，还会不断地抠手，您一会儿看看他的手，都抠成什么样子了。还有，一个月前，他说要去游泳。我想，他平日里也比较懒，难得愿意运动一下，就给他办了一张游泳卡。当时答应得好好的，一周去一次，现在两个月都过去了，他就去了一次。问他，还说以后不去了，您说气人不气人。"

孩子说："我心情好的时候写作业就会快点儿，心情不好的时候就什么都不想干。有时累了，我就用妈妈的手机看会儿动漫，她不让看，我就感到很烦躁。我写作业时，妈妈会在旁边不断地催，有时她还会说：'我都让你玩手机了，你怎么还不快点儿。'听到这些，我就没有心情写作业了。说起游泳，那天我是想去游泳的，以前也学过。但在游完之后，我听妈妈对爸爸悄悄地说，办个卡真是贵，都有点后悔了，而且还认为我坚持不了几次。既然她都那样说了，我还去干什么，为他们省钱，还来怪我，我真是搞不懂。"

这个阶段的孩子已经对父母有了清晰的了解，他们可以通过自己的行为来预测父母的反应。倘若父母在他们面前丧失了权威，对父母失去了信任，他们就不愿意与父母多说。就算信任还在，他们也更倾向于听从老师和同学的建议。

案例中的男孩凭借感觉做事，他的情绪很容易被环境所左右，稍有消极影响，就会陷入负面情绪的泥潭。我在咨询和培训中，经常会见到一些有网瘾、厌学、抑郁和躁狂的孩子，他们在生活中也大多会出现类似的状况。当一个孩子内心非常浮躁时，他很难认真去做好一件事情，哪怕是很简单的事情，也不容易坚持下来。所以，男孩的父母就算满足了男孩的需求，他仍然不能真正开心。因为他的精神世界早已变成一片荒漠，长期缺乏雨露的滋养，已经非常贫瘠。

【建议】这个妈妈要接纳真实的男孩，并与男孩进行真诚的沟通。双方经过共同协商后，为男孩设定具体的学习和生活目标，然后让男孩利用协议来监督执行。既然男孩依据情绪行事，妈妈就要避谈情绪，要让男孩从做一件积极的小事起，从行动中获取力量。在这个过程中，妈妈不要给男孩任何建议，只要鼓励男孩就可以了。为重塑妈妈在孩子心中的信任，妈妈要增加对孩子的情感投资。在与男孩的沟通中，妈妈不仅要倾听和理解男孩的感受，还要言行一致，给予男孩无条件的爱。

面对 6 ~ 12 岁的孩子，父母可以通过以下方法来培养他们的情绪信念。

● 情绪的接纳、释放与转化

一个人的情绪，不论好坏，都是生理机能的一种正常反应。大部分情绪都是由心理引起，并通过身体和行为表现出来的。情绪是一个人与这个世界对话的重要组成部分，人与动物的区别之一就在于人可以通过语言来表达情绪。一个人对自己情绪的否认，就是对自己的否认，不接纳自己的情绪，就很难接纳真实的自己。情绪一旦出现，就不会自动消亡，它需要经历一个发泄和转化的过程。当孩子出现不良情绪时，父母要引导他们转变身份，变换角度，让情绪得到有效释放，并进行合理的转化。

● 做积极的小事

一个人只要不断地做积极的小事，他的内心就会慢慢充满正能量，比如，微笑待人，强健体魄，阅读思考等。就算每天坚持进步一点点，都会让生活变得大为不同。可能很多孩子也想这样做，或者也尝试过，但最终都没能很好地坚持。这一方面是因为他们的目标还不够明确，另一方面是因为他们选择的事情不太适合。举个例子，一个人想让自己的身体好一点，他就选择每天去户外跑步，可没过多久就放弃了。选择的目标是对的，但方式可能不太合适，因为户外跑步受天气和心情的影响太大。倘若要每天早起做 10 分钟的身体拉伸训练，想必会比较容易坚持下来。

一个人只有不断地积极行动，才能在内心积累更多的正能量。

- 目标引导

父母要引导孩子养成制定目标、并按时达成的习惯，这不仅可以增强他们的自控力，还可以提升他们内在的信心与力量。目标的设定要从生活开始，从小事做起，等他们积累到一定的自信后，再慢慢过渡到学习。在目标的实施上，父母可以参与，也可以不参与。比如，父母可以与孩子一起读完一本书，然后讨论里面的细节，也可以让孩子单独完成，再进行分享。只要孩子设定目标，并有达成的意愿，父母就要给予及时的认可。孩子也只有体验到目标达成后的愉悦，才能慢慢地坚持下来。

- 与情绪对话

情绪是人的一部分，我们可以把一个人看成"情绪的我"和"智慧的我"。当孩子面对不良情绪的时候，父母要引导他们与"情绪的我"对话，让其充分表达内心的焦虑、失望、痛苦、纠结和恐慌。只有情绪得到充分释放，"智慧的我"才会出现。与情绪对话既可以通过语言进行，也可以利用文字表达。比如男孩在努力学习后成绩依然没有进步，这时父母就可以引导他与"情绪的我"进行对话，让其充分表达内心的不安，直到情绪完全平静后，再引导他与"智慧的我"进行对话，积极寻找解决问题的方法。

- 确定情绪边界

情绪边界可以分为时间边界和表达边界。时间边界就是让孩子的情绪释放有一个时间截点，比如 3 小时、1 天、2 天、3 天等，而不是让孩子一直沉溺在情绪中，不能自拔。父母要时常为孩子设定情绪闹钟，提醒他们对自己的情绪有一个清晰的了解，培养他们养成调控情绪的习惯。由于大脑容易沉溺在负面情绪中，所以当一个人出现抑郁、焦虑、狂躁的时候，便经常会忘记时间。

表达边界是指孩子在释放情绪时要有一个明确的边界，而不是肆无忌惮地表达。比如，有的孩子在心情不好时会摔东西、打架或攻击自己，而且他们在做这些事情的时候，毫无羞愧之心。在生活中我们还可以看到，有些孩子会没有原则地讨好他人，或者随随便便地自残自杀。他们之所以会这样做，是因为缺乏情绪表达的合理边界，没有坚持在情绪表达时不伤害自己和他人的原则。

6～12 岁是父母培养孩子情绪领导的关键期，这时父母对待他们的任何方式，都会内化到他们的信念体系中，成为他们未来行为的准则。

情绪法则（12～18 岁的孩子）

12 岁以后的孩子很难有耐心去倾听父母的建议，他们喜欢活在自己的世界里，通过想象来处理各种关系。他们已经不像以前那样对权威表示服从，而是会选择自己喜欢的方式来显示存在。

有一次，一个 14 岁的女孩来找我咨询。她说："孟老师，我隔壁班有个男孩喜欢我，我不想谈恋爱，就只有躲着他。我希望他能够知难而退，毕竟初三了，我想考一个好点的高中，不想为这事分散精力。"

"上次月考我考得不理想，爸妈就给我报了辅导班，我刚上了两次，就发现他也报了名。我下课后总会看到他在电梯口等我，我不想伤害他，但又不知道该怎么办。我有点焦虑，可又不敢告诉爸妈，这几个晚上我都睡不好，一躺到床上就开始胡思乱想。马上又要考试了，我感到压力很大。而且，我家里的条件一般，补课已经花了很多钱，我不想再让爸妈操心。有时，我也想和爸妈聊一聊，但又怕他们不理解，还会讲一堆大道理。这段时间，我一想到这个事情就会头疼，然后我就告诉自己不要再想了，但还是会忍不住。”

在这个年龄阶段，大多数孩子在面对现实与想象的冲突时，都容易出现焦虑和抑郁的情绪，只是他们碍于脆弱的自尊，习惯把自己处理不了的情绪埋藏在心里，从而表现出一副十分正常的样子。他们中的大多数人还没有足够的能力来处理生活和人际关系中所出现的问题，但他们却自信地认为自己可以。只有当局面失控的时候，他们才意识到，长期以来的一些问题不仅没有得到很好的解决，反而已经发展到自己无法逃避的地步。

【建议】女孩首先要调整好自己的心态，在坚持要事第一的原则下，为自己设定具体的学习目标、制订合理的学习计划，然后督促自己严格执行。只要女孩能够把足够的专注力放到学习上，其他事情对她的影响就会自然地减少。倘若男孩还是如此执着地追求，女孩就可以大大方方地对他说：“我们现在都是学生，好好学习吧。”当然，她也可以对男孩不做任何回应，做好自己的事情就可以了，有时候不做回应也许才是最好的回应。

针对 12 岁以上的孩子，在培养情绪信念方面，我有以下几点建议：

- 要事第一

父母要引导孩子学会“聚焦”，把精力放在重要的事情上。在学生的世界里，学习是最重要的一件事情。除了学习，大多数孩子都渴望在与他人的人际交往关系中找到自己存在的价值。但是他们往往不能很好地调控自己的情绪，所以会在人际交往中耗费太多的精力。父母要协助孩子澄清交往的本质，让他们把更多的精力投入学习中，只要把核心问题解决了，其他问题也就会迎刃而解。

- 坚持阅读

人的许多烦恼都来自无知，想要深入了解烦恼的根源，除了通过生活阅历的积累和他人的告知外，还可以通过阅读来获取更多的经验。这个时期的孩子，总是喜欢用有限的知识来思考无限的可能，在处理事情的时候，他们总是信心满满，却又常常陷入困境。因为资源有限，所以他们在解决问题的时候，没有更多的选项。在时间和空间有限的情况下，提高阅读的深度和广度可以让他们的大脑变得更加富有。

- 享受独处

大多数孩子在这个时期都忍受不了独处，因为他们迫切需要与外界发生关系来证明存在感。只有小部分孩子可以通过独处来学习、思考或做有意义的事情。独处不是一个人上网聊天或打游戏，也不是胆小回避消磨时间，而是有目标、有计划地去做一些积极的事情。父母要培养孩子独处的习惯，因为这不仅可以磨砺他们的心智，还可以让他们的生命充满能量。

- 领导情绪

许多时候，父母总是教导孩子如何管理自己的情绪，却很少让孩子自己去领导自己的情绪。管理是执行层面，而领导却是方向层面。在现实中我们可以发现，如果方向错了，越努力，问题就会越严重。有的抑郁症患者在早期会通过看书、上网等方式来寻找改善情绪的方法，但到了最后真正从中受益的人却少之又少。这是因为他们只专注于问题的解决，却忽视了引导问题的方向。管理是正确地做事，通过寻找有效的方法来快速解决问题；而领导则是确定方向，做正确的事。比如中学生失恋，即使用再好的方法去调节消极的状态也需要一段时间恢复，这势必会对学习带来一些负面影响。如果不谈恋爱，等到上大学或以后再谈，也就不会出现这样的问题。孩子只有对情绪进行正确的领导，并做出有效的管理，才能真正成为情绪的主人。

- 得失转化

任何事情都有两面，父母要让孩子明白，有时失去也是一种得到，人生中的每一次决定都是在那个当下做出的最好选择。每一种选择都没有错，只是换了一种方式成长。父母要引导孩子看开失去，收获得到。

积极行动

父母要掌握情绪的特性，利用对情绪的了解，做出对孩子有针对性的培养。父母要根据孩子的年龄特点，制定具体的情绪培养目标，从而提升孩子对情绪认知和调控能力。在面对孩子的不良情绪时，父母要及时做出有效的回应，并通过正确原则的引导，协助孩子建立正确的情绪信念。

请写下您对本节阅读的感悟：________________________

____

____

____

习惯三：有效沟通——让交流变得简单

> 在亲子沟通中，“有效”比“有道理”更重要。

积极倾听

父母积极倾听孩子，不仅可以了解孩子的内心世界，还可以增加对孩子的情感投资。

等孩子说完（0 ~ 6 岁的孩子）

由于语言发展规律，孩子在 3 岁之前还不能清晰地表达自己的想法与感受，他们只有借助个别词汇和丰富的身体语言才能向父母传递那些未被满足的需求。直到 3 岁以后，他们才能运用一些简单的句子来描述自己对这个世界的认知，而此时父母对孩子的回应方式，会对孩子的人格发展带来深远的影响。

一天，一个 4 岁的男孩和妈妈一起坐车去超市。路上，男孩突然大叫起来：“妈妈，你看！那是我学校，快看呀！”妈妈扭过头，“哦”了一声，然后低头看手机。“妈妈，妈妈，你看，那是肯德基。我最喜欢吃里面的汉堡了，上次爸爸都带我去吃了，我喜欢吃不辣的。等我们从超市回来了，也去吃吧?! 这次我想吃点薯条，好吗?”妈妈向旁边看了一下，漫不经心地回答：“这段时间你都不好好吃饭，不能吃!”男孩接着说：“那明天中午我吃好饭了，我们再来吃吧?！好吗，妈妈?”妈妈没说话，继续玩手机。“妈妈，妈妈，你看，那辆车和我们家的车一样呀，都是大众。”男孩睁大眼睛，用手指着从旁边经过的一辆小轿车惊喜地说。妈妈没有抬头，也没有回应。“妈妈，妈妈，去超市我想买个好东西，好吗?”男孩忽然压低了声音。“不买，家里的玩具都一大堆了，你还要买? 好了，不要说了，我看会儿手机，你就不能消停会儿?”妈妈抬高嗓门嚷了几句。男孩不说话了，但仍旧望着窗外，似乎还在寻找着什么。

当男孩与妈妈分享自己的喜悦时，妈妈却心不在焉。她觉得孩子说的和问的都过于简单，也就懒得回应。她这样做，是因为对孩子缺乏了解，倘若她理解孩子行为背后的积极意义，相信一定会很快放下手机，认真地倾听。

0~6 岁的孩子会通过不断重复来加深对事物的学习和理解。比如，1 岁左右的孩子会通过反复撕扯纸巾来感受空间与距离；2 岁左右的孩子会通过反复开关门来掌握事物发展的顺序；3 岁左右的孩子会通过不断观看同一集动画片来训练大脑对事物的精细化认知；4~6 岁的孩子会通过不断说话和提问来刺激思维的逻辑化发展。从生理学上讲，直到 6 岁，孩子的大脑才发育完善，在这之前，他们要不断地通过视觉、听觉、触觉、味觉、嗅觉来重复各种行为，以此达成学习与快乐之间的成熟链接。

热爱学习是孩子的天性，有些孩子之所以长大后不喜欢学习，就是因为他们的父母在他们小的时候反馈了过多的责备和否定，抹杀了他们求知的欲望。

孩子与父母是以情感为主的共生关系，而不是以利益为主的交换关系，因此，父母与孩子沟通的时候，不要以“有用”或

“无用”来判断回应的价值，而要以亲子信任关系的深化为主线，顺应孩子情绪变化的节奏，及时给予同频同感的反应。

父母现在怎么对待孩子，孩子将来就会怎么对待父母。父母现在没有时间倾听孩子，孩子将来就会没有时间倾听父母。在生活中，有的孩子经常会“妈妈，妈妈，爸爸，爸爸”地叫个不停，他们这样做，其实是为了引起父母的关注，感受自己的存在。作为父母，不要觉得无聊而假装没有听见，因为各种不对称的交流都会降低孩子对父母的敬重。有的孩子在长大以后，不太愿意与父母说话，而且对父母的提问也经常不予理睬。在孩子小的时候父母欠下的东西，将来一定是要还的。当父母拒绝倾听孩子的时候，孩子就会感到非常沮丧，当他们特别小的时候，还不懂成人的这些套路，只会认为是自己声音太小，父母没有听见，等到他们真正懂得以后，那种失望和无助就会夺去他们对父母的信任。因此，当孩子与父母对话的时候，父母要放下手机，放下身边的事情，耐心地倾听，让孩子真正感受到父母有温度的存在。

面对 0 ~ 6 岁的孩子，父母在倾听的时候，要遵从以下原则：

- 关注情绪

孩子越小，就越擅长通过语音语调、面部表情和身体姿势来表达自己的情绪。在倾听的时候，父母要及时准确地掌握这些信息，这有利于对孩子的需求做出清晰的判断。

比如，一个 3 岁的孩子刚吃了几口早饭就对妈妈说：“我不想吃了，我吃饱了。”然后放下勺子，看着妈妈的脸。此刻，妈妈关注的不应是孩子说了什么，而是孩子的身体语言所传递的信息。倘若妈妈回应说：“不吃怎么行，才吃了这么一点儿，你看你瘦的！快点吃吧！”

想必孩子听到后，情绪一定会十分低落，接下来就算接着吃，吃的也不是饭，而是压抑的感受。如果妈妈能够读懂孩子语言背后的情绪，她就可以做出这样的回应：“如果你觉得吃饱了，就不要吃了，但在午饭之前不能再吃任何东西。”而且在说过后，要坚决实施。这样的事情只要多做几次，孩子就会明白妈妈的底线，并会在认真权衡之后，做出对自己最有利的选择。

● 让孩子表达

在孩子说话的时候，父母要看着孩子，认真地倾听，中间不要打断，不要总结，不要评价，不要引导，要等孩子说完。不管孩子说得有多慢，有多不清晰，父母都不要催促和纠正。对孩子来说，任何一个完整的表达，都可以促进他们思维和情感的发展。其实，在这个阶段，他们说什么不重要，重要的是他们说了，说话本身就是一种成长。如果父母觉得他们说得很无理，而迫不及待地去打断，然后给出一些他们听不懂的回应，那么他们就会把自己没有表达出来的那部分感受压抑起来，最后在未来通过极端的情绪和身体疾病来对自己进行恶性攻击。

比如，一个5岁的男孩在放学后对妈妈说：“妈妈，今天我又学到了一个新本领，老师教我们不能靠近阳台，因为……”“好了，不要说了，我知道了，你今晚想吃点什么？我一会儿去买菜。”

妈妈突然地打断和插话，让正在兴奋的孩子一时无所适从，他不知道自己做错了什么，让妈妈如此不愿再继续听下去。倘若这个妈妈长期如此，孩子就会变得不爱说话，并认为自己不值得被爱。

事实上，只要孩子发现父母不开心，他们就会认为是自己出了问题，但具体是什么问题，他们自己也说不清楚。因此，在一个充满负面氛围的家庭里，很容易培养出一个内心自卑的孩子。

- 被孩子影响

在倾听孩子的时候，有些父母一直进入不了状态，就算他们使用了一些倾听的技巧，也总会不自觉地从中抽离出来。这其中的原因是：他们把自己当成了“自己”，把孩子当成了“孩子”，因为自己和孩子的思维方式、成长经验差别太大，所以在互动关系中很难找到共性的交叉。倘若把自己当成孩子，也许就比较容易进入倾听的状态。父母在与孩子沟通的时候，要抱着被孩子影响的心态，把自己想象成一个孩子，然后用跟孩子相似的语气和表情，与孩子进行对话。在现实生活中，许多孩子都喜欢和小伙伴一起玩耍，因为他们容易被对方影响，而且能够在互动中产生相通的情绪体验。

比如，一个5岁的男孩张开大嘴，表情夸张地向爸爸走来，同时大声喊叫着：“我是怪兽，我是怪兽，啊！啊！啊……”这时，爸爸就可以模仿一个小兔子仓皇逃跑，动作逗得孩子哈哈大笑起来。

父母对孩子的倾听，不仅是倾听孩子所表达的语言，还要关注他们语言背后成长的意义。只要父母能够被孩子影响，就可以给到孩子更高质量的陪伴。

- 话语背后的话语

倾听孩子的时候，父母不仅要听孩子说了什么，还要寻找他们话语背后的“话”。要实现这一点，就需要父母在倾听的时候，能够做到眼、耳、脑、手、心并用，只有这样才能更加全面地收集孩子的信息，做出准确的判断。比如，太注重孩子说的话，就容易忽略孩子的情绪；太注重孩子的情绪，就容易动摇对规则的坚守。总之，在倾听的时候，父母要始终保持专注和放松，并做出智慧的思考。举个例子，一个3岁的男孩说：“爸爸，我不想和他们玩了，因为每次我都跑不过他们。”爸爸可以从中获得这样的信息：孩子现在情绪不好，他遇到了挫折，想要放弃；孩子有些难过，他需要一些情感支持。明白了这些，爸爸就可以做出这样的回应：“孩子，这听起来，是有点不好，落后的滋味总让人不好受。”“除了跑不过他们，你和他们在一起还开心吗？”“我们一起来想想办法，看看能做点什么，可以让你更好地与他们相处。”

- 正向的引导

成人之间的倾听一般不需要引导，除非对方主动请求给予一定的建议。但在倾听6岁以下的孩子诉说时，父母就有必要做出一些正向的引导，目的是引发孩子思考，并教会他们一些有用的规则。比如，妈妈曾答应过女儿周末一起去动物园，但临时有事不能去了。这时，妈妈该怎么做呢？是一味地道歉，还是简单地解释？当孩子表达自己的伤心时，妈妈可以蹲下来抱住孩子，什么都不要说，等孩子的情绪平静后，再做出下次去的时间承诺，而且下次一定要做到。父母与孩子之间建立信任的过程，就是承诺不断兑现的过程。

人生来就具有渴望他人了解自己的欲望，正确的倾听方法可以让关系变得更近。下面简单介绍几个在倾听时所要注意的细节：

1. 打开身体。先让自己的身体放松下来，以开放和接纳的状态面向对方，让对方感到你在认真听他讲话。比如，双手不要在胸前交叉，身体向前微倾。

2. 位置舒适。选择让对方感觉比较舒服的位置。比如，与孩子沟通的时候，要蹲下来；与女性沟通的时候，要坐在她们的右手边或右前方，并保持恰当的社交距离。

3. 眼神碰触。交谈时，眼神碰触3到4秒左右，同时要学会通过眼神来传递你的感受和信息。

4. 有效动作。虽然在听的时候，不要多说，但也不代表不要回应。恰当地点头、皱眉和回话可以让聊天的气氛变得更好，比如说："对的，就是这样！""你是怎么想到的？真好！"

5. 重点重复。归纳对方说的关键词或要点，特别是代表感受的部分，然后在回应时进行必要地重复，这容易与对方产生共鸣，建立信任。

6. 有节奏感。在倾听的时候，要配合对方的语速、情绪和思路，给予有节奏感的回应，让沟通的感觉处在同一个频道。

听懂孩子的话（6～12岁的孩子）

6～12岁的孩子已经可以通过语言和文字来表达自己的想法和感受，他们在与父母沟通的时候，已经有了清晰的洞察意识，并能够为了达成某种目的而选择对自己最有利的沟通策略。因此，父母在倾听他们的时候，不仅要听懂他们话语的意思，还要理解这些话语背后那些未曾表达的需求。

一次，一位9岁男孩的妈妈来找我咨询。她说："我的孩子不知怎么了，就是不愿去学校。前天早晨，他说肚子疼，我们就带他去医院检查，结果也没发现什么问题。昨天他又突然说不去读书了，说什么都不愿起床，我们只好给他请假。今天他又说不舒服，不想出门。这样下去，我们不知道该如何是好?”

记得有一位爸爸也向我咨询过同样的问题。她 11 岁的女儿不愿去学校，后来在各种劝说下，终于答应去了。但到学校后，不知老师又说了她什么，回家后就再也不愿去了。

我曾经也有过类似的困惑：到底是什么力量可以让一个孩子舍弃了与同学和朋友交往的机会，留下孤单的自己待在一个再熟悉不过的家里，与父母为伴。

后来在多次与这样的孩子沟通以后，我才慢慢发现，他们开始说不去学校，只是情绪不好而随口一说，并不是真实的想法。他们心里十分清楚，在他们这个年龄，不去上学还能干什么？上学才是最好的选择。只是父母轻信了他们带有情绪的话，就开始与他们较真，对不去学校的危害大谈特谈，他们本来就心情不好，再加上父母的说教和逼迫，无形中又加重了他们内心的烦躁。这样与父母吵上几句，他们也就真不想去了，于是就会在家里拖上几天，上上网或玩玩游戏，慢慢习惯了，觉得不去学校也挺好。倘若父母听到他们说“不去学校”之类的话，能够慢慢疏导他们的情绪，接纳他们的感受，相信他们会很快地好起来。

孩子在 6 岁之前，主要通过面部表情和身体动作来传递需求信息，到了 6 岁以后，他们更善于使用语气、语调来掩饰语言背后的真相。父母只有了解这些，才能明白孩子想要表达的重点。

面对 6～12 岁的孩子，父母在倾听他们的时候，可以参考以下原则：

● 关注语言背后的情绪

父母在与孩子交流时，要关注他们说话的方式，以及在说的过程中他们所呈现出来的情绪状态。这个时期的孩子，在表达需求的时候，已经学会了隐藏和暗示，他们会通过沉默和撒谎来掩饰内心的恐惧和不安。一旦他们出现了不良情绪，父母最好不要过度询问，也不要做出保姆式的关心，而要耐心地等待，直到他们的情绪恢复平静以后，再给予有针对性的引导。倘若孩子突然变换了音调，那就说明他们已经陷入一种失控的情绪中，这种应激的心理状态不会很快消失，可能还要持续一段时间。这时，父母只需要闭嘴，及时引导孩子表达自己的情绪，才能消除他们内心的不安，赢得他们的信任。

在现实中，有的孩子很喜欢说一些成人般的话，个别还会使用一些比较粗陋的语言和词汇，来显示自己身份的特殊。他们这样做除了想引起特别的关注外，还希望通过这种越界的方式来释放内心对某人或某事的不满。其实，他们并没有真正理解这些话语所带来的社会影响，而只是尝试使用这种违背常理的行为来满足心理上的一时快感。

有一次，一位妈妈向我咨询，她说10岁的儿子对女老师说了一些露骨的话，这让她不知如何是好。她认为孩子小小年纪就做出这样的事情，简直难以启齿。后来通过沟通我了解到，男孩在班级里经常被这位女老师批评，他觉得女老师处事不公，就告诉了妈妈，希望得到支持，而妈妈不仅不理解，还对他一顿训斥。他觉得委屈，就半开玩笑式地在同学面前说了一些对女老师不太文明的话，结果被女老师知道后叫了家长。

记得在咨询室里他向我谈起这件事情的时候，神情十分自然，好像是在说别人的事，在整个过程中我感受不到他有任何的内疚，而他时不时打趣的笑，却给我留下了很深的印象。

后来，我时常在想，假如他的父母可以对他多一点倾听，真诚地理解他的感受，或许他就不会做出这样的行为。

● 听懂孩子的话

由于身份的不对等、忽视，或者自以为是，有些父母并不能真正理解孩子，他们即便是倾听了孩子的话，也没有真正听懂孩子的意思。有的孩子比较内向，他们的父母就主观地认为他们没有想法，在他们面前喋喋不休。其实，他们也渴望表达，只是害怕说出来得不到认可，才会表现出一种非常安静的样子。倘若有一天，他们突然说出了一些想法，那一定是酝酿了很久，并具有足够的“杀伤力”。在这个时候，父母一定要引起重视，认真倾听，并给予信任。

曾有新闻报道，一个11岁的女孩，在面对父母无休止的争吵时，淡定地说：“你们不要吵了，再吵，我就从楼上跳下去。”而她的父母并没在意，在他们又接着争吵的时候，只听到“扑通”一声，悲剧发生了。

当内心已经不能再承受一点压力的时候，他们就会通过极端的方式来释放所有的不满。有些性格外向的孩子经常会在父母面前说个不停，父母听多了，也就没有了耐心。不是批评孩子说得无用，就是认为孩子缺乏内涵。父母对孩子指责得多了，孩子也就不想说了。但压抑的东西始终是要释放的，只是这种释放，他们不再依靠语言，而是通过一些破坏行为。父母只有耐心地倾听孩子，才能了解孩子，才能清楚孩子说出的话哪些该信，哪些不该信。

● 让孩子说出来

这个阶段的孩子其实特别喜欢说，他们经常沉浸在自己说的世界里，独自愉悦。只要他们说出来的话没有超越伦理和法律的界限，父母最好不要干涉。他们只有在父母面前拥有自由表达的权利，才会感受到自己存在的价值。孩子在这个阶段已经开始经历学习和人际关系上的压力，只有通过语言释放出那些无法化解的情绪，他们才会拥有一个相对纯净的童年。

● 真诚相待

为了让倾听变得更为有效，有时需要父母尝试使用一些有用的技巧。比如身体前倾、目光注视、点头微笑、轻轻拥抱等。有时也要做出一些诸如“哦，是的，好的……”之类肯定的回应。事实证明，这些技巧的运用的确会增加沟通的效果，但前提是要以真诚为基础，否则给孩子带来更大的伤害。因为父母任何不真诚的表现，都会让孩子体验到一种不被尊重的欺骗。

曾有一个11岁的女孩在咨询时说：“我的妈妈太假，表面一套背后一套。有些事明明之前已经说好，可在执行的时候，她总会做出一些改变。一次，妈妈事先答应我可以到同学家玩，可我真要去的时候，她又各种不同意，害得我跟同学爽约。有时候，我觉得她的想法特别奇怪，不会再相信她了。”我也见过一些父母，在倾听孩子的时候，会放下手机，非常用心。但只要手机一响，他们就会立刻去接电话，而且要用很长的时间。等他们再回来的时候，孩子已经不想说话了，甚至连他们自己也忘了还在与孩子沟通这件事情。一旦父母在倾听孩子的时候缺乏真诚，孩子就很难再对他们产生信任。

● 理解变化的语言

在沟通中，孩子语言的变化，除了语音、语调外，还有语言本身的概况化、删减和扭曲。在孩子有了一定的人生经历和社会经验后，为更好地满足自己的需求，他们会无意识地对语言进行加工和创造。

语言的概况化，就是过于笼统地表达自己的真实想法，而且通常带有一定的情绪色彩。比如，一个孩子对妈妈说：“你每次都这样，从来都没有认真听过我说话。”这里的“每次”和“从来”就是过分概况化的语言，之所以出现这样的表达，是因为孩子的内心充满了压抑和不满。此时的妈妈应该及时疏导孩子的情绪，而不是抠着字眼与孩子争论。

删减的语言，通常是指孩子在表达的时候，没有说明白，或者欲言又止，听的人总感觉话里有话。比如，一个男孩对爸爸说：“这是我的事，说了你也不懂。”“我的事”是什么事？说了什么爸爸不会懂？孩子在说的时候，无形中删减了自己想要表达的内容，说明他对爸爸还不能完全信任，认为说出来可能不被理解，也许还会遭到不合理的评价。在这种情况下，爸爸就不必刨根问底，而要理解孩子，增加单独与孩子坦诚相处的机会。再比如，一个孩子对妈妈说：“我这次没有考好，不是我的原因。”“别再问了，我不想多说。”“他们都那样做了，为什么我就不能。”当孩子说出这些话时，妈妈要先冷静下来，然后对孩子说：“我知道你很想考出一个好的成绩，来，我们一起分析一下，看能做点什么，让下次变得有所不同。”“是的，你长大了，有了自己独立的想法，而且需要一定的个人空间，这个我非常理解。如果你愿意听，我会表达我的看法，但最终的选择还是由你来定。”

一旦孩子说出了扭曲的语言，就表明他们已经出现了理智上的失控。语言的扭曲是指一个人的表达歪曲了客观事实，带有强烈的主观评判和情绪色彩。比如，一个孩子对父母说：“学习好有什么用，将来还是要打工。”“我觉得当班长不好，不仅累，还容易得罪人。”“我不想出去见朋友了，天气不好，一点心情都没有。”“老师总是批评我，我非常讨厌他。”其实，孩子在说这些话的时候，内心并不平静，他们只是用这些抱怨的话来表达自己内心的无助。倘若能够完全理解他们，父母就可以做出这样的回应：“你对学习有这样的认识，说明你是一个善于思考的孩子。既然如此，那你就再想一想，是不是学到的知识只有在用的时候，才能体现出它的价值。只是有些价值可以很快被看到，而有些却要等到未来才能验证。”“每件事情都有好或不好的一面，而坚持做有意义的事情，永远都是正确的选择。”“也许你的朋友们正在急切地等着你，或许还在讨论着你要到的时间，这么好的机会，为什么不去呢?”“每个人做事都有自己的道理，或为自己，或为他人。老师批评你，我相信他并没有恶意，应该是希望你可以变得更好。但凡批评都会让人不舒服，我也曾被老师批评过，特别理解你的感受。”

总之，父母在与孩子的互动中，要做一个智慧的倾听者，只有理解了孩子语言背后的需求，才能让对话变得更有价值。

在乎每一次交流（12～18 岁的孩子）

孩子到了 12 岁以后就更加注重内在的思考，他们不太会通过语言的描述来直接表达内在的需求，而是会通过一些隐藏的行为来满足成长的需要。为了有一个独立的空间，他们不太喜欢与父母进行过多的交流，即便对父母有足够的信任，他们也希望能够保持适当的距离。

在父母面前，他们不喜欢说话，不希望被父母影响，就算父母猜到了他们的需求，也不会赢得他们的好感。他们渴望与父母慢慢走向分离，可以自行决定人生。只有当压力让自己无法喘息的时候，他们才会做出一些奇怪的行为。在被现实中各种不对称信息的刺激下，他们很容易在挫败中产生自卑心理，然后没有边界地攻击自己。只有为数不多的成功，才会让他们激发出一点自信。尽管如此，在情绪低落的时候，他们仍然不愿意向父母求助，除了偶尔向同学或朋友倾诉外，在大多数情况下，他们都会把自己封闭起来，慢慢消化内心的孤单。其实，他们对自己的未来也充满着无限的憧憬，只是他们喜欢活在自己的世界里，不想让别人随便进来。

有一天，一位妈妈带着14岁的女儿来向我咨询。她说："我的孩子快把我气死了。她马上要上初三了，还一点都不知道着急，学习不努力不说，还在学校里玩手机。她每次做错事，回到家还不让我们说，只要稍微提起，她就会大喊大叫。晚上在家，她只要吃过饭，就会把自己关进卧室，把门反锁，真的不知道她一天到晚都在干些什么？"

女孩说："我本来是不想来的，但我有一个同学来找过你，说你很好，我就想来见见，顺便也吐槽一下我妈。她天天管着我，好像我是个婴儿，什么都需要她来教。她自己都处理不好和我爸的关系，就知道一天到晚盯着我。我说什么她都不信，既然不信，为什么还要不断地问我，也许在她的眼里，我什么都做不好。只要我们在一起，她就会说个不停，我想什么，她从来不在乎，我说什么，她也从来不会听。"

在这位妈妈的眼里，女孩问题很多，而且每个问题都很难突破，她无法让自己安静下来，就只能不断地说来说去。在妈妈的影响下，女孩感到憋闷，只有选择逃离。女孩和妈妈都希望对方可以理解自己，让自己不再那么恐慌。他们都认为自己是对的，并有很多的理由去指责对方的不是，他们不仅在乎自己的感受，而且会评判对方的是非。妈妈不听，女儿就不听，在“互掐”的过程中，每个人都很受伤。事实上，有什么样的妈妈，就会有什么样的女儿，妈妈的处事方式和行为准则会深深地嵌入女儿的潜意识里，影响她以后的婚姻与家庭。

在倾听 12 ~ 18 岁的孩子时，父母可以遵循这样的原则：

- 用心去听

在孩子小的时候，父母对他们的倾听侧重于听他们说了什么，他们的情绪如何，他们的语言背后又隐藏了什么。在倾听这个年龄阶段的孩子时，不需要任何技巧，父母只需安静地陪伴，就可以赢得孩子的尊重。他们不需要父母去猜什么，也不需要父母给出建议和评价，只希望与父母沟通的时候，可以找到自由的感觉。他们对父母的期待越来越少，除了用心的倾听和灵魂的相伴外，他们不希望父母再做任何的回应。而在现实中，这个年龄阶段孩子的父母还会像以前那样对孩子问个不停，他们害怕孩子有了自己的秘密，不再被父母轻易地掌控。但这个时期的孩子，已经不再像以前那样容易接受父母的安排，他们渴望从自己的决定中找到存在价值。在与父母多年的相处中，他们已经了解到父母的处事风格和思维模型，什么该说，什么不该说，他们心里十分清楚。在烦闷的时候，他们喜欢安静独处，发发呆或走走路，因为这种独处，更容易让他们找到真实的自己。而在此时，父母任何不真诚的善意及敷衍的倾听，都会加重他们内心的孤独与伤害。

对他们来说，父母只需要用心倾听，其他什么都不要问，什么都不要说，只要有足够的信任，在有需要的时候，他们自然会主动求助。

- 请闭上嘴

在这个时期，孩子心理的成熟跟不上身体的变化，这种身心发展的不统一，让他们极力寻求精神上的平衡。在这种混乱中，他们需要安静地思考，以及不断地斗争。他们在说的时候，希望父母可以闭嘴，能够认真地倾听。他们十分渴望被理解和信任，尽管连他们自己都认为有些想法比较荒唐，但他们依然希望可以得到一定的尊重。所以在孩子成长的这个时期，父母除了去感受他们的情绪外，不要做任何自以为是的积极的回应，甚至连准备回应的想法都不要有。只要孩子不向父母请求，父母就不要好为人师。他们十分讨厌父母的说教与建议，在沟通中一旦察觉父母出现这样的行为，他们就会迅速地关闭听觉的通道。

有的父母会说，我的孩子油盐不进，说什么他都不听。其实孩子还是孩子，什么都没有改变，只是父母太喜欢说，而且对孩子做出了不合理的评价。父母要转变观念，学会闭嘴，同时要刺激孩子表达。如果父母不能闭嘴，那么孩子就会闭嘴。

- 让身体动起来

在倾听孩子的时候，父母要全身心地投入，去感受孩子的感受，虽然不能多说，但偶尔的回应还是要有。只是在沟通的时候，语言的表达要简短有力，并多使用一些中性的词语，比如“这样”“可能”“也许”“道理”“角度”等。同时在适当的时候，父母也要灵活使用一些身体姿态，比如微笑、皱眉、吸气、拍肩等。当然，如果把语言和身体动作结合起来，效果会更好。

举个例子，一个男孩对爸爸说："我感觉学习有点累，不想学了。"此时，爸爸可以长舒一口，然后轻轻地拍一下他的肩膀，说："是呀，学习本来就是个体力活，我有时感觉生活也是这样。可那又如何?"当女孩哭着对妈妈说："我感觉很失败，这次又没有考好，我真不知道该怎么办?"妈妈可以轻抚一下女孩的头发，然后皱起眉头安慰说："我听到了，这的确有点糟糕，没有人希望这样，这不是你的错。"

父母与孩子沟通的时候，要让自己的心安静下来，身体活动起来。在孩子情绪比较低落的时候，任何语言都会显得苍白，只有那些微小的善举，才可能对孩子产生积极的影响。因此，父母要让自己的心和灵魂学会说话，而不仅仅是依靠嘴来进行交流。

- 不忙于回应

这个阶段的孩子，经常会有一些天马行空的想法，虽然大多不切实际，但又能妨碍到什么呢？想象是创造力的翅膀，它可以刺激一个人的思维朝向智慧的方向，倘若人类缺乏想象，那么世界也就少了许多灵性的美好。青春期孩子的想象，只不过是对生命的一种另类思考，而恰恰是这些想象，补偿了他们在现实生活中不能被满足的需求。只要他们说出的话不违反法律法规和伦理道德，父母就不必进行对错的评价，更不要对这些话做出总结和重复，而要做一个忠实的听者，表达对他们的尊重。倾听就是倾听，就像佛家看山是山，看水是水一样，不要浮想联翩，要专注做好"听"这一件事情。在现实中，有些父母为了在孩子面前显出自己的重要性，体现一种无所不能的自恋，会把自己当成老师，对孩子指指点点，生怕孩子懂得太多，剥夺了自己作为父母存在的意义。

在与父母对话的时候，孩子希望父母能够认真倾听，只有在有足够安全感的情况下，他们才会吐露自己的心声。父母不要忙于回应孩子，因为他们根本就不需要，任何多余的回应都会降低父母在孩子心中的权威。

- 珍惜每一次相处

学业的繁忙及社交的需要，让青春期的孩子与父母单独相处的时间越来越少，除了偶尔吃饭可以坐在一起外，父母很少有机会与他们进行更亲密的接触。在父母面前，他们越来越喜欢沉默，越来越喜欢逃离。父母要珍惜与孩子相处的每一个时刻，重视与他们每一次面对面的交流，而不能在相处的时候，忙于吐槽和抱怨，让这些珍贵的时刻变成垃圾时间。

有的父母会说："我很忙，没有时间陪孩子，孩子也很忙，每天都有写不完的作业。"其实，不论是学习还是社交，只要孩子出现了问题，就意味着他们需要父母的介入，也就是说，他们会通过制造一些问题来创造与父母交流的机会。倘若父母明白这一点，就会在处理孩子的问题时，多一分耐心和珍惜。父母与孩子相处的每一个时刻，不论长短，都是一次相互成长、增进信任的时机，只有把握好这个时机，亲子之间才会建立起更高质量的情感链接。

灵活提问

在沟通中，懂得提问的人，一定善于倾听。只有问对问题，沟通才能有效进行。

等孩子来问（0~6岁的孩子）

在孩子6岁之前，我不建议对他们有过多的提问，如果有，也只是根据他们的反应做出一些简单的引导。这个时期的孩子倒是喜欢问来问去，以此来确认对这个世界认知的边界。父母要做的，就是用孩子可以听懂的语言来解答他们的困惑，然后等待他们再次来问。

举个例子，一个4岁的小女孩刚吃完一个冰激凌，然后对妈妈说："我可以再吃一个吗？"妈妈可能回答："好的""明天再吃""不能吃了"。不同的回答会对小女孩产生不同的影响，她会从不同回应中了解妈妈的边界，从而在以后相似的情形中，重复或调整自己的行为。倘若这时妈妈问："你是不是觉得很好吃？"然后接着说："可是，一次只能吃一个！"这样，孩子既获得了情感上的认同，又懂得了行为的边界，并开始理解规则的重要。

孩子对情绪具有较强的洞察力，他们不仅能够从父母的话语中感受到语气的变化，而且可以根据父母回应的方式来调整自己行为的方向。

比如，一个3岁半的小男孩对爸爸说："你陪我玩儿吧？"（*请求的语气*）

爸爸回答："我还在工作呢，等会儿。"（*犹豫的语气*）

孩子再次请求说："那你工作10分钟再陪我玩，好吗？"（*恳请的语气*）

爸爸回答："好的。"

倘若爸爸在回应小男孩的时候使用了坚定的语气，或者露出了烦躁的表情，相信小男孩一定会无趣地走开。如果面对小男孩的第一次请求，爸爸说："我在忙，所以只能陪你玩10分钟，好吗?"小男孩一定会开心地答应。不同的是，在案例中，小男孩控制了全局，而这次，爸爸占据了上风。在沟通中，谁提问，谁就掌握了主动。有些父母可能有过这样的经历，当孩子提出一个请求时，如果回应得有点犹豫，孩子就容易坚持，甚至还会哭闹，因为他们相信需要再做一些出格的事情才能让父母下定决心。如果父母坚定地回绝，孩子也就明白了父母的底线。

在孩子面前，有些父母总有说不完的话，他们会不断地向孩子提问，很难让自己安静下来，似乎只有这样，才能显示自己的身份，找到存在的价值。如果父母把提问当成一件随便的事情，那么孩子就不会认真对待父母的问话。

有一次，我参加一个幼儿园的家长开放日活动，看到有几个小朋友在玩跳高游戏，他们先从台阶的一端爬上去，然后再从另一个高处跳下来。开始只有几个小朋友在玩，可能是觉得有趣，慢慢就有更多的小朋友加入。有一个小女孩因为挤不上，就哭了起来。她的妈妈看到后，匆匆跑过来，有点严肃地说："明明看到那么多人，你还过去挤，挤不上就会哭？不要哭了，去别的地方玩儿吧？你看！那边还有很多好玩的，你都5岁了，还这么爱哭，难道不怕别人笑话吗?"小女孩没有理会她，继续哭着向上爬。她有点生气地说："我说了不要在这里玩了，你怎么就是不听？别的小朋友踩到你怎么办?"然后她从袋子里拿出一个东西，在小女孩面前晃了晃，假装微笑地说："看看，这是什么?"小女孩看了一眼，没有说话。她急了，慌忙地说："这是你喜欢吃的小熊饼干呀！你再不过来，我就分给其他小朋友吃了。"小女孩还是没有理她。她彻底被激怒了，摆出一副强势的样子，大声喊道："你再不过来，我就走了！"然后她转过身，大步向校门口走去，小女孩看见后，哭着追了过去。

这个妈妈"很能讲话"，也"很会提问"。她不断地说，不断地问，完全活在自己的世界里，而不去理会孩子是否能够接受。可能她已经习惯了，所以她察觉不到这些"糟糕的提问"会对孩子产生多少负面的影响。

那么，面对0～6岁的孩子，如何提问才算有效呢？

● 先提问感受

父母与孩子的沟通，是一种感受的沟通。孩子通过与父母感受的交换，来确定自己的行为是否受到欢迎。他们依靠感受的回应来获得理解与支持，而语言仅仅是传递感受的一种媒介。0～6岁的孩子对语言本身的意义并不能完全地理解，他们只有通过感受的变化来读懂语言的价值。因此，不论在何种情况下，只要父母想与孩子沟通，就要以尊重感受为先。而感受的传递，尽量通过身体语言来进行，只有在必要的时候，才可以使用一些问话，来确认孩子的想法。

在孩子面前，父母要学会放松自己的情绪，只有自己放松了，孩子的情绪才会安定下来。如果父母的情绪都比较激动，却要求孩子放松下来，这是非常困难的。事实上，大多数父母在面对孩子的问题时，往往会忽略自己的情绪和孩子的感受，只关注问题本身，经常会表现出一副解决问题的姿态，来显示自己的权威。但问题往往解决不了，甚至可能会更加糟糕。就像案例中的那个妈妈一样，看到孩子哭了，不是提问感受，而是说："明明……"这种莫名其妙的说教，不仅不会被女孩接受，还会对女孩带来二次伤害。倘若她能够抱住女孩，温和地说："是不是很委屈?”我想女孩一定会安心许多。亲子之间的沟通，一定是情绪的沟通，父母与孩子的对话，一定是情绪的对话，孩子的内心只有获得了安定，才会与父母进行更好的交流。

● 一次只问一个问题

在教育孩子上，有些父母太心急，面对自己的问话，只要孩子没有做出及时回应，他们就会问个不停。他们这样做，不仅得不到自己想要的答案，还会让孩子的嘴巴闭得更紧。如果父母想问，一次最好只问一个问题，等孩子回应后，再进行后面的提问。因为问多了，孩子的大脑就会混乱，不知道回答哪个是好，于是就会把嘴巴闭起来，掩盖内心的不安。如果问题过于抽象，孩子也很难回答，因为认知能力有限，他们根本就听不明白。就像上面的案例中，那个妈妈对女孩说：“你这么爱哭，难道不怕别人笑话吗?”她这样问，女孩很难理解，在她这个年龄，并不知道哭和“笑话”之间有什么必然的联系，更不懂“笑话”所代表的社会意义，所以也就没有办法做出有效的回应。举个例子，一个3岁的男孩拉着妈妈的手说：“妈妈，我们来玩捉迷藏吧?”妈妈说：“我肚子疼，要休息一会儿。”男孩仍旧拽着妈妈的手，不依不饶。这时，妈妈生气地说：“我都说过了，我不舒服，你就不能心疼我一下?”男孩不说话了，等了一会儿，他问：“妈妈，心疼是什么意思呀?”有时，即使是大人经常说的话，也不代表孩子就可以理解。为提高沟通效率，父母在平日里有必要教会孩子一些抽象的词汇。比如“难过”，父母就可以对孩子解释说：“如果你失去了心爱的玩具，内心就会感到难过。”在提问孩子之前，父母要先平静下来，一次只问一个问题，要慢慢来，培养孩子不必那么匆忙。

● 让孩子来问

随着成长，孩子对事物的认知也在不断丰富，所以在他们成长的不同阶段，父母要对提问的内容不断进行升级。孩子的成长，是一个自我探索的过程，有的时候，不需要父母来问，他们就可以通过感官来读懂这个世界。而在大多数情况下，很多父母都喜欢好为人师，他们不喜欢对孩子的提问做出反应，而习惯通过主动提问来显示自己的身份。

比如，一位妈妈带着3岁的孩子去参观幼儿园，她兴奋地对孩子说："房子漂亮吗？看！那是什么？这是什么颜色？"她这种假装好奇的提问，不仅会分散孩子的注意力，还会抹杀孩子探索的乐趣。

孩子在6岁之前，主要通过视觉和触觉来感受身边的环境，他们对事物的学习能力远比父母想象的强大许多。所以用不着父母如案例中一样无效的提问，孩子就可以自发完成对事物的学习。反而是父母这种过度的提问，会让他们的思维出现混乱，扰乱其正常发展的秩序。如果父母对孩子提问的内容过于简单，或者没有建设性，就会让孩子失去回答的兴趣，比如，孩子在2岁时就知道红色，而在4岁的时候，父母还在提醒他什么是红色。倘若父母一时找不到合适的问题，那就不要说话，只需安静地陪着，等待孩子来问。

为了让孩子养成深度思考的习惯，父母可以在回答孩子的问题之后，设置一些有价值的问题，激发他们继续探索的欲望。让孩子来问，不仅能够让孩子找到学习的乐趣，还可以增进亲子感情，给孩子一个有意义的童年。

● 让孩子听得懂

孩子有孩子的语言，父母有父母的语言，在孩子6岁之前，父母要使用孩子容易接受的方式与他们沟通。除了在一些规则面前及时喊停外，亲子之间的沟通可以没有答案。孩子只要在互动中能够哈哈大笑起来，就可以健康快乐的成长。在这个时期，孩子的形象思维发展比较迅速，父母可以借助一些比喻、夸张或拟人的手法与他们对话，这样容易提升他们对事物理解和接受的能力。有些父母可能有过这样的经验，孩子在3~6岁时，不太喜欢正常走路，要么一蹦一跳，要么沿着马路牙子走，总之不论怎么规劝，他们下次还会依然如此。有的时候，越是禁忌的东西，人们就越是渴望尝试，这种看似叛逆的行为，其实是一种成长的需要。

一个4岁的小男孩习惯在每次走路的时候，跳到井盖上，这是一个危险的行为，不管父母怎么教训，下次他依然愿意尝试。对他来说，井盖是一个目标，跳上去，实现它，是一件快乐的事。他不觉得有什么不好，反而认为十分有趣。他对父母口中的“安全”并没有深刻的体会，只会从父母的语气中感受到一种被拒绝的难受。在这个时候，父母可以这样说：“你怎么像一只小袋鼠跳来跳去，难道你真的是一只小袋鼠吗？来，现在假装那些井盖都是一个个的陷阱，里面是一个很深的大海，你还敢跳吗？我们来玩一个躲避陷阱的游戏，好吗？”然后父母可以模仿小袋鼠的表情和动作，和孩子一起跳来跳去，不断追逐。

其实，父母与孩子的每一次互动，都是一次亲密接触的时机。只要父母有足够的爱心，就可以把孩子的问题，变成一次家庭教育的契机。

- 选择式和启发式提问

3～6岁的孩子在选择事物的时候，往往会跟随自己真实的感受。他们不太会掩饰自己内心的渴望，也不会轻易舍弃自己喜欢的东西。

比如，一位爸爸对4岁的儿子说："明天早上你是吃包子还是吃烧卖?"如果他想吃烧卖的话，就会直接回答："烧卖。"倘若没有了烧卖，只有包子，他也一定会坚持吃烧卖，甚至还会哭闹一会儿。再比如，一位妈妈对3岁的女儿说："你是去玩滑梯还是去买巧克力?"如果玩滑梯和买巧克力都对女孩具有很大的诱惑，那么女孩就会做出对自己最有利的选择。也就是：先玩滑梯再去买巧克力，或者先买巧克力再去玩滑梯。

在亲子对话中，这种二选一的提问方式，就是选择式提问。这种问题设置的目的，不是为了让孩子取舍，而是来锻炼他们独立思考的能力。

另一种提问方式是启发式提问，通常的表达方式是："什么?""怎么?""如何?""为什么?"等，这种问题设置的目的是为了引发孩子进行更加自由的思考，让他们自由地表达自己的想法与感受。比如，一位爸爸对5岁的儿子说："你觉得这个学校有什么好的地方?""你是怎么把这个机器人组装起来的?"

在现实中，父母在提问孩子的时候，通常会把这两种提问方式放在一起使用。比如，孩子过生日，他看中了两个礼物，在只能买一个的情况下，父母就可以问："你最喜欢哪个?"等孩子确认后，再接着问："为什么喜欢这个?"再比如，孩子情绪比较低落，在经过一段时间的平静后，父母就可以问："你感觉好点了吗?"等孩子确认后，再接着问："你现在想做点什么?"

对于6岁以下的孩子来说，父母对他们的有效提问，就像一把神奇的钥匙，可以打开他们的智慧之门。

有策略地问（6～12岁的孩子）

在家庭和学校的影响下，6～12岁的孩子已经渐渐养成被人提问的习惯。他们希望从父母的怀抱里走出，在同学和老师那里获得更多的关注。刚入小学时，他们特别喜欢被老师提问，学习好的孩子是，学习不好的孩子也是。到后来，出于羞愧的原因，有的孩子不再积极地表现自己，但内心依然渴望获得父母的肯定。在说话的时候，他们很容易活在自己的世界里，只有在被提问的时候，他们才会认真地思考。

下面我们来看一则对话，男孩10岁，放学后回到了家里。

男孩："爸爸，期末成绩出来了，我考得不太好。"

爸爸："是哪一科不太好还是都不太好？"

男孩："都不太好。"

爸爸："这听起来有些糟糕，你认为是什么原因？"

男孩："我没有好好学习。"

爸爸："那你接下来准备怎么做？"

男孩："不知道。"

爸爸沉默，等待……

爸爸："去把你的试卷拿过来，我们一起来看一下，好吗？"

男孩："好的。"

分析试卷后。

爸爸："接下来你准备怎么做？"

男孩："把不懂的弄懂，把作业做好，还要多加练习。"

爸爸:“很好，如果你现在做，第一步该是什么?”

男孩:“做个计划。”

爸爸:“好的。”(拥抱孩子)

从这个简单的对话中，我们可以看到灵活提问的重要，它不仅可以照顾到孩子的感受，还能够协助孩子理清思路，深入探索。

面对 6 ~ 12 岁孩子，父母在提问的时候，可以采用以下几种形式:

- 澄清式提问

大多数孩子在面对困难的时候，内心容易慌乱。他们不清楚自己到底该做些什么才算正确，或者说他们根本就不知道自己哪里出了问题。在这个时候，父母需要通过提问来协助孩子澄清问题，找到他们行为背后的真正原因。

比如，孩子写作业比较拖拉，父母就可以问:“你是不是觉得写作业有困难?”或者说:“你是不是无法集中自己的注意力?”再比如，孩子不想与同学交往，父母就可以问:“你是不是还没有找到与他们相处的方法?”或者说:“你希望我提供什么样的帮助?”

父母在提问的时候，要降低音调，语气舒缓，让孩子体验到被爱的感觉。澄清式提问可以引导孩子重新审视问题，从而找出问题的根源，促进问题的解决。

- 开放式和限制性提问

开放式提问就是父母提出一个开放性的问题，让孩子充分表达。比如说:“在提高注意力方面，你有什么好的方法?”“从这次考试中，你得到了什么启发?”当孩子开始谈论的时候，父母就要闭上嘴巴，不要打断和评价，除非孩子主动请求，才需要给出必要的建议。这不仅可以引导孩子说出自己内心的想法，还可以引导他们释放心底的感受。

限制性提问就是通过问题的设置，让孩子对自己的感受和想法进行确认。其实，这个回答的过程，也是孩子重新梳理自己的过程。

比如，在女孩情绪比较低落的时候，妈妈就可以说：“因为×××，你是不是觉得很委屈?”“如果你想哭就哭出来，好吗?我会一直陪着你。”再比如，男孩吃过晚饭后，爸爸对他说：“你准备先写作业还是先休息?”“你需不需要在学习的时候把门关起来?”一旦孩子在回答中做出了确认，父母就不要再进行多余的问话。

● 尾巴式提问

大多数父母都习惯对孩子进行直接的鼓励和赞美，这当然很好，只是孩子听多了，就没有了感觉。而尾巴式提问，则会增强孩子对自我的认同，肯定自我存在的价值。这个提问的特点是在一个陈述句后面追加一个短问句“不是吗?”

比如，孩子通过努力获得了成功，妈妈就可以说：“这是你坚持付出的结果，不是吗?”再比如，孩子买了一双新球鞋，妈妈就可以说：“穿在你的脚上真帅气，不是吗?”

父母在表达的时候要注意，前面陈述的内容一定是孩子能够看到的，只是通过描述又一次加深了他们的肯定。如，简单地说：“孩子，你能想到这个方法，说明你很善于动脑筋，不是吗?”

● 避免多重提问

孩子刚放学回家，妈妈就问："你怎么回来这么晚？是不是作业没做好，又被老师留在了教室？你现在饿了吗？要不要吃点东西？"这个妈妈一口气问了很多问题，这种连续两个以上的提问就是多重提问。当孩子面对这样的提问时，他们通常不知道该回答哪个好，索性什么都不说，径直回到卧室里，把门反锁起来。

这种没有目的的多重提问，会给孩子带来一种被逼迫的压力感，让他们无所适从。他们不仅不会回答父母的问题，反而容易产生更大的逆反，久而久之，就会失去对父母的敬畏和尊重。所以父母在提问孩子的时候，要坚决避免使用多重提问，不管多么着急，都要一个一个地问，留给孩子充分表达和思考的时间。

● 用孩子能听懂的语言提问

尽管6～12岁的孩子已经开始有社交活动，而且通过网络可以获取更多的信息。但他们仍然缺乏亲身实践经历，对一些事物之间的社会关联还没有深刻的理解。因此，父母在提问他们的时候，要使用他们可以听懂的语言，这样才能提高沟通的效率。

在一次咨询中，有一位9岁男孩的妈妈对我说："我孩子的成绩一直上不去。如果他将来考不进一个好的大学，那可怎么办？我和他爸爸经常对他说：'只有努力学习，将来才会有好的生活'，可不知道说了多少次，他就是听不进去，你说气人不气人。"

学习是一件辛苦的事，孩子又按照快乐的原则进行思考，还理解不了父母对学习重要性的评价，认为学习只是生活的一部分，没必要上升到一个特别的高度。

在现实中我也遇到过一些父母，在看到孩子学习还不够努力的时候，就会拿出一些未来的恐惧图像和自己的失望表现来进行暗示，希望孩子能够“良心”发现，奋发图强。而事实上，这些孩子不仅不会被父母的行为所触动，反而会更加沉沦。其实，父母可以这样说：“学习并不是一件容易的事，它需要付出极大的努力和坚持，这和你们所擅长的其他事情一样，只有投入足够的精力并用心付出，将来才可能取得较大的成就。你说是吗?”或者说：“有时候，学习就像一个朋友，既陌生又熟悉，你只有真心地对待它，它才会在考场上帮你，你说是吗?”总之，父母要用孩子能够听懂的语言进行提问，这样才能激起他们继续沟通的欲望。

以上几种沟通策略，需要父母不断地练习，只有时时觉察，反复完善，才会收到理想的效果。父母在提问孩子之前，一定要先调节好自己的情绪，提问是一个理性的事情，如果带着不良情绪进行，孩子就容易产生消极回应。同时父母在提问的过程中，要有适当停顿，并懂得耐心等待，因为这不仅是对孩子的尊重，也是对自己的尊重。

不要什么都问（12 ~ 18 岁的孩子）

12 ~ 18 岁的孩子，不喜欢被父母问来问去，他们需要一个独立的空间来满足成长的需要。在这期间，父母任何不恰当的提问，都容易触碰到他们敏感的神经。在对父母没有产生足够的信任之前，他们很难向父母袒露心扉。有的父母无法接受孩子这种突然的变化，就会通过不断提问，来缓解内心的焦虑与恐慌。为了应对来自父母的压力，许多孩子学会撒谎和逃避。尽管他们的这些行为还非常拙劣，经常被父母轻易地拆穿，但为了掩饰脆弱的内心，他们依然愿意继续表演。孩子在12岁之前的乖巧和12岁之后的叛逆，往往让很多父母难以接受。他们企图通过各种方式和手段来探寻孩子的内心，以此来把控孩子，刷新存在感。

有一次，一位妈妈带着14岁的女儿来找我咨询。她说："我女儿最近喜欢撒谎，不知道她到底在想什么？她在学校玩手机，被老师发现，问她哪来的手机，说是捡来的。那怎么可能，明明是我曾经用过的一个手机。后来我想想，她大了，也就算了。可没过几天，我在她的书包里又发现了一个手机，再问她，说是同学的，帮忙在家里充电。我让她给同学打电话，她不打，后来又说是自己买的。我气不过，就打了她。这已经过去三天了，她不说话，我也不想理她，不知道以后该怎么办才好？"

女孩说："前几年，妈妈经常出差，爸爸也不在家，我感觉自己就像一个影子，很难被他们看见。妈妈的脾气不好，动不动就发火。小的时候，我很想让她多陪我一会儿，可她总是很忙，见一面都难。现在我不需要她了，她又来管我。其实，每天放学后，我都不想回家，家里实在是太闷了，就是回到家，我也不想说话。"

这种在亲子关系中出现的不对称沟通，在现实生活中十分常见。每个人都期望对方按照自己希望的样子给予支持，就难免会出现一些摩擦和碰撞。没有人喜欢在亲人面前失控，父母如此，孩子也一样。他们各自站在自己的角度来评判对方的行为，并在遭受挫败后感觉自己深受伤害。有些时候，父母与孩子的沟通，开始是好的，只是问着问着，就出现了矛盾。这种凭借感觉的提问很难对孩子产生积极的影响，只有让提问的方式符合孩子心理与思维发展的规律，才会让亲子沟通变得高效起来。

针对 12 ~ 18 岁的孩子，父母在提问的时候可以参考以下几种策略：

- 先处理情绪

这个阶段的孩子内心十分敏感，他们非常在乎自己的感受。当处于不良情绪时，他们很难正常进行沟通。如果父母在这个时候还问个不停，他们就会选择迅速地逃离。有些孩子在父母提问的时候，总不爱回答，不是他们不想说话，而是他们根本就没有认真去听，或者内心已有答案，只是担心说出来会被否定和责罚，所以才表现出一副无知的样子。父母与孩子沟通的时候，一定要先关注他们的情绪，只有在孩子的情绪得到合理表达以后，才可以给出必要的引导。

比如，一个 12 岁的女孩因为上课迟到被老师批评，回到家里闷闷不乐，妈妈就可以过去安慰说：“明天我们早点出发，第一个进教室，好吗？”

这种强烈的行为落差，不仅会加重女孩对事件的记忆，还可以修复她内心的创伤。当女孩体验到积极改变带来的快乐后，就会主动做出对今后生活有效改变的行动。

- 有选择性地问

在孩子小的时候，有些父母习惯了在孩子面前问东问西，从来没有考虑过孩子的感受。孩子在慢慢长大，而他们对待孩子的方式却依然如故，仍旧习惯通过一些无效的提问来蹂躏孩子已经发展的智商。他们只要看到孩子行为有不妥的地方，就会一遍遍地问个不停，好像只有这样做，才能显示出自己的重要性。有时，父母还喜欢没话找话，只要孩子没有及时回答，他们就会认为孩子与自己不再亲近，然后为自己失去权威而沮丧。如果孩子问了父母一些无聊的话题，想必父母也会不自觉地选择掩饰和逃避。只是孩子比较真实，不想回答的就不回答，缺少了一些成人的世故。这个年龄的孩子都不太喜欢和父母一起出行，因为害怕被问来问去，自己不知、不想回答，又让父母尴尬。只有与同学在一起的时候，他们才会感到放松和自由。

父母与孩子沟通的时候，有些事可以问，有些事不可以问。父母要尽量和孩子保持灵魂上的沟通，促成心灵上的默契。

- 换个角度来问

在这个时期，孩子的辩证思维发展十分迅速，对事物的理解已经有了深度的思考，可以从多个角度来分析同一个问题。面对现实中不能被满足的需求，他们通常会在想象中自觉完成。所以在培养孩子的时候，父母要顺势而为，充分利用多个角度和想象来刺激他们对生命的顿悟。

比如，在孩子出现负面情绪的时候，妈妈就可以问："如果在过去，你会怎么处理？再过一年呢，你又会怎么做？"或者说："如果是你的朋友某某，他会怎么处理？换个朋友呢，他又会怎么做？"

父母在提问孩子的时候，要遵循你、我、他式的横向原则和过去、现在、未来式的纵向原则。只有拓展了他们思维的广度和深度，才能激发他们更多的智慧。父母提问孩子的目的不是为了给出正确的答案，而是为了引导他们进行更加深入的思考。为了扩展他们的胸怀与视野，在条件允许的情况下，父母可以为孩子创造更多的机会，让他们在实践中看到自己存在的价值。比如做公益，参加比赛，旅游学习，与老人、幼儿聊天，祭祀墓地等。

只有走进了不同的生命角色，他们才能真正养成换位思考的习惯。

- 避免猜想式提问

有的孩子不愿多说，他们的父母就开始胡思乱想，然后通过各种奇怪的提问试探孩子。他们企图通过猜孩子的心思，来达到了解孩子的目的。这些父母在孩子面前要么小心翼翼，要么十分强势，也就是说，他们要么太看重孩子，要么太看重自己。总之，他们不能与孩子好好说话，只有通过各种猜想来避免提问孩子时出现被拒绝的尴尬。这种猜想式的提问起源于孩子出生后不久，那时的幼儿只能通过哭闹来向父母传递自己未被满足的需求。为了制止他们的哭闹，父母就会做出各种猜想，是不是饿了？是不是渴了？是不是困了？在不断地猜想中，他们被搞得手忙脚乱。当孩子可以进行完整的语言表达后，大多数父母就不再费心猜想，而是使用他们认为正确的方式对孩子进行教育。直到孩子出现了青春期的叛逆，开始变得敏感而沉默，父母又回到孩子婴儿期的猜想阶段。不同的是，那时的慌乱可以表现出来，而现在的慌乱却只能压在心底。

比如，孩子穿得有点少，父母就会问："你这样出去，一定会冷吧？"孩子写作业比较慢，父母就会问："看你想来想去，是不是不会做呀？"孩子放学回家后情绪有点低落，父母就会问："你是不是在学校里和同学闹矛盾了？"

总之，父母很难让自己的嘴巴闭起来，安静一会。

如果父母对孩子的确担忧，那就直接告诉孩子，比如说："我看到你心情有点低落，是不是发生了什么事？"或者说："看到你写作业比较慢，是不是出现了什么困难？"如果孩子不想回答，那就不要再问，让孩子自己去处理，等有需要的时候，他们会来寻求帮助。

● 复合等同式提问

所谓复合等同式提问，就是把一件或几件事情等同起来，表达一种思想和感受。

有一次，一个15岁的女孩来找我咨询。她说："我的男朋友离开我了，我特别难受，你看我的手臂，用小刀划得都是伤，但还是控制不住，我不知道该怎么办。"我问："你现在是不是经常会想起两个人在一起的美好画面？"她说："是的。"我又问："这种画面是不是代表一种爱的感觉？"她回答："是的。"我接着问："他现在还能不能给你这样的感觉？"她停顿了一下，说："不能，因为他已经有了新的女朋友，不理我了。"我说："那说明，你爱的是一种感觉，而不是他，是这样吗？"她点点头回答："你这样说，我心里好受多了。"

还有一次，一个13岁的男孩被妈妈带来咨询。他对我说："我不想去学校了，因为我不喜欢那些同学，也不喜欢老师，他们总是取笑我。"我问："你是不是认为自己处理不好与他们的关系？"他说："是的，我就想待在家里，不想与任何人交往。"我接着问："如果你与他们的关系能够处理得很好，你还愿意去学校吗？"他回答："那当然愿意。"

在面对孩子的问题时，父母要深度挖掘这些问题背后深藏的原因，并通过复合等同式提问来启发他们寻找问题的本质。只有明确了自己真正的需求，孩子才会积极地行动起来，走出自我设限的困境。

虽然青春期的孩子不太容易沟通，与父母的交流也越来越少，但父母只要掌握了灵活提问的策略，还是可以对他们产生积极的影响。

方法引导

父母对待孩子的每一种方式，都会成为一种印记，深深地嵌在孩子的潜意识里，影响着他们的一生。

告诉孩子（0～6岁的孩子）

0～6岁的孩子对父母有着深深的依恋，他们希望从父母那里获得足够的温暖来建立自己内在的安全感，同时他们也期望通过父母正确的引导，来加深对这个世界的认知与理解。

下面我们来看两个场景：

场景一：

一个3岁的小男孩早上赖床，到了上幼儿园的时间，他还躲在被子里，这时爸爸走了过来。

爸爸："小松鼠，快从洞里钻出来，开始觅食了，难道你是小老鼠吗？不！你是乐迪吧？乐迪，快点起来送包裹快递了。"

孩子："我不是小松鼠，也不是小老鼠，更不是乐迪，我是大恐龙。"

爸爸："大恐龙？你是蛇颈龙还是霸王龙呢？"

孩子："我是霸王龙！"

爸爸："霸王龙，要起床了，森林里的动物等着你去开会呢！"

孩子："好的！"（孩子从床上跳了起来）

如果小男孩还是不愿起来，那就对他说："再给你两分钟时间，两分钟后就要起来。"这样过一会儿再去叫他，他一定会起来。

对话二：

一个4岁的小女孩早起不想自己穿裤子，一定要妈妈穿。

妈妈："今天你想穿哪件衣服？"

女孩："我想穿那件有红色小花朵的。"

妈妈："好的，那我们一人穿一个裤腿，开始比赛吧，看谁先穿好。"

女孩："好！"

妈妈："哎哟，你穿得好快呀。我这边这条小腿怎么这么慢呀，难道像小公主在森林里迷路了吗？"（故意假装出非常困难的样子）

女孩："妈妈，我好了。"

妈妈："我也马上好了，你真快！那我们再比一次吧，这次我一定要加油。我来穿袜子，你来穿外套，好吗？"

女孩："好！"

从以上对话我们可以看出，亲子之间进行一些有策略的沟通，不仅可以解决问题，还可以促进互动，增加情感投资。

面对0~6岁的孩子，父母在与他们对话时，可以参考以下几点策略：

- 使用比喻、拟人和夸张的手法

儿童由于形象思维充分发展，他们对一些生动的画面有着愉悦的感知，而一个人只有在轻松快乐的状态下，才容易学到更多的知识。孩子喜欢凭借动态的想象来激发自己学习的欲望，并从中获得语言表达上的成长。所以父母在与孩子对话的时候，要大量使用一些拟人、比喻和夸张的手法，这样不仅可以提升他们对事物的理解能力，还可以激发他们在学习和沟通上的热情。

举个例子，一个3岁的小男孩抱起一把椅子对爸爸说："爸爸，你看我的力气大不大?"

"大，真大!"爸爸笑着回答。

"那……比大树还大？比高楼还大吗?"小男孩兴奋地用手比画着。

"是的，你想要多大就有多大。如果你再多吃点饭，你的力气就会更大。"爸爸看着孩子并做出双手伸展的姿势，两个人哈哈大笑起来。

再比如，一个4岁的小女孩跟在妈妈的后面。这时，妈妈对她说："你怎么像一只可爱的小企鹅，走路慢悠悠的。"

"真的吗？那你看我这样走像不像?"小女孩模仿着小企鹅走路的姿势。

"像，那么，假装现在我是一只小海豹，来追小企鹅，好吗?"妈妈摆出小海豹追赶的姿势。

"好!"小女孩咧着嘴大笑起来。

"预备，开始，追，哈哈……"

父母只要能够充分发挥想象力，做出一些有趣的动作或表情，就容易拉近与孩子身体和心理的距离，从而达到有效沟通的效果。父母在沟通中的各种生动表达，不仅可以提升孩子对新事物学习的兴趣，还能够引导他们朝向更好的方向发展。

● 利用游戏、绘本、故事进行引导

父母对孩子的培养，除了通过讲道理，还可以利用游戏、绘本、故事来进行间接的引导。孩子十分喜欢通过这些方式来表达自己对事物的认知和理解，并从中获得相关的知识和技能。孩子习惯通过角色扮演，来内化对外部世界的认同。比如玩打闹游戏，孩子一般都会没有边界，有时还不知轻重。这就需要在游戏之前，父母先设定一些必要的规则，还要在游戏中不断地提醒。尽管如此，父母在与孩子打闹的时候，还是要有所防范，避免被孩子伤到后出现糟糕的情绪。再比如玩打针游戏，孩子假装医生，妈妈假装病人，当孩子用一个吸管象征性地接触妈妈的手臂时，妈妈可以假装疼痛地叫起来，然后引导孩子进行耐心地安抚。

父母可以把培养孩子的内容，通过游戏、绘本、故事等形式积极地呈现出来。这不仅有利于他们对知识的掌握，还可以加深他们对道理意义的理解。

● 找到孩子内心的渴望

每个人都有自己最渴望的地方，成人有，孩子也一样。只要父母能够找到孩子内心最熟悉或最在乎的东西，就容易通过一些正确的规则，对他们进行有效的引导。

下面我们来看两个场景。

场景一：小男孩4岁，不喜欢吃饭，妈妈把他叫到跟前。

妈妈："孩子，你喜欢猫还是老鼠？"

孩子："老鼠！"

妈妈："为什么喜欢老鼠？"

孩子："因为老鼠聪明，在动画片里，每次猫都抓不到老鼠。”

妈妈：“那么你也想让自己聪明点吗？”

孩子：“是的！”

妈妈：“吃薯条和糖果多了，人就会变得很笨，你想这样吗？”

孩子：“不想！那吃什么才会聪明呢？”

妈妈：“吃坚果、米饭、水果和蔬菜。你准备以后怎么办？”

孩子：“多吃点让自己变聪明的东西。”

在这个对话中，男孩对《猫和老鼠》这个动画片记忆深刻，而且不希望自己像猫那样笨，所以就会选择“多吃点让自己变聪明的东西”。当然，并不是说通过这样一次对话就可以改变孩子，而是要多进行几次相似的对话，这样孩子才能积极行动起来，从而做出根本的改变。

场景二：小女孩5岁，刚吃过晚饭就要求看动画片。

妈妈：“如果你现在看的话，只能看10分钟。如果你先玩5分钟，然后再看的话，就可以看20分钟，你自己选择。”

孩子：“那我选择先玩一会儿。”

在妈妈提出两个方案的时候，孩子通常会选择对自己最有利的那个。如果孩子仍然选择前者，那就在下次减少总体观看的时间。这样做的目的是利用孩子最在意的地方，培养他们的延迟满足和自我控制的能力。

● 使用孩子的语言

父母说出的话，孩子不一定能够听懂，尽管父母自认为已经讲得十分明白，但孩子可能仍然我行我素。举个例子，妈妈对3岁的女儿说：“看你把身上弄得脏兮兮的，一点都不像女孩子。”

女孩不明白“身上脏”和“不像女孩子”之间有什么必然的联系。这种社会化的认知链接，会让女孩感到无解和迷茫。因此，她下次还可能会把衣服弄得很脏，在她看来，衣服就是用来保护自己的，弄脏了很正常。

孩子对图片和声音有着非常强的感知能力，他们通常会对一些“活着”的语言产生兴趣。比如，父母向2岁的孩子介绍小狗时，不仅要拿出小狗的照片和模型，还要模拟小狗的动作和声音，这样他们才会对小狗产生深刻的理解。如果孩子在现实中看到了的小狗，他一定会十分兴奋，甚至还会模仿几声小狗的声音。由此可见，引导孩子学习一个新事物，大致可以分为这几个步骤：观看模型——倾听声音——现实接触——角色扮演。

父母要想准确知道孩子熟悉的语言是什么，就要经常观察孩子做的事，并倾听他们说的话。有时候，父母只要对孩子的说话方式及所表达的语言进行必要的重复，就可以产生很好的效果。

比如，一位4岁的孩子在表达时经常出现语言断续的现象，还会把学到的知识统称为“本领”。那么在孩子放学以后，父母就可以这样说：“你今天……你今天在学校里学习了什么‘本领’?”倘若说时还能模仿孩子的语气，我相信，孩子一定会非常乐意回答。因为“本领”这个词是孩子非常熟悉的，在一段时间内，父母都可以重复使用，直到孩子有了新的替代词出现。

- 设置时间边界

0~6岁的孩子对时间没有清晰的概念，他们不知道长度和数字所代表的具体含义。

比如，一位爸爸对5岁的男孩说：“今天我看到一则新闻，一个潜水员潜入60米深的水里去寻找宝藏。”孩子就问：“60米有多深？是不是特别……特别的深。”爸爸说：“你现在的身高是1米，就是有60个你连接在一起，你说深不深？”孩子兴奋地回答：“深！那比天还深，比大海还深吗？”

再比如，一个3岁的小女孩在游乐场里玩耍，天色已经晚了，但她还是不想走。这时妈妈对她说：“你可以再玩10分钟，然后我们就要回家了，好吗？”

小女孩一定会答应，虽然她不知10分钟的长度，但她知道可以再玩一会儿。倘若10分钟到了，妈妈再叫她，她可能还是不愿离开。如果妈妈说：“你可以再玩10分钟，我定一个闹钟，你听到了铃声我们就回家，好吗？”等闹钟响起的时候，小女孩自然就会明白铃声的意义，这样就会比较容易遵守约定。如果孩子早上赖床，父母就可以说：“你可以再睡2分钟，但听到音乐响起的时候就要起来，好吗？”音乐一响，孩子就知道该干什么了。如果孩子在看电视，父母对孩子说：“你只能看10分钟，就不能看了。”等10分钟到的时候，孩子一定不愿离开。如果对孩子说：“你可以看一集，一集结束后，就自己关掉电视。”当一集结束后，孩子通常会说：“一集看完了。”在孩子看来，只有开始和结束才是一个完整的过程，一集就是一个完整的过程，这时让他们结束，他们就比较容易接受。倘若要求是10分钟，而电视只放了一半就被要求终止，他们会非常难受。当然，如果孩子已经养成了良好的时间管理习惯，在观看一个电影的时候，父母就可以提前告诉他们，只能看20分钟，然后下次再接着看另外的部分，他们也容易接受。

- 直接告诉孩子

有一次，我陪孩子去参加一个武术班，其间有一个6岁的小女孩在做某个动作的时候不断发笑，可能是这个动作让她想起了什么，又或者她觉得这个动作十分有趣。教武术的是一个年轻的男教练，他看到后有些生气，因为女孩的父母在场，他不好多说，就只能盯着女孩不断地暗示，希望女孩可以明白。可女孩依旧笑个不停，甚至还对他做出一个鬼脸，因此训练被一度中断。其实，处理这个问题非常简单，教练只需走到女孩的身边，轻声地说："请保持安静!"女孩就会懂了。虽然孩子在这个阶段，十分擅长读懂各种表情，但他们并不理解这些表情背后所隐含的社会意义。那个教练不懂这些，他希望女孩能够理解他的期待，但女孩始终没有。

在家庭教育中，有的父母也经常做出类似的事情，他们总是喜欢暗示孩子，希望孩子可以明白自己那些未曾表达的意思。

有一天早晨，妈妈在梳妆的时候发现新买的香水少了一半，然后看到地上撒得到处都是。不用猜，她知道是6岁的儿子干的。于是，她非常生气地把孩子叫到身边，用力地拽着他的胳膊，严厉地说："你知道错在哪里了吗?"小男孩除了惊恐外，什么都说不出来。其实，小男孩撒香水可能是觉得好玩，并不知道妈妈会有如此反应。此时妈妈要冷静，只需要蹲下来，认真地看着孩子，耐心地询问，然后向孩子表达自己的感受和想法。妈妈可以说："我的香水少了许多，是你做的吗?""你现在把香水撒得到处都是，我很心疼，就像上次你弄丢了自己心爱的变形金刚心里感到难过一样。""妈妈很生气，以后没有经过妈妈的允许，不要损坏妈妈的东西，知道吗?"

妈妈在说的时候，要语气坚定，语速放慢，声音压低，要让孩子看到妈妈的决心。

总之，当孩子出现问题的时候，父母不要去暗示，也不要让孩子去猜，而要直接告诉孩子自己的需求和感受，只要足够认真，完全不必大吼大叫，孩子就能够听懂。

让孩子帮忙（6～12岁的孩子）

6～12岁的孩子对世界的认知已经有了初步的判断，他们会按照自己理解的方式与这个社会发生关系，在不断地思考和实践中，他们开始作为一个独立的个体，追求自身存在的意义。父母在这个阶段的主要任务是：有技巧地引导孩子养成良好的生活和学习习惯，以及与这个世界相处的正确态度。

有一次，一位妈妈带着8岁的男孩来找我咨询。她说："孟老师，我的孩子注意力不好，上课总是左顾右盼，作业也不能按时完成。我说过他几次，也没什么效果。半年多来，他在网上买了许多东西送给同学，但还是没有交到什么朋友。只要我们不给他买，他就会发火，大吵大闹很长时间。这几天他又说自己身体不好，不想上学，我们带他去医院做了检查，也没有发现什么问题。"

男孩说："我妈妈的情绪很不稳定，感觉她一直都在压抑自己，看起来活得很累。但她人又很假，说话前后矛盾，总觉得十分奇怪。有时她会对我说'我很尊重你'，可是很快她就会过来干涉我的生活。比如，我写作业的时候，她就在一旁盯着，而且还会不断地说话。不是催我快点，就是说我哪里不好。她总说对我没什么要求，只要我过得开心就好。可她又会不断地说我的不是，觉得我各种不好。她说得多了，我也觉得自己一无是处。"

从以上陈述中，我们可以感受到这位妈妈的焦虑及男孩的失控，这位妈妈不仅缺乏对自己情绪的控制，而且在培养孩子上也随心所欲。当她带着焦虑的情绪与孩子进行对话时，孩子也会做出同样焦虑的反应。而男孩那些不良行为的反馈，又会进一步加深父母的狂躁和抑郁。

为了更好地培养这个阶段的孩子，我提供一些建议：

- 言行一致

父母对孩子的影响是一种力量，它会有力地推动孩子在某个方面的发展。而在所有的影响中，最重要的就是言行一致。只有父母说到做到，对自己、爱人和孩子信守承诺，才能增强自身的气场，并赢得孩子的信任。如果父母随便说说，没有执行，不仅达不到理想的效果，还会降低自己在孩子心中的威信。

我在咨询中，经常会听到孩子说："妈妈表面一套，背后一套，我早就不相信她了。""在妈妈向我承诺的时候，我就当没有听见，她一定是说给自己听的。""爸爸说周末要带我出去玩，都一年过去了，他太忙了，我已经不期待了。"父母对孩子不真诚的表现，会降低孩子对他们的信任。父母随意地表达，孩子也会跟着效仿。比如，孩子不能很好地执行学习计划；答应过父母的事情很快发生变化；孩子对自己缺乏信心，不能信守承诺。其实，父母在欺骗孩子的同时，也在欺骗自己。在这种"随便说说"的家庭中培养出来的孩子，不仅容易缺乏感恩之心，还容易产生焦虑和抑郁。

有些孩子在生活和学习中，心无定性，缺乏力量，大致就是因为他们对自己撒的谎太多，连自己都不再相信。他们不能很好地制定目标，就算有，最终也不会达成。在现实中，那些沉溺于社交或网络游戏的孩子，想必也是父母说得太多而做得太少所导致的结果。有的孩子在做事之前雄心万丈，而在执行的时候却草率了事，其实，父母在责怪他们不能坚持的同时，也要反省一下自己的行为。

说出来的话，如果没有很好地执行，心态也会发生相应的变化，说的谎多了，心也就很难安定下来。当然，父母对孩子做出的承诺，如果偶尔没有达成，也要向孩子详细说明，同时还要做出补救措施，而不能认为孩子还小，可以随便应付了事。当父母觉得无所谓，孩子也会觉得无所谓；当父母不把孩子当回事，孩子也不会把父母当回事。

- 谨言慎行

父母怎么做，孩子就怎么学。6～12 岁的孩子渴望从父母那里学到更多的交往技能。从表面上看，他们喜欢在父母面前极力地表达自己，不太愿意听从父母的建议。而事实上，他们十分在乎父母对自己的评价，十分渴望从父母那里获得更多的肯定。学业的压力及各种关系的交错，使他们很容易产生自卑心理。父母不要随便给孩子贴上负面标签，或者当着他人的面对孩子进行批评和指责，因为这些不当的行为会吞噬孩子内心的力量，让他们降低对自我存在的认同。

我在做家长培训的时候，经常听到有父母说："我的儿子注意力不好，提醒了他很多次，可一点儿用都没有，他考试的时候还是马马虎虎。""我的儿子比较磨蹭，做什么事都慢悠悠的，真是急死人。""我的女儿不爱说话，比较胆小。""我的儿子除了不爱学习，其他都很活跃。""我的女儿学习不错，就是没有主见。"在这些父母的眼里，他们的孩子呈现出来的都是问题，他们希望孩子可以更加完美一些，所以就会不断地放大孩子的缺点，而从未考虑过孩子的感受。

倘若在某种情况下，父母无法很好地处理问题，那就什么都不要做，先让自己冷静一下，好好想一想如何才能获得孩子的信任。6~12 岁的孩子特别容易受到外界影响，父母的一言一行都会在他们心中产生深刻的印记。父母要时刻明白：想让孩子成为什么样的人，就要怎样对待自己和孩子。父母在评价孩子的时候，孩子也在内心评价父母。父母现在对孩子的教养和表达，孩子会在以后给予同样的回馈。

● 培养担当

当有些事情涉及孩子时，父母要先征求他们的建议。有些父母认为孩子还小，缺乏有效的实践经验，与他们一起讨论，不仅浪费时间，而且产生不了什么可行的结果。他们这种主观片面的教育思想，不仅会阻碍孩子思维的发展，还会在孩子的心中嵌入“我并不重要”的心理暗示。所以父母在与孩子对话的时候，要放慢语速，学会等待，要让孩子在充分的思考和行动中，看到自己的价值。

孩子的事情，要让孩子自己去做。比如，孩子的作业，要求自己完成；孩子的书包，要求自己整理；孩子的衣被，要求自己叠放；孩子的错误，要求自己承担。这个时期的孩子，已经可以协助父母做一些家务，或者干一些力所能及的事情。孩子参与的事情越多，他们的心智发展也就越快。孩子只有在结果达成的时候，才能感受到担当的重要性。

● 规则设定

规则不是逼迫，而是在孩子情绪比较好的时候，与孩子平等协商，然后让孩子确定并执行。倘若孩子不能很好地做到，父母也要表示理解，但依然要鼓励他们坚持下去。同时规则在实施后，要及时反馈，让孩子根据实际情况对规则进行适当调整。总之，父母心里要清楚，设置规则的目的是为了培养孩子良好的生活和学习习惯，以及自我管理的能力，而不是与孩子对抗，更不是让孩子听从自己的想法而保全自己作为父母的颜面。

规则的设定要以目标为前提，并通过协议来执行。父母为孩子设定规则的同时，自己也要自觉遵守一些正确的规则。比如，当孩子哭泣、生病、道歉的时候，父母就不要再进行批评和指责；当孩子出现负面情绪的时候，父母就不要再进行建议和引导。规则的设定要合理合法，要遵循孩子的身心发展特点和认知发展水平，而不是人为编造出来的那些违反人性的期望。孩子对规则的执行和坚守，可以安定自己的内心，同时建立起对世界的合理认识。这对完善他们处事的边界、造就强大的内心，有着积极的推动作用。

- 因势利导

尽管孩子在这个时期有许多共性，但他们的天赋和特质还是略有不同，父母与孩子相处的时候，要细心观察，充分了解他们的优势，这样才能做出有针对性的引导。6 岁之前，孩子的大脑还没有发育完善，对世界的认知和理解还处在探索阶段。而到了6 岁以后，他们才开始有目的地按照自己的偏好发展，并在摸索中渐渐形成一套自我评判的价值体系。比如，有的孩子擅长观察，他们可以依靠视觉捕捉到比较全面的信息；有的孩子善于表达，他们可以通过语言和文字来抒发自己的感受；有的孩子喜欢运动，他们的身体里似乎永远都有使不完的力气。当父母发现孩子的优势以后，要因势利导，让他们在成长的过程中看到自己的价值。这对消除他们的自卑与羞怯，有着积极的作用。父母在引导孩子发挥优势的同时，也要接纳他们不足的地方。比如，有的孩子语文成绩很好，而在数学学习上却困难重重；有的孩子不太喜欢运动，但在音乐上却很有天赋。每一个父母都要相信，只要对孩子因势利导，他们都可以发展成为一个自由且自信的人。孩子的内心只要充满了自信，就容易在擅长的领域找到属于自己的幸福。

总之，父母要以身作则，重塑自我，用积极的行动来认真对待正在成长中的孩子。父母怎么做，孩子就怎么学。孩子是父母的影子，父母是孩子的镜子。在孩子的自我价值体系建立和完善的关键期，希望父母能够有所担当。

协议领导（12～18岁的孩子）

孩子到了12岁以后，会不加分辨地屏蔽父母给出的信息，认为只有坚持了自己，他们才能找回自己。尽管如此，这种对父母“一刀切”式的否定和拒绝，并不能让他们的内心获得足够的安宁，这种假性的独立，只是他们维护自尊的一种需要。因此，在有困惑的时候，他们依然渴望获得有力的支持。但在父母面前，他们已经不再希望被教育，一旦察觉到父母有类似的意图，他们就会迅速地选择逃离。

有一次，一位爸爸带着15岁的儿子来找我咨询。爸爸说：“孩子不用心学习，已经上初三了，还没有一点毕业生的紧张。最近一段时间，他竟然还在课堂上睡觉，我一看到他那迷迷糊糊的样子，就感到心烦。还有，他写作业的时候，经常戴着耳机，如果是听听音乐也就罢了，就怕他是在听连载小说。刚刚在过来的路上，我让他在车里看会儿单词，他也一声不吭，只顾低头玩手机，真是没救了。”

孩子说：“爸爸在家，只要看到我，就会说个不停；妈妈比较忙，很少在家。爸爸的情绪很不稳定，经常会无缘无故地发火。我晚上写作业的时候，他会坐在我的旁边，像个监工似的，我一点儿心情都没有。只要我写得慢一点，他就会指指点点，好像学习的不是我，而是他。我觉得他对我有很多的不满，好像我做什么他都看不惯。”

处于青春期的孩子，不太愿意与父母有过多的交流，他们害怕遭到父母不公正的评价，伤及自己那颗原本脆弱的心。他们喜欢把自己包裹起来，表现出一副无所谓的样子。这个时期的他们，极力追求身心同一及社会价值的认同，他们似乎已经不太看重别人的评价，却十分在乎自己在社会关系中的价值。如果父母不能很好地理解他们内心的矛盾与尴尬，他们便很难对父母的话有所触动，再想用正确的道理去改变他们，也就只能是一种奢望。

对 12 ~ 18 岁的孩子的引导，可以参考以下几个原则：

● 把“一定”变成“可能”

有些父母与孩子沟通时，习惯站在自己的角度，说一些有道理的话。因为他们认为，孩子只要全部接收，就可以从中受益。但他们并不知道，孩子不想去认同他们，而只想认同自己。所以父母越想让他们做什么，他们就越不会做什么。他们认为，服从父母，就没有了自己。父母越坚定，他们就越反对。只是为了给自己和父母留点颜面，他们才不会直接说出那些隐秘的想法。比如，妈妈对女儿说：“不要玩手机了，快点睡觉吧。”这个女孩一定会玩到很晚，不愿睡觉。爸爸对儿子说："你这样不努力，以后有你后悔的。"男孩则会认为：我的事情我负责，不用你管。总之，孩子会扭曲父母说出的话，然后理直气壮地对他们进行反驳。也就是说，不管父母说多少句话，孩子都会一一反对。

倘若要孩子接受父母的建议，那就需要换一种沟通方式，把"一定"变成"可能"。

比如说："孩子，我说的都是一些可能的想法，那都是过去的经验，现在你已经长大了，可以自己做决定。""孩子，听着音乐写作业，可能会舒服一些。如果能把心静下来，也许效果会更好，不妨去尝试一下。""孩子，我刚刚说话有点急，可能没有顾及你的感受，如果你觉得不好受，可以说出来，就算我帮不上，也希望对你多一些了解。"其实，沟通的目的就是为了达成目的，如果原有的沟通方式已经无效，那么父母就要尝试做出新的改变。只要父母说出的话中带有"一定""应该""必须""绝对"这些词汇，孩子的潜意识都不太容易接受。只有那些含有"可能""也许""未必""大概"的语句，才会让孩子在没有察觉的情况下，自动选择认同。

- 积极暗示

这个时期的父母很容易聚焦孩子的不足，还会盯着这些不足说个不停，似乎只有这样，孩子才会变成他们期望的样子。有些父母甚至还会对孩子哭诉，想以此来博取孩子的理解与同情。但事实证明，父母越是这样，孩子就越叛逆，甚至不懂感恩。父母要对孩子经常说一些积极的话，或者做一些积极的事。因为这时的孩子需要更多的力量，来支撑自己脆弱的内心。比如，父母可以对孩子说："你已经很努力了，我看得出来。""我不知道发生了什么事，但我相信你。”“我不太了解情况，所以想听听你的想法。”“你属于未来，而不是过去。”“情感上的东西很难控制，你已经做得很好了。”“你说的有道理，我也是这样想的。”

总之，父母与孩子对话的时候，要多一些对他们的肯定、理解、支持、鼓励、赞美、真诚和关心。而且在说的时候，还要放慢语速，适当停顿，而不要没话找话，做出一些不真诚的表达。父母想让孩子成为一个什么样的人，就要对他们进行什么样的暗示，因为暗示的东西一旦进入到孩子的潜意识，就会对他们的行为产生深远的影响。

● 倾听孩子的想法

从表面上看，青春期的孩子在父母面前不爱说话，但这并不代表他们没有想法，只是他们不想说或者不屑说而已。特别是在父母说得较多的时候，他们会把自己的嘴巴闭起来，不做任何回应。父母只有在向他们寻求帮助的时候，他们才会说出自己真实的想法。但只要他们开口说话，父母就要耐心倾听，必要的时候，还要及时给予肯定。他们非常看重自己的想法，不喜欢被父母评价，只有关乎自己切身利益的事情，他们才愿意做出适当的妥协。

当孩子提出需求的时候，父母要耐心倾听他们的意见。同时在整个过程中，父母要看轻自己，看重孩子。

举个例子，孩子对妈妈说：“我想要个手机。”倘若妈妈回答：“你要手机干什么，不好好学习。”孩子一定不再说话，然后默默走开，没有争辩，只有压抑的不满。如果妈妈问：“你现在长大了，为了方便联系，是该拥有一个手机了，我想听一听你接下来对手机的使用有什么规划和想法？”

这个时候，孩子可能会做出认真的思考，然后进行详细的表达。在这期间，不论孩子说什么，父母都不要评价，而要引导他进一步地思考，同时要关注他的情绪，让他拥有一个良好的状态。

青春期的孩子尽管在心理上还不太成熟，但他们却希望自己的思想像身体一样迅速成长。为实现这种同一性发展，最有效的方法就是让他们充分表达自己，然后在实践中找到自己存在的价值。

● 一切让协议说了算

12～18 岁的孩子情绪变化很不稳定，他们中的大多数人经常被情绪困扰，不能很好地处理身边的关系，就算他们愿意为学习付出更多的努力，也常常因为情绪的浮动而无法专心投入。只有极少数孩子能够为自己的学习和生活确定一个明确的目标，然后积极行动起来，达成理想的结果。

我在咨询时，经常听到一些父母说："我的孩子很闷，不爱说话。""我的孩子只要不满足，就会大喊大叫。""我的孩子一天到晚，不知道学习，就知道玩手机。""我的孩子没有自制力，做事总是虎头蛇尾。"父母把改变孩子的希望寄托在自己的道理里，或者期望孩子某天顿悟，那么问题就永远都解决不了。记得有一个 14 岁男孩的爸爸在咨询时说："我对孩子的耐心已经消耗殆尽，他经常说到做不到，而且一再触及我的底线，我们之间早已没有了信任。"

这个时期的孩子喜欢按照自己的节奏来计划生活，他们不欢迎父母的参与和指导。因此通过协议让孩子实现自我监督和管理，也许是一个很好的方法。协议内容的制定要平等协商、从易到难，还要留有一些可以变动的空间。这样，孩子就可以通过协议的执行来自察自省，并做出灵活改变。孩子在学习或生活中一旦有了目标的指引，就容易约束自己的行为，充满奋进的力量。

- 关注孩子在意的地方

这时期的孩子，非常在意自己的内在感受和外在形象，他们要么通过怪异的表现或名牌服饰来引起同伴的注意，要么在学习、生活或交友上寻找一个擅长的方向来凸显自己的价值。

曾有一个15岁的男孩来找我咨询，他说："我女朋友和我分手了，她当初喜欢我是因为我足球踢得好，更重要的是我有一个比较帅气的发型。现在学习紧张了，不能踢球了，学校也在整顿仪表，不能烫发了，于是她就喜欢上了别人。"这听起来有点不可思议，但细想下来也符合他们这个年龄的情感特征。当然，两个人分手一定还有其他原因，但男孩说出来的，想必也是一个重要因素。

青春期的孩子非常注重同伴或异性对自己的评价，他们开始用很长的时间来梳头、洗澡和上厕所，甚至有时还会说出一些十分奇怪的话来引起他人的注意。他们非常关注自己在社交关系中的价值和作用，而且极力希望通过某种优势来显示自己的特殊性。所以父母要关注他们在意的地方，真诚地与他们交流。在适当的时候，父母也可以谈论当年的自己，与孩子产生一些心灵的共鸣。当面对孩子打游戏、玩手机、谈恋爱、拖拉作业的时候，父母关注的不应该是他们的不好，而是要走进他们的世界，了解他们的渴望，并通过深度思考，找到他们行为背后的原因。一个孩子之所以会躲避到虚拟的空间或想象中，去寻求内心的庇护和安慰，是因为他们在现实关系中找不到自己存在的价值。

积极行动

父母与孩子的有效沟通，不仅有利于问题的解决，还能够促进亲子关系的发展。父母在掌握了积极倾听、灵活提问和方法引导的沟通策略之后，还需要在现实中积极地行动起来，这样才能达到成长自己、培养优秀孩子的目的。

请写下您对本节阅读的感悟：____________________

____

____

____

____

____

第三章　增强孩子的内在

习惯四：边界管理——让孩子感到安全

> 一个边界感清晰的孩子，一定活得自由而独立。

心理的依恋与独立

孩子成长的过程就是与父母从依恋走向分离的过程。

对生命说“是”(0～6岁的孩子)

胎儿与妈妈有着天然的连接，胎儿的成长随着妈妈的身心浮动而发生相应的变化。只有在妈妈健康和平静的时候，他们的情绪才会愉悦起来。0～1岁的孩子虽然在身体上与妈妈分离了，但他们并没有意识到自己作为独立个体的存在。在他们看来，妈妈仍然是生命中最安全的部分。倘若此时妈妈经常无故缺失，他们就会用一生的时间来寻找这份安全。1～3岁的孩子开始主动探索各种未知，习惯通过身体运动来协调内在和感知外在。只有在他们需要帮助的时候，才会期待妈妈的回应。他们不喜欢待在家里，而是渴望与外界有更多的交流，在成长中一些正常的行为，却经常被父母贴上“叛逆”的标签。在他们的大脑里，已经慢慢形成了“我”的概念，但对“你”“他”的认知还很模糊。他们喜欢新奇的事物，并通过重复的行为来获得学习的乐趣。3～6岁的孩子开始有目的地与这个社会发生关系，他们不再满足于本能的需要，而是积极地对各种关系进行有意义的探索。

0~6岁是父母培养孩子安全感的关键期，这个阶段的孩子对父母在陪伴时间和质量上提出了很高的要求。他们不仅需要在视线中看到父母，还需要在物质和情感上获得父母的支持。可惜的是，大多数父母还意识不到这个阶段对孩子陪伴的重要性，他们只是觉得带孩子是一件麻烦的事情，要么为孩子找个托班，要么把孩子交给老人。尽管有些全职妈妈可以与孩子相处更多的时间，但在教育上过度地控制或放任，也不能让孩子获得真正的安全感。有些父母认为，孩子是自己生的，自己想怎么教育就怎么教育，是打是骂，都随性而为。他们要么太看重自己，让孩子完全按照自己的想法行事；要么太看重孩子，对孩子的需求无条件地满足。尽管他们也知道规则的重要性，但总不能很好地执行。在培养孩子上，他们习惯凭借感觉行事，很少去考虑教育的边界。比如，孩子已经吃饱，而他们觉得没有，就会强迫孩子再吃；或者孩子不想吃饭，他们就买些零食，哄孩子开心。一个在爱孩子上没有边界的父母，很难培养出内心感恩的孩子。因为心很忙，他们很难让自己静下来，去认真思考边界的重要性。有些孩子遇到一点困难就想退缩，他们的父母在劝说几句后，就不再坚持。有些孩子喜欢破坏规则，他们的父母除了呵斥和抱怨外，好像没有其他什么作为。孩子一旦掌握了父母的底线，就开始变得肆无忌惮。

一个内心没有边界的孩子，不仅容易伤害自己，也容易伤害他人。

针对6岁以下的孩子，父母可以从以下几方面来进行培养：

● 生命的边界

1. 生命历程。父母可以通过一片树叶在不同阶段的大小、颜色、状态来协助孩子对生命的历程有一个完整的认知，孩子会在这种观察和体验中定位自己的存在。在必要的时候，父母也可以利用绘本、故事对孩子讲述生命的起源、发展与消亡，还可以告诉孩子，他们的成长就像一粒种子发芽、开花、结果，每个阶段都很独特；也像一棵小树，在雨露和阳光的滋养下，茁壮地成长。总之，父母要让孩子感受到生命的美丽与重要，要让他们对生命充满敬畏与尊重。我在咨询或培训中，会听到个别父母说孩子太脆弱，稍有不顺就有自残或自杀的想法，甚至有些还会付诸行动。记得有一个10岁的小男孩说："我只有死了才会引起爸妈的关注。"在他看来，生命的结束是一种交换，对生命本身，他并没有深刻的认识，只是觉得父母的认同十分重要。

2. 与生命对话。当孩子发现池塘里有一条小鱼游来游去，会萌生对话的渴望，他们很想知道，小鱼在想什么，它吃饭了没有，准备干什么？6岁以下的孩子认为任何物体都具有生命，尽管他们知道实际并非如此，但他们仍愿意进行这样的想象。就像女孩玩过家家，男孩玩角色扮演一样，他们赋予事物更多的象征和意义，并从中体会长大的乐趣。因此，父母要尊重孩子与生命的对话，要让他们充分表达对生命的热爱。现实中，细心的父母会发现，孩子在独自玩耍的时候会自言自语，偶尔还会兴奋地跳起来，这是他们在对生命进行全身心的探索，在这个时候，父母要给予他们发现自我价值的时间，不要插话，不要评价，不要打断。

3. 生命教育。在时间允许的前提下，父母可以带孩子走进大自然，感受世界的美好，或者让孩子去帮助他人，获得存在的力量。倘若孩子对音乐或美术等艺术方向有一定的追求，父母也可以有条件地进行培养，引导他们对美的追求。当然，父母也可以带孩子参加葬礼、扫墓，让孩子通过观察他人的行为来理解生命存在的价值与意义。

- 自我的边界

1. 我是谁？0～6 岁是孩子建立自我边界的关键期，他们会不断地思考：我是谁？我从哪里来？我如何满足内在的需求？我和他人有什么区别？在有些事情上，他们开始拒绝父母的帮助，并希望可以独立完成。为了得到某个玩具或父母的陪伴，他们会向父母提出坚决的请求，倘若需求未被满足，他们就会哭闹不停。他们通常会说："我……我想要……我必须……"他们还不能完全区分你、我、他的关系，因为他们只思考自己的事情。他们开始有了自己的想法，并懂得去坚持。

有一次，一个 5 岁的小男孩在放学后对爸爸说："我今天必须和我的好朋友一起到小广场上玩，我必须去。"爸爸蹲下来，看着孩子，压低声音平静地说："如果爸爸有时间，可以带你去，如果爸爸比较忙，就不能带你去，你不能对爸爸说'必须'，你要征求爸爸的意见，记住了吗？"小男孩顿了顿，然后慢慢地说："爸爸，我记住了。今天我想去小广场上玩，你有时间吗？"爸爸回答："今天我刚好有时间，可以带你去。"小男孩拉着爸爸的手高兴地向学校旁边的小广场走去。

2. 自我中心。他们只关注自己的需求，思考做事完全以自我为中心。从行为上看，他们有点"自私"，其实这是他们建立内在边界的需要。只有先有了自己，孩子才会去关注"你"和

“他”的需求。比如，在逛超市的时候，他们会要求先买自己想要的东西，而且在买过后就要求离开。或者在见到长辈的时候不愿意打招呼，甚至不喜欢与他人分享自己的玩具。遇到以上情况，父母要与孩子耐心沟通，并认真表达自己的想法，而不是一味地进行呵斥或指责。也许父母在说的时候，孩子仍然听不懂，但他们能感受到父母的期待。倘若孩子没有了自己，他们就会认为自己并不重要，在长大后要么讨好他人，要么攻击自己，总之在人际关系上十分被动。

3. 我的边界。不论男孩还是女孩，在这个时期，大多喜欢跳跃、攀爬和追逐。有的还会把玩具扔得到处都是，把家里搞得很乱。这并不是他们没有整理玩具的能力，而是他们想通过这样的行为来扩大自己内心的版图。当父母大声说“快把玩具收拾一下”，他们很快就会去收拾干净，但过不了多久又会弄得乱七八糟。有时父母上班很累，回到家里想休息一下，有的孩子不仅不会体谅，还会要求父母陪伴和玩耍，倘若父母不同意，他们就会不依不饶。父母心情不好，他们却只顾自己的玩乐，不会考虑父母的感受。面对孩子这样“自私”的行为，父母也不必恼火，孩子之所以会这样，是因为他们还不理解“我”与“他”之间的社会化关系，所以只顾活在“我的世界”里，专注“我的”边界的建设。等6岁以后，“我的边界”已经建立完善，他们就会自觉地发展社会关系，并懂得在关系中让自己活得更好。他们只有明晰了自己的边界，才会去尊重他人的边界，也就是说，他们只有会爱自己，才会去爱别人。

4. 分享。不要强迫5岁之前的孩子与别人分享，在他们的自我边界没有完善之前，他们需要先拥有自己内心的安全。分享是一个社会化的词汇，而不是一种动物化的行为。倘若孩子在自己都不能满足时，父母就引导他们把珍贵的东西分享给他人，企图通过他人的开心来体现自己或孩子的价值，是一种非常危险的教育。在生活中，常见的场景是，孩子拿着一个玩具玩，而其他小朋友也想玩，孩子不给，父母就会觉得很没有面子，也会认为孩子有点自私，就会引导孩子把玩具交出来。当孩子觉得自己的需求不重要的时候，他们就会形成讨好型人格，将来为了内在的安全，就会在关系中过度付出，或者没有底线地讨好，这对孩子的人际交往和婚姻家庭来说是一种灾难性的影响。也许他们的一生都很难从这种纠结和痛苦中逃离，甚至还会把这种人格特质传递给他们的孩子。当然，如果孩子到了5岁后还不愿意分享，那就需要父母给予必要的引导，让孩子从分享中获得快乐，而不是恐惧。父母要让孩子明白，分享不是一种失去，而是一种得到。

- 安全的边界

1. 外部安全。孩子的内部安全是指他们独立人格的形成及内在边界的建立，而外部安全是指生活中一些安全常识的学习与掌握。比如，远离电源、识别红绿灯、不能玩火、保护自己等。他们对这些知识的学习，需要父母在语言上反复地提醒，同时结合实际生活给予正确的引导；也可以通过绘本、故事、模拟示范等方式，从不同角度增加孩子对事物的认识。

有一次，一位智慧的朋友在谈起他对孩子的安全教育时说："为了告诉3岁的孩子要远离电源开关，我就假装触电，然后躺在地上表现出浑身抽搐的样子，好像很痛苦，孩子看到后，就明白了危险的所在。"

这个年龄阶段的孩子对形象、图片化的记忆要比单纯的知识点记忆牢固得多，父母有必要通过生动的语言和夸张的表情把枯燥的知识形象化，从而有利于他们更好地掌握。

2. 特别提醒。当孩子反复犯错的时候，父母不必大声呵斥。因为任何重音调的喊叫，都会让孩子的大脑顿时变得空白，并加重他们内心的恐慌。也就是说，孩子在情绪特别低落的时候，很难记住任何东西。正确的做法是：父母蹲下来，认真地看着孩子，然后平静地说，等孩子点头或口头答应之后，再给予他们一个深深的拥抱。当然，父母要以身作则，不能经常失信。比如，有些父母在过马路的时候，明明是红灯，只是因为路上没有行车，就拉着孩子硬闯过去，这种行为存在重大的隐患。孩子会从妈妈这个闯红灯的行为中，滋养侥幸和投机的心理，同时对妈妈的权威也开始缺乏认同。

- 情绪的边界

1. 情绪表达。在孩子开怀大笑的时候，父母要配合他们哈哈大笑，并做出一些有趣的表情和动作，与他们一起陶醉其中。当需求无法获得满足的时候，大部分孩子都会通过哭闹来引起父母的注意，并通过不断地坚持来逼迫父母妥协。他们习惯使用的方式是：看着父母的眼睛，加大哭喊的音量，倘若父母仍不同意，他们就会坐或躺在地上，不愿意起来。在这种情况下，就算需求合理，父母也不要轻易给予满足，而是要等他们的情绪平复过后，再慢慢地引导。倘若需求不合理，父母只需坐在他们的身边，不用去安慰，然后十分坚定地说“不”。父母通过行为要让孩子明白，哭闹解决不了问题，只有对话和沟通，才能让问题变得简单。

2. 表达边界。一个人心情不好时，适当地哭一会儿，这很正常。孩子也一样，当他们因伤心而哭泣的时候，父母只需要安静地陪伴，并及时给予一些身体上的安慰。只是不能让他们一直哭下去，养成通过哭来达成某种目的的习惯。在孩子有需求的时候，父母要引导他们说出来，用语言来表达内心的感受与期望。这个时候，父母要做的，只是静静地听。因为他们说得很少，能够说出一些，已经很不错了。父母要让孩子明白，情绪的表达需要一个边界，而不是肆无忌惮。一次，一个5岁的小男孩因不吃早饭被妈妈训斥，他哭着跑到卧室把门关起来，过了一会儿后，又独自出来，继续和父母玩耍，在整个过程中，父母没有说一句话，给足了他调整自己情绪的时间。

● 道德的边界

1. 家风。从3岁开始，父母就要对孩子进行道德培养。首要的，就是要培养他们对父母的尊重，让他们不能对父母大声说话，更不能对父母动手或者在说话时表现出不耐烦的样子。涉及他们自己的事情也要征求父母的建议，在父母不同意的情况下，孩子要遵从父母的决定。当然，这并不是说，父母要对孩子实行强制手段，孩子是否愿意遵从父母，还要看父母在孩子那里有多少情感投资，孩子是否愿意信任父母。此外，父母也要以身作则，遵从孝道，说话文明。总之，父母希望孩子怎么样，自己就该怎么做，因为父母本身就代表着一种家风，而不仅仅是那些生硬的规矩和道理。

2. 品质。父母对孩子品质的培养，不仅能够增加孩子的人格魅力，还能够让他们拥有一个良好的社会关系。比如，不轻易打扰他人、懂得节约、帮助他人、垃圾分类、照顾小动物等。试想，一个在公交车上长时间大声讲电话的妈妈，就很难培养出一个既尊重自己又尊重他人的孩子。另外，父母要引导孩子通过沟通来解决问题，而不是肢体动作。道德品质的培养，会让孩子受益终生，而这一习惯的培养，除了通过孩子自身对他人的观摩外，最主要的还是来自父母的言传身教。

举个例子，一个4岁的小女孩在与他人打招呼的时候，经常会说“再见”“谢谢”，话虽然说了，但语气中总是缺乏一些真诚和用心。这时父母就可以告诉她，在打招呼的时候，要看着对方的脸，先称呼，再表达。比如说：“王阿姨，再见!”同时做出摆手的动作。只要父母有足够的耐心，并坚持正确的原则，就一定能够培养出有教养的孩子。

● 时间的边界

1. 大小。6岁以下的孩子还没有抽象意义上的大小概念，虽然在经过反复训练后，他们可以从1数到100，但这只是一种识记，而不是理解。但通过图片和观察，他们可以轻易地辨别差异，比如两个大小不同的苹果，他们一眼就能够看出。所以，父母在引导他们识记大小边界的时候，要让概念变得可视化，这样有利于他们对知识的掌握。

2. 起始。当孩子看动画片的时候，妈妈说“你可以看20分钟”，孩子是不懂20分钟这个概念的，如果父母没有及时提醒，他们会一直看下去。但他们对开始和结束却有着深刻的认识，在他们很小的时候，就喜欢按电梯、开关门、开关灯等等。因此，在对孩子进行时间限制时，父母就可以说：“你看完两集动画片后，就自己关掉电视。”每一集都是一个完整的概念，有头有尾，孩子也会非常清楚，在看完两集后，主动关掉电视，这是一个连续的行为，孩子会不自觉地执行。倘若孩子在看过两集电视后，还在继续观看，那就说明孩子是故意为之。这时就可以对孩子说："明天一天就不能看电视了。"如果孩子就范，父母要禁止孩子观看电视一段时间，无论孩子怎么哭闹都不能妥协。

3. 顺序。有教育经验的妈妈会发现，在孩子3～6岁的时候，他们看绘本的方式，是一页一页翻得很快，书里的细节不去了解，只要快速翻完，就等于结束。他们只关注书里感兴趣的部分，在下次翻看的时候，他们还会用同样的速度。不同的是，他们再次翻看的时候，会自言自语地说里面的情节，偶尔还会表现出一些兴奋。这是因为，此时的他们要通过顺序性来加深对知识的学习。他们已经对"几次"有了十分深刻的理解，比如看几本书、玩几次游戏等。在孩子要求陪伴，不依不饶的时候，父母就可以说"这是最后一次"，孩子通常能够很好地理解和接受。

有一次，我在一个幼儿园做家长培训时，一位妈妈说："我的儿子4岁10个月，上幼儿园中班，我问他上午和下午都在学校学了什么，他总说不知道。他们周五有轮滑课，我问他周五什么时候上轮滑课，他还是说不知道，其实，这个课程他已经上了几个月了，怎么还是记不住？"3～5岁的孩子对时间的边界还比较模糊，他们还不能清晰地区分上午和下午，所以小男孩才会对妈妈的提问感到迷惑。如果妈妈问他，"是中午吃饭前学的轮滑还是吃饭后"，相信小男孩一定会给出明确的答复。我曾经在幼儿园教室问过一些孩子："你们下午都在教室里做什么呀？"有的孩子会七嘴八舌地乱说，有的孩子干脆不说话，只是静静地看着。而当我问："你们吃过午饭后都会做什么呢？"他们却能一致地回答："我们睡觉，吃点心，然后做游戏，再然后我们就回家了。"为了培养孩子的有序性，在孩子回家以后，父母就可以告知他们接下来将要发生的事情：换拖鞋，洗手，吃饭，玩耍，刷牙，洗脸，上床，讲故事，说学校里的事，然后睡觉。只要孩子的内心获得了有序的安排，他们的行动就会高效许多。有的孩子喜欢拖延，比如在吃饭的时候总是磨磨蹭蹭，就算父母说，只有10分钟吃饭时间，他们仍然不能很好地遵守。倘若父母说："你要吃20口饭，20口菜，然后我们去学校，去见你的好朋友。"这样，他们的内心有了顺序和期待，行动起来也就会快速很多。

● 责任的边界

1. 对自己负责。孩子在玩过玩具后，总是会扔得到处都是，不是他们不去收拾，而是他们对事情先后顺序的掌握还不熟练。当然，也不排除他们对玩具的分类还不够清晰，这就需要父母做进一步的引导。在孩子4岁之前，父母可以耐心地协助孩子整理玩具，并在整理的时候告知他们分类的标准。同时要让他们明白，收拾玩具是自己的事情，他们要对自己的事情负责。倘若在他们4岁以后，已经明确了整理的标准，但仍旧到处乱扔书籍和玩具，父母就要以收拾房间、打扫卫生为由，假装把他们杂乱的书籍和玩具推到外面。当然在这之前要给孩子5分钟收拾的时间，其实这5分钟只是一个大约的时间，具体还是看孩子收拾的速度。当孩子看到父母拿着扫把开始清扫的时候，通常会比较紧张，然后迅速地行动起来。

2. 自己动手。当孩子已经可以自己穿衣、上厕所和做一些简单的事情时，父母就要让他们自己动手，而不要过度干预。孩子只有在自己动手的过程中，才会感受到成长的力量。比如，孩子上完厕所后，要求他自己冲马桶；孩子吃过饭后，要求他自己擦桌子；孩子在外出之前，要求他自己整理书包。总之，父母要让孩子明白，自己的事情自己做，从小就要培养他们对自己和家庭的担当。尽管孩子在做有些事情的时候，动作有点慢，父母也要有足够的耐心，要让孩子一步一步来，有始有终。

建立精神边界（6~12岁的孩子）

6~12岁的孩子已经有了个性，他们依照快乐的原则行事，而较少考虑他人的感受。倘若在6岁之前，他们没有获得安定的心态，这时就会出现撒谎、沉默、顶嘴、多动、失控等问题。他们的心理开始混乱，完全凭借感觉行事，表面上看有点随心所欲，实际上内心缺乏力量。他们仍然需要父母给予必要的引导，来规范生活和学习上的各种习惯，从而通过行为的结果来确定自己的价值。

在这个阶段，父母可以从以下几个方面来培养孩子对边界的认知：

- 位置的边界

1. 被关注与认可。当孩子走进小学，与同学和老师有更多接触的时候，他们十分在乎自己在他人心中的位置。比如，一个7岁的小女孩希望妈妈可以担任家委会的成员，来给自己打气。一个9岁的小女孩在连任中队长的竞选中失败，不断地哭泣。一个10岁的小男孩在课堂上走来走去，还不时发出奇怪的声音，来表现自己的特别。如果学习好，他们会有一种非常优越的感觉，如果学习不好，他们就不知道该做点什么了。他们极力渴望获得父母、老师、同学和朋友的认可，安静的女孩会通过努力学习获得被关注的需要，而淘气的男孩则会通过制造麻烦来引起各方的注意。父母要细心寻找孩子的优点，找到属于自己的优势。孩子只有在确定自己的价值后，才有足够的力量对抗自卑的心理，获得积极阳光的心态。

2. 自我定位。除了对孩子肯定外，父母还要为孩子提供自我探索和实践的机会。比如，每天安排一定的时间让孩子阅读一些历史书籍或人物传记，或鼓励孩子参与公益活动，制造机会让孩子与不同年龄阶段的孩子相处，引导他们从多个角度来看待生活。在条件允许的情况下，父母也可以陪伴孩子参加角色扮演活动，培养他们换位思考的习惯。孩子接触的人越多，就越容易反观自省，定位自己的价值。当孩子有了清晰的自我定位后，就容易获得一种成长的力量，这种力量可以促使他们在未来实现更好的自己。

- 语言的边界

1. 不攻击人格。与孩子的每一次对话，父母都要认真对待，不仅要灵活地使用语言，还要注意语言表达的边界。倘若孩子做的事情的确让人生气，那就针对这个事情进行沟通，而不能对孩子的人格进行攻击。

比如，孩子没有考好，父母就可以说："来，我们一起分析一下，看看接下来能做点什么，让一切有所不同。"而不能说："看看你，这次又没有考好，你真是没脑子，笨死了。"记得有一次，一位11岁男孩的爸爸在咨询室里抱怨说："我就没有见过这么笨的孩子，他一点都不像我，我怎么会有这样的孩子?"

2. 语言正面。每一个行为背后都有一个积极的因素，只是大多数父母在面对孩子的不良情绪时，容易失去控制，他们很容易被孩子所影响，忘记自己已经是一个成人。与孩子对着干，恐怕是有些父母曾经做过的事情。在权威受到威胁的时候，很少有父母可以淡定下来。他们习惯说出很多“不”字来攻击孩子，而孩子往往对此并不理会，因为人的潜意识不愿意接受“不”字，而喜欢接受正面的语言。比如，父母对孩子说“不要紧张”，孩子就会非常紧张，因为他们的大脑会自动过滤掉那个“不”字，从而获得紧张的信息。积极的语言应该是“请放松”，孩子听到后，就会舒服很多。再比如，父母对孩子说“我认为学习一点儿都不难”，孩子就会觉得很难；如果说“学习的确不太容易”，孩子就会觉得学习容易。父母想让孩子接受什么，就要用什么语言对孩子进行暗示。所以，与孩子对话的时候，父母要谨慎地使用语言，因为这个阶段的孩子会在乎父母说出的每一句话。

● 力量的边界

1. 担当。只有在行动时，孩子的内心才会充满力量。这个阶段是培养孩子担当的关键时期，因为孩子迫切需要通过社会化的行为来看到自己的价值。在这个时候，父母要提供给孩子更多的事情去做。比如，自己整理书包，自己检查作业，自己制订学习计划，自己管理学习时间，自己反思学习效果。再比如，父母可以在家里排一个家务表，家庭中的每个人按照日期参与打扫卫生、洗涮餐具等家务活。同时在父母需要的时候，也要向孩子积极求助。当孩子参与更多事情时，他们才能从担当中体验到充满能量的感觉。

2. 价值。只要孩子在某方面有一点点的进步，父母就不要吝惜自己的赞美。孩子的内心还比较脆弱，只有足够的精神力量，才能增加他们内心的安全感。除了学习以外，父母也要善于发现孩子的优势，引导他们在其他方面获取成功的经验，这会强化他们对“付出和收获”之间的深度理解。每个孩子都是独一无二的存在，也许有的孩子在学习上并不占优势，他们很难用一个好的分数来证明自己的价值；但他们在体育、艺术、社交等方面可能更容易获得成功。只要父母用心发掘孩子，就一定能够找到他们与众不同的地方。孩子只有感受到了自己价值的存在，才会主动自觉地向好的方向发展。

● 交往的边界

这个时期的孩子非常渴望与同伴进行交往，不仅是因为他们可以从中找到相似或互补的地方，更重要的是他们可以从中获得一种存在式认同。特别是当他们无法从父母和老师那里获得足够的肯定时，就急切需要从其他关系中弥补这种缺失。

有一次，一位10岁男孩的妈妈在咨询时对我说：“孟老师，我的儿子经常从网上买一些东西给同学，他希望通过这种方式可以交到更多的朋友，而事实上，尽管他不断地这样做，可他的朋友依然很少。”还有一个11岁男孩的爸爸说：“我的儿子在班级里经常被一些同学取笑，有时他还会受到一些欺负，可他依然愿意与这些同学待在一起，我真是想不明白。”

他们的孩子之所以会出现这样的行为，是因为他们的内心太孤单了，无法从父母那里获得高质量的陪伴，就只有从同伴身上寻求一些安慰。他们的心里十分清楚，自己没有价值，要想让他人接受自己，就必须付出点什么，才能匹配那个不自信的自己。他们这样做，一方面是因为他们不能从父母那里获得足够的安全和温暖来支撑自己作为独立个体的存在；另一方面，他们缺乏明确的交往边界，不能对事物做出客观公正的评价。他们这种心理的形成，与父母有密切的关系，倘若父母在情感上过度依赖或讨好他人，或者在处理人际关系时过于武断，他们的孩子在与他人交往时，就自然也会出现类似的情形。

接受分离（12～18 岁的孩子）

12 岁以后的孩子，边界感会越来越弱，他们依靠打破边界来实现自我独立与成长。不论在身体上，还是心理上，他们都希望不受束缚，完全按照自己期望的样子发展。倘若现实与理想的差距太大，他们就会从其他方面寻找突破，从而表现出一种无所不能的样子。他们不希望再被父母教育，讨厌听父母讲道理。他们喜欢和朋友待在一起，感受内在的自由。在现实与想象的落差中，他们很容易出现焦虑和抑郁的情绪。虽然他们不再向父母求助，但在适当的时候，父母仍然可以有所作为。

- 尊重的边界

1. 接受分离。有些父母在对待孩子这件事上缺乏边界意识，他们认为孩子是自己的，想怎么样对待就怎么样对待。在孩子很小的时候，他们就已经习惯对孩子进行各种干预。总之，他们认为自己做得越多，说得越多，对孩子就会越好。他们经常打着为孩子好的幌子，对孩子进行各种身体或精神上的虐待。孩子在 12 岁之前，面对来自父母的各种不公平的对待，除了忍耐和逃避外，无法找到其他更好的选择。而到了 12 岁之后，他们开始进行反抗，从语言上的叛逆，到身体上的些许对抗，他们想用自己的行为告诉父母，自己不再是父母的玩偶，而是一个独立的个体。恰恰是这个时候，大多数父母因为社会压力和年龄的原因，想找到一些可控的感觉，让自己充满力量。他们一方面希望孩子可以快点长大，为自己分担更多，另一方面又期望孩子像婴幼儿时期听从他们的摆布。他们害怕与孩子走向情感上的分离，不是孩子在依靠他们，而是他们在依靠孩子。这种矛盾的心理，不仅会让他们在精神上高度紧张，还会在行为上对孩子造成不必要的伤害。

2. 相互尊重。12 岁以上的孩子，虽然内心还不够成熟，经常不能明晰自己的需求，对事物的态度也变来变去，但他们非常明确地知道：我不想让父母进入我的世界。所以，当无知的父母像以往一样贸然闯入他们的边界时，他们会毫不客气地与父母上演情绪大战。

记得在一个案例中，一位爸爸闯入 14 岁男孩的房间，强行关了他的电脑，叫他出来吃饭。男孩因为动作慢了点，就遭到爸爸的训斥，一怒之下，男孩拿着凳子狠狠地砸向了电视。后来，我与男孩沟通的时候，他说："我已经忍他很久了，我没有把凳子砸到他的身上就已经很好了，他经常无缘无故地进入我的房间，而且还乱翻我的东西，我早就受够了。"

虽然这个例子有点极端，但有一点可以确定，孩子希望父母可以尊重自己，能够给自己留下一个私人的空间。父母只有尊重了孩子的边界，孩子的内心才会有边界，反过来，也会更加尊重父母。

- 身份的边界

1. 确定身份。在孩子面前，有些父母喜欢扮演多重身份：老师、保姆、监工、教练、老板、大人。他们根据自己情绪和心理的变化随时在孩子面前变换角色，来满足自己把控全局的需求。由于过于自恋，他们常常忽视作为父母存在的意义，有时他们会把工作角色带到家庭，有时也会把孩子当成情绪发泄的对象，总之，他们无法把控自己，孩子也不懂他们。

举个例子，一个13岁的男孩在写作业，爸爸在旁边不断地指导说：“看看你写的字，歪歪斜斜的，一点儿都不像小时候。你怎么写着还玩着，都几点了，明天不上学了?!”

其实，在这个时候，父母最好是沉默，与孩子进行一些灵魂上的交流。当父母说出的话中带着指责和否定的语气时，除了给孩子带来愤怒和不满外，什么都不会留下。如果在面对问题的时候，父母都无法控制自己的情绪，那么想让孩子平静下来，也就只能是一种奢望。

2. 做好自己。父母与其挖空心思去改变孩子，倒不如想办法做好自己。一个人想要改变或影响他人都是十分困难的，因为没有人愿意被他人改变和影响。每个人都习惯站在自己的角度来思考问题，并试图从中找到一个对自己最有利的位置。12岁以后的孩子会通过观察父母的行为，来规范自己的行为，他们开始对父母的行事风格进行更深层的思考，并通过与父母进行有建设性的对话来理解生活中所遇到的问题。父母是孩子的镜子，如果父母都没有自控能力，而要求孩子在学习上能够坚持，这对孩子来说是一个极大的挑战。如果父母在遇到困难的时候，不是去解决问题，而是在发泄情绪，又怎么能期望孩子可以积极乐观地面对生活或学习上的一些挫败？当父母哀叹生活，抱怨不公的时候，孩子也会陷入消极和自卑的怪圈。父母只有先做好自己，孩子才会明确自己的身份，一个内心强大、不断努力的父母，一个热爱生命、可以把生活过得非常有趣的父母，更容易培养出一个有担当并懂得感恩的孩子。

● 问题的边界

1. 探究原因。孩子每一个问题的出现，都不是单一因素引起的，其背后一定隐藏着一些不为人知的原因。比如，男孩说："爸爸，我不想上学了。"这一定不是孩子真正的诉求，而是孩子借用这句话来向爸爸表达一种焦虑和无力，问题背后可能是对学习的恐惧，也可能是对同学关系的失望。爸爸要耐心倾听孩子的想法，并疏导他的情绪，在他的内心获得平静后，再进行有效提问，引发他进行更加深入的思考。总之，父母在面对孩子的问题时，一定要静下心来，思考孩子恐慌背后的原因，协助孩子一起去寻找解决问题的方法。如果在经过多次尝试后，还是不能让问题清晰，那就去寻求专业人士的帮忙。只要找到问题的核心，一步一步地解决，孩子就可以获得成长的力量。

2. 拒绝泛化。人类的想象力会让这个世界变得非常美好，而对糟糕问题的过度想象，则会让一个人沉浸在痛苦之中。比如，一个女孩因为不开心，和妈妈顶了嘴。妈妈就认为女孩的人品有问题，然后又联想起曾经为女孩的付出，以及女孩在学习上的困难，整个人就会变得非常焦虑。在情绪无法自控的时候，她就容易说出一些比较难听的话，或者做出一些比较出格的事。其实，女孩顶嘴可能只是一个情绪行为，她并没有伤害妈妈的目的。但妈妈不这样想，她把一个问题泛化到其他问题上，让问题变得越来越复杂。这样，女孩在妈妈的影响下，也开始对问题进行泛化和总结，延续着妈妈的思维模型。她在处理以后的问题时，也会习惯性地泛化，让一个小问题变成大问题。在问题无法得到解决的时候，把自己当成受害者，顾影自怜。

还有些父母总喜欢从孩子身上找问题，好像找到了问题，就代表多了一个促进孩子成长的方向。

曾有一位15岁男孩的爸爸说："孩子上初三了，虽然现在有些进步，但也太慢了，这样下去怎么了得，他还是不知道用心，整天玩手机，我看他是废了。"

在他的眼里，孩子有各种不是。他在抱怨孩子的同时，也暗示着自己的无能。任何问题的形成都有一个过程，而问题的解决也需要一个过程，这是事物发展的规律，也是问题解决的规则。倘若打破了这种规则，强制要求改变，结果只会更加糟糕。

- 沟通的边界

1. 多听少说。大多数父母都有这样的体会，与这个时期的孩子沟通感觉十分困难，不论你说什么，好像他们都很难听得进去。这其中的原因十分简单，因为他们认为父母不能理解自己，也就不愿意坦诚相待。现实中有些父母也的确如此，他们在孩子面前喜欢讲很多大道理，而不顾及孩子的感受；或者太看重孩子的感受，在孩子面前小心翼翼，完全失去父母的威严。有的父母会说，"孩子不讲话，问也不回答，我怎么理解他。"其实，与这个阶段的孩子沟通，要多听少问，就算问，也要有建设性地问。事实上，很少有父母可以安静地倾听孩子的想法，就算坐下来听，大多数父母还是抱着探听孩子的隐私，或者随时准备给出自己建议的态度。他们不相信孩子可以做得更好，希望充当孩子的老师，好像少了他们的建议，孩子就不能健康地成长。

2. 分寸。分寸就是边界，父母与孩子沟通的时候，也要掌握时机，通常可以在孩子比较愉悦的时候，温和地提出自己的请求。当孩子做出违反道德、法律、伦理的事情的时候，父母要给予严厉的警告，让其明确社会的边界。当对孩子的问题不能给出明确的回应时，就先不做回应，而要给予孩子思考的时间，耐心等待。待问题明朗了，再给予建设性的提问，引导孩子进行更深入地思考。

- 交往的边界

1. 同伴认同。渴望在交往中获得认同，是这个阶段孩子重要的心理特点。他们非常重视同学或朋友对自己的评价，而不太关注老师和父母的看法。他们主要依靠感觉和情绪来处理身边的关系，所以在交往中他们没有明确的边界感，只有在关系中受到伤害时，才开始思考交往的意义。在人与人的交往中，他们更加注重情感的因素，并希望通过对情感的追求来获得内心的安宁。为了不让自己孤单，他们喜欢抱团，并极力在交往中凸显自己存在的价值。倘若有人可以理解自己，那便是一种莫大的安慰，如果没有，他们也不会放弃寻找。当他们不愿意与父母敞开心扉的时候，那些死党和闺蜜就成了他们心灵上的依靠。父母在理解了他们的想法后，就不要再尝试进入他们的世界，而是要做好自己的事情，对他们产生积极的影响。

2. 跟随自己的感受。当孩子在人际交往中出现不舒服的状态时，父母要及时喊停，协助孩子重新审视这段关系，而不能任其怀着焦虑的心态继续发展下去。尽管 12 岁以上的孩子极力寻求独立，但他们中的大多数还不能很好地控制自己的情绪，依然需要父母给予必要的支持。父母可以告诉孩子：跟随自己的感受，只要你觉得在这段人际关系中十分压抑，那就放弃这段关系，做好自己，而不需要在痛苦关系中挣扎。我曾经督导过一个案例，一个 16 岁的女孩与同学发生了矛盾，因不能及时处理那些藏在心底的情绪，最终导致精神崩溃，选择了休学。父母要引导孩子从内塑造自己的价值，让他们在人际关系中活得轻松一些。

总之，父母对孩子边界意识的培养可以让孩子很好地区分自己与他人在价值定位上的关系，这种深度思考的结果，可以引导孩子更加关注自身力量的建设，从而为未来人生中的挫折与考验提供坚实的心理防卫。

性别认同与性心理发展

一个孩子对自己的性别认同越清晰，就越容易做出符合年龄的行为，而性心理发展越健康，也就越容易在亲密关系中活得更好。

依赖与独立（0～6岁的孩子）

3岁之前的孩子还没有清晰的性别意识，直到四五岁，他们才开始认同自己的性别角色，并对异性产生好感。大多数父母都非常重视孩子的性别教育，有些还会过早地引导孩子做出符合年龄的社会化行为。而对于孩子的性心理教育，他们却由于尴尬与羞耻感，时常有意无意地选择逃避。如果孩子在6岁之前还没有完成对性别角色的同一性认同，那么他们在以后的情感发展中就容易产生迷茫，甚至有可能出现一些性边界的混乱行为。

一次，我在幼儿园做家长培训时，有位妈妈说："我女儿有几次抱着班里的一个男孩说'结婚啦，结婚啦'，而且还经常给那个男孩带吃的，有时也会邀请男孩到家里玩，这是怎么回事？"

另一位妈妈说："我儿子在睡觉前会玩弄自己的生殖器，我怕不卫生，说过他几次，可他还是会这样，不知道是不是性早熟。"

在孩子的身体发育完善之前，同龄的女孩会比男孩成熟一些，她们更善于通过语言来表达自己的情感。四五岁是孩子对异性认同的关键期，他们会在角色扮演中找到自己的位置，并尝试通过某种行动来表达对异性的好感。他们并不清楚"爱情"的含义，只会通过对他人的模仿来表达对"爱"的理解。当父母发现孩子有这样的行为时，一定不能显露出尴尬或惊讶的表情，因为孩子会从这些表情中读懂父母的焦虑，从而变得更加局促不安。妈妈可以这样问："你喜欢他吗？你觉得他哪里好？他喜欢你吗？你想怎么表达你的喜欢？喜欢就可以结婚吗？"父母可以用对话的方式与孩子进行轻松的互动，让孩子感受到与异性交往的乐趣，并进一步思考爱的价值与意义。有些小男孩在这个时期会不自觉地玩弄自己的生殖器，这一方面是因为生殖器在发育过程中会出现鼓胀现象，这种感觉会让他们不时地想抓一下；另一方面是一种自我崇拜的需要，通过玩弄自己的生殖器来寻找一种个体的存在。遇到这样的情况，父母需要先检查一下孩子的生殖器，看是否出现了炎症，如果没有，那就给孩子穿着相对宽松或舒适的内裤，减少生殖器与衣服之间的摩擦，从而降低生殖器的敏感性。同时父母还要耐心地与孩子沟通，不要斥责孩子。倘若孩子回避这样的沟通，父母就可以减少对孩子这种行为的关注，等他们再稍大一点，这种行为就会自动消失。如果父母在此时对孩子进行了不恰当的评价，就容易在孩子的内心埋下性羞愧的种子，这对他们的性心理发展非常不利。

针对 6 岁以下的孩子，父母可以从以下几方面来培养他们的性别认同与性边界意识：

- 性别的边界

在过去相当长的一段时期，很多父母都希望生一个男孩，如果家里都是女孩的话，他们会觉得很有没面子，为了弥补这种心理落差，他们经常会把女孩当成男孩来养。比如，让女孩留短头发，让女孩穿男孩的衣服，让女孩承担更多的家务，或者经常数落女孩的不是。长此以往，女孩就容易出现性别混乱。还有一种情况是，家里女孩很多，最后一个是男孩，在众多姐姐的包围下，这个男孩容易失去男性气概，并缺乏自我认同。不过，现在这种情况已经有了很大的改观，一般家里只有一个或两个孩子，不管是男孩还是女孩，大多数父母都可以很好地接纳他们。

由于家里的孩子少了，父母与他们相处的时候就显得格外细致与谨慎，这种过于在乎的心理，使他们容易忽视对孩子性心理边界的培养。比如，5 岁的女孩还在跟爸爸一起洗澡；妈妈在 6 岁的儿子面前毫不避讳地换内衣。也许他们觉得孩子还小，不懂什么。但这种没有边界的相处，会让孩子在以后的亲密关系中，过早地突破身体的界限。事实上，孩子在 1 岁之前，还没有清晰的性别意识，而到了 1 岁之后，父母就要依据孩子的性别，对他们在服装、玩具、爱好等方面开始有侧重性的引导。当然，大多数孩子在 2 岁之后会自动选择与自己性别相匹配的玩具，比如男孩喜欢恐龙、车和奥特曼，女孩喜欢娃娃、花和小公主。他们在角色扮演中不断地发现自己，并强化对性别的深度认知。男孩在 2 岁以后，爸爸要更多地参与其生活，可以通过游戏、追逐、打闹的方式，与孩子进行亲密互动，这对孩子身体协调的发展以及男性气质的培养非常有利。等他们读小学的时候，那些在学习语文方面比较困难的男孩，就与早年缺乏妈妈的关爱有关，而在学习数学方面有些困难的女孩，也可能是早期缺乏爸爸的有效陪伴。因为语言的发展来自温暖的感受，而逻辑的发展来自理性的分析。

- 角色的边界

1. 外在模仿。在幼儿园举办的万圣节活动中，我们可以发现，不论是男孩还是女孩都会穿着代表某个角色的服装，他们有的还会在手里拿着一些象征性的东西，比如一把宝剑或者一个花环，来表达对角色的认同。有时在说话的时候，他们还会做出奇怪的表情，或者发出特别的声音，试图通过外在模仿来内化这些角色的某些特质。比如，女孩穿着妈妈的白衬衣来扮演医生给妈妈打针，并说“妈妈，我会慢一点，疼不疼”之类的话。男孩也会穿着超人的服装跳到桌子上，挥舞着双手兴奋地说：“爸爸，我可以飞起来，拯救这个世界。”遇到这种情况，父母要及时给予温暖的支持，并鼓励他们继续表演下去，而不能认为他们的想法不切实际，就选择打击和否定。这种多样化的角色模仿，不仅可以增加他们成长的乐趣，还可以培养他们内在的聪慧。

2. 让孩子赢。父母与孩子进行角色游戏的时候，要让孩子赢，孩子只有在赢的时候，才会生发出更多的力量。当然，父母也要偶尔赢几次，这样才不会让孩子察觉到父母的虚假。在玩捉迷藏游戏的时候，父母就可以“假装”看不到孩子，让孩子体验到游戏的愉悦。孩子只有在哈哈大笑的时候，才会觉得格外幸福。有些父母觉得孩子太不懂事，凡事都喜欢与孩子争个对错，把自己也当成了孩子，完全没了成人的边界。让孩子赢，不仅可以增进亲子信任关系，还可以极大地提升孩子的自信。

● 身体的边界

1. 身体安全。一个4岁的小男孩在小便时把裤子全部拉下，露出屁股和腿，问其原因，是因为他害怕把小便淋到裤子上。一个3岁6个月的小女孩在运动过后，把上衣全部撩起，让妈妈帮忙擦汗。这些孩子还没有保护自己身体隐私的意识，他们这样做仅仅是一种生活习惯。其实，孩子的身体和心理是相通的，保护了孩子的身体，就等于保护了孩子的心理。父母要让孩子明白：衣服不仅在温暖他们的身体，还在保护他们的隐私。倘若条件允许，孩子越早与父母分床睡，孩子就越能感知自己身体的完整。在孩子可以独立走路的那一天，父母就要给他们穿上小内裤，不要怕麻烦，这样做是为了增强他们内心的安全感。孩子只有从身体上获得独立，才会减少对父母心理上的依赖。青春期的孩子之所以从心理上急切想与父母走向分离，就是因为他们的身体在发生重大的变化。在孩子6岁之前，父母可以让孩子参与一些让身体出汗的运动，比如奔跑、追赶、打闹等，孩子越能感知自己身体的能量，就会收获越多的心理安全感。

2. 依赖与独立。在孩子比较小时，他们一旦感到不安全，就会快速躲进父母的怀抱。如果父母不在身边，或者不愿意提供这样的庇护，他们就会十分焦虑。如果父母经常消失和回避，那么孩子就会认为自己的身体不够完整。在生活中，我们经常可以看到，有的孩子在与妈妈分离的时候，紧紧地抱着妈妈不愿放手，这是因为他们害怕一个不完整的自己，无法去面对未知的恐惧。倘若妈妈能够给予他们足够的温暖，他们就会拥有足够的力量来支持妈妈不在时的独立。一个从小内心缺乏温暖的孩子，很难有正能量去面对人生路上的寒冷。在现实中，有些孩子喜欢使用暴力解决问题，或者喜欢与他人进行身体接触，这就是因为他们在早年严重缺乏父母身体抚慰的结果。

● 培养的边界

1. 男孩的培养。为了让男孩更有担当，有些父母从小就要求他们从哪里跌倒，就从哪里爬起。好像只有对他们进行不断的要求、批评和指正，才能让男孩变得越来越好。在面对男孩哭泣的时候，有的父母甚至会缺乏耐心，责令男孩立即停止。这种缺乏温情的教育，会让男孩的精神世界变得十分贫瘠。让男孩遵从一定的规则固然重要，可以培养他们内心的秩序，但及时的支持和关心，也能够培养男孩的善良与感恩之心。

2. 女孩的培养。女孩要“富养”，是为了让她们在以后能够抵御更多的诱惑，稍有条件的父母都可能有过这样的想法。所以他们尽量不让女孩参与体力活动，而且在物质和精神上给予她们足够的支持。比如，女孩刚一摔倒，他们就会立即搀扶，而且心疼地安慰很久。他们想方设法为女孩创造一个真空的世界，让她们活在里面不被打扰。然而，这种过度的保护，并不能给女孩带来真正的幸福，因为这会剥夺她们寻找自我价值的机会，同时也导致她们面对现实时的软弱。

记得在一次培训中，一位 4 岁女孩的妈妈对我说：“我女儿像一个小疯子，整天爬上爬下，没有一点女孩的样子。”我告诉她：“女孩应该是什么样子？其实女孩跑跑跳跳是好的，这可以锻炼身体协调能力。等她到了 6 岁以后，自然就会文静起来。”在孩子成长的早期，父母适当地规范与放手，可以培养他们内在的自信与力量。

3. 不要“富二代”。也许是小的时候受的苦有点多，也许在看到孩子的时候想起了曾经的自己，有些父母生怕孩子吃一点苦，不论自己条件好坏，都会把最好的留给孩子。这样，孩子穿的比自己好，吃的比自己好，浪费的也比自己多。他们好像不是在培养孩子，而是在弥补那个未曾被满足的自己。不论家庭条件如何，他们都期望把孩子养育成“富二代”，苦了自己没关系，一定要让孩子有面子。有的父母还会给孩子报很多的学习班，小小年龄就让他们学习众多的知识与才艺，从表面上看是为了孩子，其实是在缓解自己在教育孩子上的焦虑与恐慌。当我问起这些父母的时候，他们会说，只是想让孩子多学点东西，让他们以后可以有更多的选择。事实真的如此吗？我在接触过很多中学生后发现，孩子早年这种漫无目的的学习，不仅不能培养他们对学习的热爱，反而会让他们在学习中无所适从。

6 岁之前是孩子性别认同与性启蒙的关键期，他们从身体变化中寻找自我存在和社会认同。父母要细心地引导孩子，协助他们建立身体和心理的安全边界。

认同与肯定（6 ~ 12 岁的孩子）

6 ~ 12 岁的孩子对自己的性别身份已经有了充分的认知，开始寻找自己在家庭和社会中的价值。同时，这一阶段他们的性心理发展比较迟缓，处在一个相对稳定的阶段。但是他们极力追求精神上的认同，并通过模仿和想象来建立与异性的关系。

一次，一位 10 岁男孩的妈妈来找我咨询，说是男孩对女老师说了脏话。她批评了男孩，但男孩看起来并没有改变的意愿，而且还一直强调，自己遭受了不公平的对待。另有一个 11 岁的男孩在咨询时说：“我这段时间总会梦到一个女生，好像是我的同学，又好像不是，很模糊，看不清脸，又不能确定，我不知道这是怎么回事，总感觉怪怪的。”

8~12 岁的孩子容易被异性的某种特质所吸引，比如学习好、聪明、漂亮、帅气、声音好听等。他们会放大自己喜欢的地方，然后产生美好的想象。倘若不能获得积极的认可，他们便会制造一些麻烦，来引起特别的关注。

孩子从 9 岁开始，就尝试想象异性，他们一方面期待与异性有更多的接触，另一方面又渴望保持内在的独立。“三八线”往往就在这个时候出现，他们会在课桌中间画出一道长线，来标注自己的空间，但又经常会不自觉地跨越这条边界。倘若女孩在这个时期稍微外向一些，个头高一点，在班级中担任职位，就很容易成为班级男孩的“偶像”。当然，这些女孩也很享受这种感觉，如果在竞选班干部时遭遇挫败，她们就会非常受伤。她们在乎的不是做了班干部能干什么，而是喜欢这种拥有特殊身份的感觉。尤其是在父母管教比较严厉的家庭，她们只有让自己做得更好，才能赢得父母的喜欢。有时候，她们对同学不是特别友善，但这并不是她们的本意，她们只是通过这种不自觉的行为来表达对父母的不满。这个时期的男孩与女孩有很大的不同，男孩看起来还是孩子，仍然喜欢跟幼儿园的小朋友一起玩耍，只要不提学习，他们好像有用不完的力气。当然，也有一些孩子特别喜欢学习，不是因为他们觉得学习快乐，而是因为他们从学习中找到了存在的价值。

孩子在成长的这个阶段，具有很强的可塑性。作为父母，要完成对他们以下边界的培养：

- 身份的边界

1. 身份与行为。一个人有什么样的身份就会产生什么样的行为，父母想让孩子做出什么样的行为，就要为他们确定什么样的身份。假如父母希望孩子有所担当，那就要让他们体验到担当的价值，比如分配一些家务给他们，或为家人提供一些力所能及的帮助等。同时也要鼓励他们积极行动起来，做一个志愿者参与公益活动或者积极竞选班级的管理工作。在这个过程中，父母要不断肯定他们的成就，并在他们遇到挫折的时候给予及时的支持。倘若父母希望孩子在学习上有很好的态度，那就要减少对他们学习效果的否定，而要通过积极的暗示来不断强化学习与快乐的链接。当然，父母也要做一个学习能力比较强的人，这样才会更有说服力。任何一个身份都不是完全自由的，而是需要一定规则的引导。身份和行为只有保持一致，才会让孩子的内心产生同一性认同。比如，孩子不喜欢学习，父母说他是“无用的人”，孩子就会做出更多没有价值的行为。孩子不喜欢运动，父母说他是“懒惰的人”，孩子在其他方面也会做出“懒惰”的事情来匹配自己“懒惰”的身份。事实上，有些父母在抱怨孩子的同时，又希望孩子做出积极的改变，这种自相矛盾的教育并不会产生很好的效果，反而会让孩子的内心变得更加混乱。

2. “人”的边界。在这个阶段，父母要在道德、法规、法律上给予孩子一定的引导，确定他们作为一个“人”的社会边界。同时也要让他们明确自己作为“男孩”“女孩”“学生”的身份，从而划定人和物及事和情的边界。父母还要引导他们做出这样的思考：我准备成为一个什么样的人？为了达成这个目标，我需要怎样行动？我是男孩，我可以做什么？我不可以做什么？

我是女孩，我该如何与他人交往？我该如何提升自我价值？只要他们能够进行充分的自我探索，就可以慢慢清晰自己的身份。为了让他们更加明确自己的定位，父母还要鼓励他们不断地阅读和实践，只有在身体力行中，他们才更容易找到自己存在的价值。

● 语言的边界

1. 语言的范围。不论是男孩还是女孩，父母与他们沟通的时候，都要注意语言使用的范围，不能因为一点错误就喋喋不休，甚至恶语相加。有些孩子之所以对父母说的话充耳不闻，是因为这些话语带着犀利的讽刺与攻击性，出于自我保护的本能，他们选择逃避。

比如，孩子撒了谎，妈妈就说："这样下去你会进监狱的，知道吗?"看似有道理，但孩子却不以为然，因为他们对进监狱的坏处并没有深刻的认知。倘若现实状况已经非常糟糕，他们反而认为进监狱是件好事，起码不会再遭到这些无端的责骂。再比如，孩子写作业较慢，妈妈就说："看你慢的，像蜗牛一样，拖拖拉拉，一点都不像我的孩子。"这种对孩子存在的否定，会对孩子产生巨大的打击。孩子会想：难道你做事就没有拖拉吗？我是不是你的孩子难道你不清楚吗？我写作业慢是我不会，你有耐心教过我吗？除了不断责备我，你还能做点什么？记得在一次咨询中，一位妈妈说："看看我女儿那个样子，整天不知道干净，将来还怎么嫁人？我可不想养她一辈子。"她的女儿却说："我嫁不嫁是我的事情，不用你操心，我早不想在家里待了。"

一旦父母的语言包含攻击性，孩子想到的不是反省，而是如何进行有力的反击。

2. 语言的效果。沟通是为了产生良好的效果，在刚沟通的时候，大多数父母也是这样想的，只是说着讲着就变成了对抗。这可能是因为父母太着急，太希望快速改变孩子的想法。在感觉非常无力的时候，他们就会使用没有边界的语言，来打击孩子的自尊。

比如，孩子做错了事，爸爸说："看看你做的事，明明很简单，怎么就做不好呢？"这种指责的语言并不能让孩子变得聪慧，反而会打击他们进取的信心。再比如，女孩没有考好，爸爸说："看看你的试卷，这么简单都会出错，你什么时候才能用心一点？"

考试出错十分正常，就算是常犯的错误也要找找原因，而不是一味地抱怨，讲一些正确的废话。孩子的内心只有充满了温暖，才会拥有改变的力量。情绪化的评价不仅解决不了问题，还会让孩子本已迷茫的心变得更加混乱。一旦孩子对父母的语言产生了免疫，亲子关系就会慢慢走向疏远。特别是在孩子 8 ~ 12 岁的时期，父母在处理两性关系时，也要注意语言使用的边界，不然会对孩子产生负面的影响。大量事实证明，孩子在处理异性情感时，会与父母保持高度的认同。在面对家人的时候，父母要明白，语言是用来沟通的，不是用来发泄情绪的；语言是用来解决问题的，而不是用来制造问题的。

- 习惯的边界

1. 建立习惯。这个阶段是培养孩子各种生活和学习习惯的关键期。父母首先要让孩子对自己的性别身份有认同，然后再培养符合他们这个身份的习惯。有些自我提升的习惯没有明确的性别要求，比如培养孩子阅读、运动、整理房间、做家务、管理时间、有效学习等方面的习惯。习惯的制定和实施要从生活开始，然后再慢慢过渡到学习。习惯的养成可以通过协议进行，并利用协议的反馈来完成监督。习惯的边界培养不仅要考虑孩子的共性，还要考虑孩子的个性，比如性别、特质、天赋等因素。培养孩子的好习惯，要从简单的习惯开始，比如早睡、拖地、坐姿、做事等。孩子只有从习惯中获益，才会充满坚持下去的力量。

2. 角色习惯。无论是男孩还是女孩，在这个时期，他们的性别心理并没有太大的差异，需要在精神上被认可和肯定，只在行为表现和兴趣爱好上略有不同。他们的性心理发展这时处在稳定的时期，只能通过精神上的满足来获得内心的愉悦。当然，他们外在的性别区分已经十分明显，比如女孩爱美，喜欢多彩的衣服；男孩爱动，喜欢用身体去表达情绪。只要他们的行为不是特别过分，父母就要顺其自然，而不必刻意强调他们的性别身份。他们会从对身边的观察和理解中，自觉修正和确定自己的性别角色。

影响与接纳（12 ~ 18 岁的孩子）

随着身体的变化，12 岁以后的孩子在性心理上有了很快的发展，他们不仅在生理上出现冲动，在心理上也开始独立。但他们的心理发展滞后于身体发展，还处在一个不平衡的阶段。他们十分渴望与父母走向分离，然而经济上的依赖，又使他们经常出现纠结和徘徊。面对异性，他们从关注长相和身材，慢慢过渡到对精神世界的追求，他们开始对异性产生性幻想，并期待进行更深层次的接触。

一次，一位 14 岁男孩的妈妈来找我咨询，她说：“孟老师，我的孩子快把我气死了，马上要中考了，他一点儿都不知道着急。每天早晨洗脸、梳头都要花很长时间，就连晚上洗澡、上厕所都能用一个多小时。”曾有一个 15 岁的女孩对我说：“我已经谈过三次恋爱了，这次被爸妈发现他们就狠狠地批了我。我决定暂时不谈了，所以这段时间我吃得很多，想让自己变得胖一点，这样就不会有人喜欢了。可是如果不谈恋爱我又能做什么呢，学习又不好，生活也很无趣。”

我在做青少年咨询的时候，遇到比较多的问题就是考试焦虑、厌学和恋爱情感。如果孩子在 6 岁之前没有从父母那里获得足够多的温暖，或者家庭一直出现不和谐的局面，那么在这个时期，他们就十分渴望从他人的精神上获得更多的安慰，倘若这样仍然得不到满足，他们就容易跨越身体的边界，进行性方面的接触。

因此，在这个时期，父母对孩子身体和情感边界的培养依然十分重要。

- 影响与接纳

1. 影响。如果家里是个男孩，那么妈妈就不能穿着暴露地在家里乱晃，而且要把洗澡和换衣服的时间与孩子避开。晾晒的内衣也要及时收纳，降低对孩子性冲动的刺激。如果家里是个女孩，爸爸就不能随便进入女孩的房子，也不要和家人聊一些敏感的话题。同时，夫妻之间也要相互尊重，避免对孩子造成不良的影响。曾有一个单亲妈妈在陪伴儿子逛街的时候，把手搭在他的肩膀上，这让男孩十分羞愧，以后再也不愿意与妈妈一起出门。尽管这时的孩子需要在情感上获得满足，但他们对男女的界限已经十分清晰，需要保持一个独立的姿态，去探索自己需要的那部分情感。

2. 接纳。身体上的变化，让这些孩子有些不知所措，他们不知该如何更好地定位自己，就只有通过查看自己的身体来寻找心理上的认同。比如，男孩认为自己的个头不高，女孩觉得自己的乳房发育不好。他们经常忽略自己的优势，而总表现出自卑的一面。他们不能完全接纳自己的身体，反映在心理上就是经常做出逃避与否定的行为。为了让自己在同学面前表现得好一点，他们就努力学习或恋爱交友，好像只要能打开一扇窗户，就可以让内心敞亮一些。父母要接纳现实中的他们，这样才能建立信任，赢得尊重，而不能再抱着对他们的期望来指责他们，欺骗自己。

- 性的表达

1. 精神表达。有些孩子会通过衣着、装饰、发型、说话方式来表达对性的渴望，另有一些会利用自慰、运动、看黄色小说和图片，以及开黄色玩笑来释放性压抑，还有一些会通过暴力、攻击或恶作剧来表达对性的不满。在生理上，他们的性发育已经慢慢成熟，而在表达上，因受环境与道德的约束，只能选择压抑和逃避。尽管他们对异性的身体充满了幻想，但性的释放还侧重于精神层面的满足。也就是说，他们这个阶段的恋情，主要是精神方面的恋情，并与内在的情感有着紧密的联系。他们渴望获得异性的好感，又因为自卑与羞怯，经常陷入矛盾和挣扎的泥淖。但这个时期的爱情，大多还停留在精神层面，一般不会突破身体的边界。

2. 身体表达。倘若在家庭中，妈妈经常缺位或者对孩子的管教过于苛刻，那么儿子就容易早恋，这是因为他要弥补自己失去的那部分来自女性的情感，以显示自己的独立性与完整性。倘若是爸爸比较严厉或者经常消失，那么女儿就容易早恋，这是因为她要从其他男性那里找到一种依靠，来弥补父爱的缺失，而且她还通常会找到一个比自己大一点的男性来恋爱，以此满足被保护的需要。只是这样的情感并不是真爱，而是一种心理补偿，所以一旦恋情结束，他们就会有一种被抽空的感觉，一时无法自拔。为了让自己更值得被爱，他们会十分注重自己的外在，男孩开始注意自己的发型和鞋子，女孩开始学习化妆和佩戴首饰。倘若在恋情发生之后，家庭环境出现了恶化，或者父母对他们进行了打击和否定，他们就会超越身体的边界，与恋人发生性接触。但并不是所有的孩子都是如此，大多数孩子会把这一切闷在心底，通过暗恋的方式来寻求满足，或者通过努力学习、运动、自慰、看黄色小说、逃课、打架、抽烟、喝酒等方式来代替性的释放。他们只有去攻击自己的身体，才能发泄对自己和父母的不满。

- 情感关系

1. 喜欢与爱。这个时期的孩子对爱的理解仅仅停留在喜欢的层面，缺乏对爱的现实性思考，大多的美好和失落都来自对某一点放大后的想象。倘若他们在家里感受不到温暖，就会从外在寻求这种满足。因为仅仅凭借感觉做事，又缺乏理性的思考，所以他们的情感关系时好时坏，很不稳定。有些孩子会积极追求自己喜欢的人，并会使用一定的策略，而有的孩子缺乏这样的勇气，他们只有被动地等待，活在暗恋和想象中。他们往往错把喜欢等同于爱，好像只有神圣的爱，才配得上自己去全心地投入。而喜欢的人往往又只看重外在，比如相貌、身材和物质等，一旦熟悉了，他们就会寻找下一个目标。但也不乏一些看重才华和人品的，只是这种喜欢有些沉重，在关系中他们活得并没有那么洒脱。所以在有必要的时候，父母要协助孩子分辨喜欢和爱，然后尊重他们的喜欢，引导他们去探索爱的本质。只有清晰了这些概念的边界，他们才会掌握身心投入的分寸，并在关系中让自己更舒服。

2. 关系的处理。12 岁以上的孩子已经产生了友谊，与同伴关系的稳定情感会增加他们内心的安宁。可关系中一旦出现问题，他们就开始胡思乱想，并会耗费大量的精力，无法专心学习或用心做事。这个时候，父母要引导他们正确地看待关系中的问题，在理解他们处境的前提下，通过积极行动来转移注意力，并从未来的角度重塑他们对问题的认识。

- 真诚相待

1. 信任。亲子关系之间一旦缺乏信任，沟通起来就会十分艰难。青春期的孩子一般不愿与父母多交流，其中一个重要原因就是他们认为父母不再值得信任。信任是建立在真诚之上的，倘若父母仍然把他们当成无知的孩子来对待，说话不算数，做事不认真，那么他们就不再愿意与父母待在一起，同时避免听到一些不必要的教育与评价。也许在他们的心里藏着一些成长中的叛逆，他们清楚地知道，父母很难接受那些不真实的幻想。他们不敢说，也不能说，因为说了父母不会懂，更不会接受。父母只有理解了孩子，才能让孩子感受到真实。

记得在一次咨询中，有个男孩对我说："我真的非常渴望爸爸能陪我安静地坐一会儿，可是他太忙了，经常见不着人，只能看到个影子，就算他在家里，也只顾玩手机，感觉有他没他，一切都没什么变化。"另有一个女孩在咨询时说："我真想把妈妈的嘴封住，她一回到家就说个不停，一点儿小事都能说到生死，我真的是在家里待不下去了。”

2. 讲自己的故事。曾有一位13岁男孩的爸爸对我说：“孟老师，我怎么和我的儿子谈论有关性的话题？因为我发现他的书包里有一些黄色图片。”我不建议他与孩子直接谈论有关性的问题，这会让孩子羞于启齿，而不愿与爸爸继续探讨下去。我建议他可以与孩子交流一下自己当年的情感，坦诚阐述自己对爱情的看法，在这个过程中，孩子不需要做出任何回应。如果是女孩，最好是妈妈来讲自己的故事，只讲自己，不要问及孩子。人的潜意识具有这样的特性：当在听别人的故事时，会不自觉地对号入座来思考自己。倘若父母讲他人的故事，孩子就会警觉起来，认为父母又在借机教育自己，然后就会迅速逃离。

培养独立解决问题的能力

一个孩子可以解决多少问题，就会拥有多少自信。

细心观察（0～6岁的孩子）

6岁以下的孩子喜欢非常积极地探索外面的世界，他们在行走、观察、说话、尝试、互动中慢慢获得成长。每当他们独立完成一项任务，或者完整表达一个事件甚至说好一句话的时候，他们就会非常兴奋，因为这种探索中的成就会增强他们内在的力量。但这种自发的长大，并不能增加他们对事物的全面认知，因此需要父母在关键的时候做出必要的引导，这不仅能够尊重他们自由的发展，还可以不断提升独立解决问题的能力。

有一天，一个5岁的小男孩和爸爸一起去外面吃饭，路过一个玩具店时，孩子突然说："爸爸，我想进去看看，我只看看，不买。"爸爸回答："我们现在要去吃饭，因为到了吃饭的时间。"孩子又说："那我们吃过饭了再过来看，好吗?"爸爸回答："好的!"吃过饭后，爸爸带孩子来到了玩具店，孩子拿着玩具一个一个地看，爸爸站在旁边没有说话。这时孩子拿出两个玩具说："爸爸，你觉得海盗船好还是奥特曼好?"爸爸回答："我不知道，你觉得呢?"孩子说："我觉得海盗船好。"爸爸问："为什么?"孩子回答："因为里面有一个望远镜，我喜欢，我可以看得更远。"过了一会儿，爸爸说："我们现在该走了。"孩子又看了看玩具，然后放回原处说："爸爸，我下次过生日的时候，你可以给我买那个海盗船吗?"这时爸爸蹲下来，看着孩子，认真地说："可以!"

这个小男孩的爸爸一定在小男孩的情感银行里储存了很多的存款，所以当他向小男孩提出要求的时候，小男孩没有哭闹而是选择了配合。他们之间已经形成了一种灵魂的默契，并对各自的边界有着清晰的认知。假如，小男孩的爸爸一直在透支与孩子的情感，双方早已不再互相信任，那么小男孩就很难听从爸爸的建议，也不会及时对自己的欲望做出控制。可见，要想让孩子拥有自控和解决问题的能力，首先就要建立他们对事物认知的边界，不仅他们要认识自己的边界，还要了解他人的边界。

在孩子6岁之前，要想培养他们独立解决问题的能力，首先就要引导他们学会独立思考和选择。为做到这一点，父母需要从以下几个身份做出突破：

● 观察者

只有内在独立的孩子，才可以自立。试想，一个习惯从众的人，是很难做出理性的选择的。要想培养孩子独立解决问题的能力，就要给予他们独立思考的时间。当孩子进入一个新的环境发现和探索事物的时候，父母要保持安静，除了微笑和陪伴外，不要发出任何声音。孩子在观察和思考的时候，不仅在体验学习的乐趣，还在享受独处的惬意。

● 提问者

当孩子向父母求助的时候，父母不必直接给出答案，而要进行提问，拉长孩子思考问题的时间。

比如，一个4岁的小男孩要去幼儿园上课，在出门的时候，他对爸爸说："我想带个玩具去学校，好吗?"爸爸问："你想带什么玩具?"过了一会儿，小男孩拿着一个恐龙玩具兴奋地跑过来，说："爸爸，这个可以吗?"爸爸回答："你自己决定。"小男孩便带着恐龙玩具和爸爸一起出门了。再比如，一个3岁的小男孩把玩具扔得满地都是，这时妈妈拿着笤帚走了过来，对孩子说："我准备打扫卫生，桌子上、地上的玩具你还要吗?"孩子急切地说："要。"妈妈接着说："现在马上收拾，5分钟后我过来检查。"小男孩立刻行动了起来。

6岁以下的孩子会对父母的提问进行认真思考，父母要让他们明白，有些事情需要他们自己决定，自己负责。

● 引导者

有些孩子对父母过于依赖，虽然已经到了独立的年龄，但他们仍然不愿意自己做事。有的孩子已经5岁了，但只有在父母喂饭的情况下，他才愿意多吃。有父母认为，孩子动作太慢，帮孩子做事可以节省自己的时间。也有父母认为，孩子还比较弱小，仍然需要被特殊照顾。事实上，父母这样做，等于在培养孩子内心的无助，他们现在不能从行动中寻求自己的价值，将来就会对父母产生极大的愤恨。

在孩子面前，父母要做一个引导者，要让孩子多思考，多行动，培养他们动脑、动手的习惯。其实，这个时期的孩子还是很愿意做事情的，通常比父母勤快，只是需要父母不断地肯定和鼓励，才能激发他们继续下去的勇气。为了更好地引导孩子，父母可以通过比赛、定时、游戏、角色扮演等方式让他们参与其中，只有在笑的过程中，孩子才能体会到学习的乐趣。

一次，一个5岁的小男孩对爸爸说："我不知道该怎么拼装这个新玩具。"爸爸回答："你看看图纸，想一下。"孩子说："我想过了，还是不知道。"爸爸回答："那你就再认真观察一下，动一动脑筋。"过了一会儿，小男孩兴奋地说："爸爸，我拼成了。"爸爸微笑地回答："动一动脑筋，方法就来了。"倘若孩子在思考之后还是没有头绪，爸爸就可以引导他尝试几步，然后再让他自己解决。只有经过深度的思考，孩子才会对事物有更深的认知。

- 守诺者

对孩子，父母要信守承诺，答应过的事情一定要做到。倘若一时无法做到，也要给予合理的解释，在获得孩子的谅解后，及时给予孩子拥抱和支持。最好是说到做到，如果感觉做不到，就不要对孩子承诺。父母给出了承诺，孩子就期待有一个结果。倘若父母没有兑现，孩子就会感觉事情只做了一半，伴随着期待的落空，他们就对父母不再信任。每件事情都有边界，每个承诺也有边界。只有父母守信，孩子才会明白：问题的解决有一个边界。他们以后在做事和说话的时候就不会有头无尾，拖拖拉拉，而会有始有终。也就是说，父母对孩子说的话，每一句都要算数。

有一次，一个4岁的女孩和爸爸一起看电视，女孩说："爸爸，我看一集动画片后你再看，可以吗?"爸爸说："好的。"孩子刚看了一会儿，爸爸突然走过来说："这么长时间了，怎么还没有结束?"女孩说："这一集还没有结束呢。"爸爸说："时间太长了，对眼睛不好。"接着爸爸关掉电视，女孩哭了起来。

一旦父母不信守承诺，在孩子面前所有的威信就顷刻扫地。

深度思考（6~12岁的孩子）

6~12岁的孩子非常渴望能够独立完成一些事情，以此来战胜内心的自卑与羞怯。他们对这个世界的探索在逐步深化，但更加渴望在关系中能够找到自己存在的价值。然而由于能力发展的限制，他们在遭遇挫折和打击后，经常不能直视不够完美的自己，而选择逃避和退缩。在父母和老师的面前，他们极力表现自己，说出一些成人般的语言，或者做出一些讨好的行为，来显示自己的独立。所以父母不要再把他们当作婴幼儿看待，也不要把他们当作成人来要求，而要对他们一边引导，一边鼓励。同时，父母要给予他们试错的机会，让他们在行动中提升解决问题的信心。

一次，一个9岁的男孩在妈妈的陪同下找我咨询，妈妈说："孩子学习上有困难，晚上写作业需要我一直陪着，稍有离开，他就坐不住。只要不和孩子提学习，什么都好，一提到学习，他就没有状态。我感觉孩子缺乏自控力，做什么都不能有始有终。”孩子说：“妈妈什么都管，我做事的时候，她不是催促就是唠叨，以前她什么都不要我干，现在又觉得我什么都做不好。”

倘若在孩子6岁之前，父母对他们过度保护，以及没有边界地包办，就会剥夺他们独立生存的能力。当父母认为自己在孩子面前无所不能的时候，孩子就会觉得自己一无是处。父母越是通过帮助孩子来获得成就感，孩子就越会在这种帮助下变得软弱和无助。其实，这些父母并不信任孩子，虽然孩子已经到了独立的年龄，但他们仍然认为孩子做任何事都离不开他们的帮助。所以在孩子出现问题的时候，他们才会一边说教，一边帮忙，而且还会带着不良的情绪。

父母只有摆正了自己心态，站在发展的角度来看待当下的行为，才容易培养出智慧的孩子。

● 关注问题的核心

有些父母在提起孩子的问题时，有说不完的话，而且好像大多数问题都很难解决，所以他们才会有很多负面的情绪。其实，每个问题背后都有原因，那就是孩子这样做，是为了获得什么。比如孩子顶嘴是为了寻求独立，拖拉是为了减缓焦虑。父母要去发现孩子问题背后隐藏的意义，才能对孩子进行有的放矢地引导。当孩子遇到困难的时候，有的父母会在一旁不断指责，而有的父母则会选择迅速帮忙。他们不相信孩子自己可以做好，从而缺乏等待的耐心。在这种情况下，孩子就慢慢不再思考，不再行动，对父母的说教也无动于衷。有时候父母说几句，推几下，他们就做一点，父母不说不推，他们就不知道该干什么了。他们认为，既然父母对我不放心，那就干脆什么都不做，父母让做什么就做什么，就算做不好，也不关我的事。

- 从问题到方法

当孩子出现问题时，父母要寻找有效解决的方法，而不是盯着问题消极应对。

比如，一个10岁的男孩在一次考试中成绩下滑得厉害，他的爸爸就抱怨说，“为什么不好好学习”“为什么不集中注意力”“为什么不能放下手机”等。他认为孩子有很多的不是，唯独没有去思考如何有效地解决这个问题。如果爸爸对孩子说：“来吧，让我们一起想想办法，看怎样才能更好地解决。”相信孩子很快就会丢掉负面情绪，然后积极地行动起来。

- 享受独处

现实中，有些孩子很难让自己的心静下来，不是坐着动来动去，就是说个不停。一个不能享受独处的孩子，是无法专注做事的。一个人也只有在独处的时候，才能进行深度思考。而独处，是任何事物最原始的状态，也是激发人类力量的源泉。因此，父母要想让孩子的内心充满力量，就要培养他们独处的习惯。比如，在孩子学习的时候，父母不要打扰；在全家一起吃饭的时候，父母不要说教；在孩子遇到问题的时候，父母不要指责。

父母不仅要为孩子创造安静的环境，还要引导孩子拥有一个平和的内心。父母也要学会享受独处，而不是整天拿着手机不肯放手，或者在家里随意释放不良的情绪。父母的心态影响着孩子的心态，家庭的气场影响着孩子的气场。

- 借助资源

不论孩子独立解决问题的能力有多强，总有一些超越他们个人能力的事情，这就需要他们去借助有效的资源。一个9岁的小男孩试图把魔方恢复原状，可试了几次都没有成功，然后他对爸爸说："我想了很多的方法都无法做到，我真的不知道接下来该怎么办?"爸爸回答："你还有办法。"孩子说："没有了，什么办法我都试过了。"爸爸回答："你还没有向我求助，你怎么知道我没有办法?"父母要从小培养孩子利用资源去解决问题的习惯，这不仅可以拓展他们解决问题的思路，还可以提升他们管理和领导能力。

● 协调左右脑

我们都知道，左脑负责逻辑思维，右脑负责创新思维。当孩子遇到困难一筹莫展的时候，父母可以引导他们去听听音乐或者走动一下，通过刺激右脑来获取更多的灵感。比如，为提高学习效率，父母可以让孩子数学和语文学习交替进行，这样容易培养他们在学习上的恒心与毅力。如有条件，父母也可以引导孩子加强左侧身体的锻炼，比如左耳倾听、左手使用、左腿单跳，或者让他们参与一些游泳、赛跑、打球等身体运动。这些都有利于提高他们大脑的灵活性，增强学习的专注力。

● 行动起来

有些问题的解决，仅依靠想象是无法达成的，还要积极地行动起来。很多方法也只有在用的时候才知道是否有效，一味地空想，并不能解决任何问题，还会徒增不必要的烦恼。同样，一些有效的方法，也是在做的过程中，不断地从修正中获得的。行动永远是解决问题最好的方法。所以，当孩子面对问题时，父母要引导他们去积极思考，然后鼓励他们去认真执行，让他们在行动中获得力量。有些好的想法，也只有在行动中才会发挥最大的作用；也只有通过行动，才能证明是好的想法。比如，一些孩子觉得自己很笨，无法在学习上有很大的进步，那么父母就可以让他们去思考一些提高成绩的方法，然后把这些方法罗列出来，找出最容易做到的去执行，并在证明这些方法有效后，让他们坚持下去。

- 对自己负责

在孩子的成长阶段，父母要让孩子学会对自己的事情负责。比如让孩子自己整理书包，自己预习、复习，自己管理时间。培养孩子对学习和生活的态度，然后再慢慢培养他们一些处世和行为的准则。比如，今日事今日毕，凡事循序渐进，选择大于努力，努力贵在坚持等。如果孩子犯错，只要不是特别恶劣，就让孩子自己承担责任，让其接受一定的惩罚与反省。父母要让孩子明白：你是独立的，要对自己的事情负责，将来要主导自己的人生。你又是强大的，可以充分利用资源，通过智慧来做得更好。孩子只有知道要对自己负责，才会善待自己，并积极解决人生中遇到的各种问题，让自己活得更好。

- 深度思考

父母要引导他们阅读更多的书籍，不论是人生励志、人物传记、经典文学，还是天文地理、科技创新、未来时空。只要孩子喜欢，就可以鼓励他们广泛阅读，只有涉猎更多的知识，他们才能扩展思维的广度。而且在阅读的同时，还要培养他们做读书笔记的习惯，只有学习后做深度思考，才可以挖掘出各种现象背后的本质。除了阅读，父母还要引导孩子积极参与各种实践活动，并创造机会引导他们去观察和了解不同生命状态的人和事物，通过各种类比和反差来激发他们对这个世界的综合认知。

孩子掌握的资源越多，思想就会越富有，在遇到问题的时候，就会有更多的选择。只有内心贫瘠的人，才会在问题面前不知所措。父母与孩子沟通的时候，要允许孩子有自己的想法，不仅要尊重他们的个性，还要给予他们试错的机会，这样才能慢慢提升他们独立解决问题的能力。

问题的契机（12 ~ 18 岁的孩子）

12 岁以后的孩子大多有自己独立的想法，但这并不代表他们可以独立解决来自生活或学习中的各种问题。他们如此执着地坚持自己，是因为害怕遭到父母不公正的评价，伤及自己那脆弱的自尊。

有一次，一个 15 岁的女孩来找我咨询，她说："孟老师，我很想好好学习，可就是无法自控。晚上一写作业就犯困，也不知道是怎么回事。我觉得自己非常失败，学习不好，又没什么朋友。以前谈过恋爱，但很快就分了，我也不知道这是怎么回事。"我说："你有跟他人聊过这些吗？"她回答："没有，没人会听，也不会有人理解，但我知道这样下去不好，所以就想请您帮我分析一下。"

这个女孩之所以会封闭自己而不愿向外求助，是因为她害怕得到消极的评价，从而打击那个不自信的自己。她不愿接受他人的建议，但又渴望做出改变，这种矛盾的心理让她在纠结中有点抑郁。她想找人聊天，但又害怕不被理解；她想寻求帮助，可又担心得不到有用的建议。

面对 12 岁以上的孩子时，父母可以从以下几方面提升他们解决问题的能力：

- 先处理情绪再解决问题

这个时期的孩子之所以对父母的话充耳不闻，是因为他们的不合理认知激发了某种情绪。一个人在有情绪的时候是很难听进去任何理性分析的，面对父母的建议，他们首先想到的是进攻和防御，而不是理解和接纳。因此，当孩子遇到问题的时候，父母首先要处理好他们的情绪，然后再去思考解决问题的方法。如果孩子愿意表达，那就认真倾听，直到他们的情绪平静后，再通过有效的提问，激发他们探索的欲望。

- 时间、空间和角度的思考

在孩子寻求帮助的时候，父母不要讲自己成功的经验，也不要否定孩子过去的经历，而要引导他们从不同的时间（过去、现在、未来）、空间（部分、整体、上、中、下）和角度（角色、位置）来换位思考，从而激发他们的智慧。父母也可以让孩子把困惑写出来，或者在纸上画出他们想要表达的内容。父母只要为孩子列出框架，孩子就会自行填充。比如，一个孩子情绪有些低落，父母就可以说："你现在有这种感觉，可能是过去准备得不够充分，现在你也许可以做点什么，让未来变得有所不同。"或者对孩子说："我想，你可能在某方面遇到了麻烦，所以才会有这样的感受。倘若你充分利用身边的资源，重新审视，也许会有更好的发现。"也可以说："与其沉浸在糟糕的情绪中，倒不如换一个角度，把注意力放在方法的尝试上。"说过这些后，父母就可以静静等待，让孩子去思考和探索，他们自己会找到答案。

- 可视化描述

在与父母的对话中，这个阶段的孩子会自动屏蔽父母口中逻辑性的语言，比如，"因为……，所以……""假如……""要是……”“如果……”“不仅……，而且……”等等。只要在沟通中出现这样的句式，孩子就会选择排斥和逃避。他们不再期望从父母那里接受教育，因为被教育是一种不成熟的表现。同时，在多年的相处中，他们对父母的思维和行为方式已经有了一定的了解，那些缺乏新意的说教早已对他们不再有效。他们期待有一些更加深入的交流，可以凸显自己的成熟，父母可以通过一些可视化的描述，让孩子产生美好的联想。比如，父母对孩子说："如果有一天你在学习上取得了好成绩，你的同学会怎么看？你的老师会怎么看？你的感觉又会如何？"或者说："如果你每天按照计划去学习，然后再跟随时间的脚步不断前进，是不是一切都在掌控之中？"一旦把空泛的理论可视化，孩子在执行的过程中就会充满力量。再比如，面对孩子的拖延，父母可以说："如果你快速把当下的事情做好，然后再去做你期待的事情，那会是一种什么样的感觉？"倘若父母在描述的时候，增加一些色彩和图片，那就更容易启发他们的想象，提升他们解决问题的能力。

- **转变的时机**

12 岁以上的孩子一般不会主动向父母求助，除非他们想从父母那里获得某种特殊需求的满足。

曾有一个 13 岁的男孩对我说："我觉得爸爸妈妈只要把吃的用的给到我，其他时间都可以离我远远的，他们吵架可以，但不要影响我玩游戏。"这个时期的孩子喜欢沉浸在自己的世界里，不想被父母打扰。他们在大多数时候非常沉默，每天依靠想象来丰富自己的生活。如果没有特别的原因，他们几乎不太愿意与父母有更多的相处。有一次，一个 15 岁的女孩和妈妈一起来找我咨询，妈妈说："孩子平时与我们聊得很少，总喜欢把自己关在卧室里。前几天，她失恋了，找我说了很多，晚上也和我睡在一起。可第二天，她又不再说话，真不知道她在想什么。"

其实，在孩子情绪低落的时候，父母需要给予他们一些有力的支持。孩子任何一次问题的出现，都是培养他们的良好契机。父母与孩子一起有效地处理问题，不仅可以加速他们心智的成熟，还能够深化信任关系，增加情感投资。

- 曲折中前进

我在咨询中发现，有些父母在阐述孩子的问题时，内心非常的焦虑。他们希望我可以提供一种神奇的力量，让孩子迅速做出改变，而这些问题一般都持续一年以上，只有在他们觉得无法掌控的时候，才想到来寻求专业的帮助。其实，任何问题的出现都有一个发生发展的过程，那么问题的解决也需要坚持循序渐进的原则。急于求成的心理，只会让问题变得更加复杂。我在咨询室里也经常听到这样的声音："我的孩子答应得好好的，可过不了几天，又会被打回原形，我对他早已失去了信心。"如果父母能够坚持正确的培养方向，多一点等待的耐心，孩子也许会获得更加健康的成长。

积极行动

一个孩子从出生开始就拥有自己独立的身体边界，而精神边界的建立，却需要他用一生的时间来完成。从情感到心理，从认知到行为，每个人都匆忙地在各种关系中寻找自己的定位，从而期望自己可以活出自己想要的样子。一个人在各种关系中的边界感越清晰，就越能明确自己真正的需求，以至于在处理问题的时候，可以坦然地做出不纠结的决定。

请写下您对本节阅读的感悟：______________________

____

____

____

____

____

习惯五：力量提升——让孩子找到价值

> 一个内在力量感较强的孩子，通常会有更多的选择。

接纳与肯定主导存在

一个人越自信，就会拥有越多。

有效陪伴（0 ~ 6 岁的孩子）

6 岁以下的孩子需要父母给予高质量的陪伴，他们期望在与父母的互动中，获得足够的安全与温暖。0 ~ 1 岁的孩子虽然从身体上与妈妈分离，但他们在心理上还与妈妈保持着一致。倘若此时妈妈经常消失或者无法给予及时的回应，他们就会感到焦虑和恐慌。两三岁时他们不再满足于仅仅停留在家里，而是渴望在父母的帮助下走出家门去探索外面的世界。这个时期的孩子对这个世界充满着好奇，他们通过不断发问来掌握更多的知识。4 ~ 6 岁时，他们会通过游戏和角色扮演来确定自己的身份，并从自己的行为中找到存在的价值。在这个过程中，爸爸的参与必不可少，这对提升孩子内在的力量有着非常重大的意义。

记得有一次，我在幼儿园做父母培训的时候，有一位妈妈说："我儿子的脾气很大，只要不被满足，他就会哭闹很长时间。而且我一下班，他就会黏着我，晚上还会玩到很晚，就是不肯睡觉。现在都4岁了，还经常让我喂饭。”还有一个妈妈说：“我的儿子5岁了，比较内向，他说话的时候，声音很小，在外面也不喜欢和别人打招呼。有时他还会讨好我，说一些大人般的话。他爸爸经常不在家，他就拉我玩打架的游戏，如果我不同意，他就不开心。但在玩的时候，他下手又没有轻重。”

孩子上幼儿园之后，在学校的行为表现，都是3岁之前家庭教育影响的结果，倘若他们在早期不能从父母那里获得足够的安全感，就会在幼儿园时期表现出退缩和消极的行为。而在3～6岁，如果父母缺乏与他们有效的互动，他们就不能对自己存在的价值有一个明确的认知。

面对6岁以下的孩子，父母可以从这几个方面来增强他们内心的力量：

- 及时的回应

当孩子对父母讲话的时候，父母要认真地倾听，并给予及时回应。常见的情况是，孩子在问，父母在敷衍，或者父母在忙自己的事情，隔了很长时间才想到孩子的存在。比如孩子说：“妈妈，你看，那是我同学！”妈妈没有理睬，继续玩手机。孩子在妈妈的这种忽视中，会感受不到自己的存在。他们会认为自己不重要，不值得被爱。

- 温暖的支持

有一次，一个4岁的小男孩和他爸爸一起参加一个聚会，席间，他不小心打破了装满珍珠的瓶子。一颗颗小珍珠滚落得满地都是，他委屈地哭了起来。这时，爸爸蹲下来，深深地抱着他。待孩子稍微平静后，爸爸说：“来，我们一起收拾一下。”当孩子的情绪出现低落时，他们需要的不是指责，不是说教，不是总结，而是无声地理解和拥抱。孩子的内心只有足够的温暖，才会有力量去抵御外面的寒冷。

● 无声的接纳

有的孩子比较调皮，总会把家里弄得很乱，他们会把玩具扔得到处都是，整个家庭似乎都是他的世界。其实，孩子做出这样的行为，仅仅是为了展示自己广阔的领地，他们需要通过外在的变化来扩展内心的格局。倘若父母遇到这样的情况，就可以说，“你的玩具好多呀，占领的空间比天都大。”孩子一定会说，“真的吗？”然后咯咯地笑起来。接着，父母再引导孩子把玩具收拾起来，或者与孩子一起收拾，同时在收拾的过程中，要与孩子进行积极的互动，并告诉他整理的标准。

还有一些女孩子可能比男孩子还要爱动，她们经常爬上爬下，不能消停。也有一些男孩子像女孩子一样，比较内向，不爱说话，还容易哭泣。这并没有什么不好，他们的天性如此，父母只需要给予无声的接纳，让他们获得足够的安全感即可。通常情况下，从小爱动的女孩，长大后逻辑思维会发展得很好；而从小内向的男孩，长大后却能迸发出强大的内在力量。

● 不断的肯定

孩子小的时候，他们在独立做一件事情时，会不断地问父母“是这样吗？”他们不知道怎么做才可以被接纳，怎么做才是正确的选择。比如，孩子第一次自己穿鞋，会问父母他们穿的对吗？如果父母说，穿反了，他们就会把鞋子再反过来穿一次，再问，那这样呢？直到父母说，对了，他们才会开心地笑起来。他们还不能通过自己的感觉来确定行为的价值，就像穿鞋一样，他们不是用脚来感觉，而是通过父母的评价。可见，父母对孩子的肯定非常的重要，孩子期望在迷茫的时候，可以从父母那里获得确定的答案。因此，父母与孩子沟通的时候，要经常说：对的，就是这样。这种口头的表达，不论在孩子身上用多少次，都不会是一种多余。

6 岁以下的孩子需要父母给予足够的接纳和支持，当然，在他们触犯规则时，父母也要给予必要的坚持和惩罚。孩子的内心只有拥有更多的温暖，才会有力量去面对偶尔惩罚时的那一点寒冷。

满足成就感（6 ~ 12 岁的孩子）

6 ~ 12 岁的孩子已经不再满足于父母对他们外在的认可，而是希望父母可以接纳他们更多内在的品质。为了克服自卑和羞怯心理，他们喜欢极力地表现自己，企图通过展示自己最好的一面，来获得一些特别的关注。他们这种有目的的行为，是对肯定和接纳的一种极度渴望。

有一个 9 岁的小男孩在家里十分霸道，而在同学面前却非常软弱，当老师告知父母孩子经常被同学捉弄的时候，父母觉得很不可思议。这个孩子在父母面前看似强大的外在，其实是对自己无能的一种愤恨。可以想象，孩子出现这样的结果，与父母包办一切有关。倘若父母没有边界地干涉孩子的生活，就等于变相地剥夺了孩子追求自我价值的权利。这种长期以来没有底线的宠溺与妥协，造就了孩子无能和贫瘠的内在，以至于在面对陌生而复杂的人际关系时，他们根本就无力应对。为了平衡自己内心的压抑，孩子就只有靠攻击父母来获得心理上的平衡。

在孩子成长的这个阶段，父母要从以下方面来培养他们的内在力量：

● 让孩子在学习中获得成就感

孩子在这个阶段已经不太关注个人才艺方面的发展，不像在幼儿时期，会依靠朦胧的感觉去选择自己喜欢的事情。就算有一技之长，也只是作为他们情绪释放的窗口，而并不能从中获得真正的自信。学业的压力和社交的需要，使他们开始关注自己在老师和同学面前存在的价值，他们非常在意他人对自己能力的评价，而且会主观地把这些评价等同于对个人的全部看法，这种过度概括化的思维方式容易让他们陷入自卑的境地。他们非常在乎自己学业上的成就，作为一名学生，他们开始关注自己在这个竞技场上的排名。因此，父母要认真对待他们的学习，关注他们在学习上的进步及对待学习的态度。

我在咨询时经常会听到一些父母说，自己对孩子要求不高，他学习好坏不重要，重要的是开心就好。倘若这些话被孩子听到，他们一定会非常伤心。因为在学校里，学习不好而能真正开心起来的孩子少之又少。父母对他们学习上没有特别的要求，就等于在否定他们存在的价值。也许他们在学习上并不优秀，但父母也要尊重他们渴望进取的心态。他们只有在学习上获得真正的进步，才会生发出积极向上的力量。

● 鼓励孩子参与身体运动

孩子的身心发展是一个相互促进的过程，一个在身体上非常健康的孩子，在心理上也容易获得力量。鼓励孩子坚持一项身体运动，是每个父母在这个时期教育孩子的一门必修课。这些运动可以是慢跑、打球和跳绳，也可以是瑜伽、舞蹈和武术，不管选择哪一项，只要孩子能够坚持下来就好。他们会慢慢从这种坚持中，收获更多的好处。

● 接纳不完美的孩子

我在做成人心理咨询时发现，有些人谈及自己幼年时，如果遭到了父母不公正的对待，就容易怀疑自己是否是父母的亲生孩子。这种深藏在内心对父母的不满，来自当时父母不肯接纳那个不太完美的自己。或许在幼儿时太过乖巧，所以偶尔的叛逆，都会让父母觉得他们不再可爱。一旦孩子察觉到父母对自己的不接纳，他们就容易失去存在的勇气，因为父母是他们快乐的空气。

● 对孩子说“是”

孩子只有在不断的肯定中，才会感受到力量的存在。只要孩子做出积极的行为，或者产生好的结果，父母就不要吝惜对他们说“是”，而且不仅要对他们的想法说“是”，还要对他们的情绪说“是”。父母在说“是”的同时，要用心感受他们行为的变化，通过对他们的细心观察，找到他们擅长的地方，然后不断进行认同。

● 对孩子说“不”

孩子依照快乐的原则行事，他们对一些社会规则和道德规范并没有深刻的理解，在他们的行为超越一定的界限时，父母要坚定地说“不”。比如，孩子对老师说脏话，孩子把同学打伤。而且父母在说“不”的时候，一定要语气坚定，语调放低，让孩子感受到父母的决心。孩子在观察父母处事的过程中，也会清晰感受到自己的边界，在自己不喜欢或不认可的事情面前，也会勇敢地说“不”，这会清理掉他们内心那些纠结的垃圾，变得简单而自信。

6～12 岁的孩子内心非常敏感，任何一句肯定的话都可以让他们兴奋很久，同样，任何一句否定的话也会让他们长久不能释怀。父母要接纳真实的孩子，让他们的内心真正感受家的温暖。

做好自己的事情（12～18 岁的孩子）

12 岁以上的孩子已经不再被动地等待他人的肯定，而是会主动创造机会，赢得他人的认同。比如拥有一个帅气的发型，一对别致的耳环，一双新款的球鞋，一个新潮的背包。或者去努力学习获得更好的成绩，去暗恋一个永远不会表白的对象。只要他们的内心藏着一个不愿被父母知道的秘密，就会有一种无形的力量，推动他们慢慢走向成熟。

在咨询中，经常会有中学生对我说："老师，你会保密吗？不会告诉我父母吧？"他们有这样的想法，我特别理解，除了害怕父母知道后，对他们进行批评和否定外，更希望这些秘密能够为他们提供活下去的力量。一些内心有很多秘密的人，通常会活得很累，但能够活得清醒，因为他们知道自己的需求。而心里藏不住秘密的人，看起来活得轻松，却总是活不明白，因为他们容易混淆边界。

这个时期的孩子只有对事物有了清晰的认知，才会激发内在，生出更多的力量。父母在这个时期，需要做的就是为他们提供更多的资源，让他们在探索中发现自己的潜能，做更好的自己。

- 做好自己

父母不要太关注孩子的状态，而要做好自己的事情。只要父母足够自律，孩子就会受到积极的影响。尽管他们不再希望父母给予自己必要的指导，但他们会观察父母的行为，并通过父母的反馈来定位自己的价值。也就是说，家庭氛围要自由、开放，而父母要严于律己。如果父母焦虑，孩子就会坐立不安。如果父母推卸责任，孩子就会以受害者自居。虽然孩子在口头上不肯承认向父母学习，但他们在行为上却会不自觉地认同父母。父母不必在孩子面前小心翼翼，也不必去探听他们的隐私，只需做好自己的事情，控制好自己的情绪和行为，孩子自然会效仿。

- 提供成长的资源

既然父母说出的话，孩子听不进去，那就只为他们提供有效的资源，让他们自己去体验和成长。比如，父母可以引导孩子去参加义务劳动、参与农田劳作、参加创新大赛等，或者让孩子参加成人类的培训、在早高峰乘坐地铁、走进爸爸的工作环境、帮助他人获得成功。总之，只要是能够扩展视野、触动灵魂的事情，都可以鼓励孩子积极参与。

- 支持孩子的兴趣

一旦在学习上找不到成就感，有些孩子就感到非常无力。为了释放内心多余的能量，他们就会寻找一些突破，比如打篮球、玩游戏、谈恋爱，或者打架、逃课、偷窃等，总之他们必须把注意力放在一件令自己兴奋的事情上，才会让内心平静下来。父母要细心发掘孩子的兴趣点，然后找到一个积极的方面给予支持，让他们内心的能量流到一个有价值的方向。父母对孩子的支持，不仅是口头上的承诺，还有行动上的肯定，孩子只有看到了父母的诚意，才愿意坚持下去。

- 与孩子一起成长

青春期的孩子最容易感到孤单，他们的情绪很不稳定，经常会被一些琐事所困扰。在学习的过程中，他们不仅要克服一些未知的困难，还要面对人际关系的挑战。他们渴望在学业上获得成功，却又没有恒心和力量去努力达成。所以就会常立志，常放弃。之所以这样，是因为他们内心缺乏一个安定的陪伴。如果父母可以与孩子一起成长，制定一个目标，在限定的时间内共同完成，那对孩子来说就是一个强大的激励。孩子与父母的内在一旦达成了某种默契，就会产生无穷的力量。

父母在与12岁以上的孩子相处时，要把他们当作独立人看，是人就会有缺点，是人就会有潜力。孩子也只有从父母那里获得更多的接纳与肯定，才会感受到内外的完整，并产生积极向上的力量。

鼓励与赞美提升价值

鼓励，会让孩子充满力量；赞美，会让孩子感到幸福。

不自觉地笑（0～6岁的孩子）

6岁以下的孩子在获得父母的称赞后，会不自觉地笑起来。他们通过父母的赞美来规范自己的行为，并会把这种赞美内化成一种力量存储到体内。这时的他们身心脆弱，很容易在困难面前丧失信心，只有父母及时的鼓励才会提升他们内在的力量。事实上，大多数父母也都知道鼓励和赞美的重要性，只是在使用的时候，时常缺乏技巧。似乎除了“你真棒”“继续加油”之类的话外，没有其他更好的表达方式，孩子在第一次听到的时候，还会觉得新鲜，倘若经常这样说，他们就会觉得很假，而且说多了，估计父母也会有点尴尬。

接下来，我们一起探讨那些隐藏在鼓励和赞美背后的技巧。

- 语言与身体行为

放学后，一个4岁的小男孩对爸爸说："你看我跳的远不远?"他用力向前一跃，然后看着爸爸的眼睛。爸爸做出惊讶又兴奋的表情，张开大嘴笑着说："哇，好远，你是怎么做到的?!"小男孩说："是武术教练教的。"爸爸伸出大拇指，认真地说："你学得真好。"

在这个过程中，爸爸从面部表情、语言，到身体动作，都在传递着对孩子的肯定，同时赞美的语言也来自对孩子的真实评价。因此，父母在鼓励和赞美孩子的时候，要使用坚定的语气和简短的语言，同时还要配合相应的身体行为。有时候孩子可能还听不懂父母赞美的语言，但他们可以从父母的表情和语气中读懂对自己的肯定。

- 描述+确认+肯定

晚饭后，妈妈对5岁的儿子说："这些乐高都是你拼装起来的吗?"男孩说："对呀!"妈妈接着说："拼得真好。"然后微笑着给男孩一个拥抱。在赞美孩子之前，父母需要对孩子当下的行为做一个具体的描述，然后让孩子对描述进行确认，在他们确认过后，再进行鼓励或赞美。比如，4岁的女孩拿着笤帚在家里扫地，妈妈看到后说："你是在扫地吗?"女孩说："是呀!"妈妈微笑地说："扫得真干净!"

- 引发孩子思考

在逛超市的时候，6岁的男孩看中了两个玩具，这时他拉着妈妈的手走到玩具的旁边，恳求地说："我想买这些玩具。"妈妈说："你只能选择一个，而且还要告诉我原因。"男孩蹲下来，认真地翻看着，然后说："那我要这个吧。"妈妈问："为什么？"男孩说："因为这个会发光，晚上一定会很漂亮。而那个呢，我已经有一个了。"妈妈说："好的，你很会思考。"父母在满足孩子的时候，要引导他们进行认真思考，因为这对他们来说非常重要。

- 同孩子对话

在生活中，我经常发现，有些孩子会在父母面前说个不停，父母却只是冷淡地回应，或完全忽视孩子的存在，只顾忙自己的事情。沟通是一个互动的过程，倘若只有一方积极地付出，而另一方却消极地回应，那么积极的一方就不能从中获得价值上的认同。也有些父母在孩子面前闭不上嘴，似乎永远都有说不完的话，而完全不去顾及孩子的感受。同孩子对话，父母要让孩子多说，而且要利用有效的提问，让孩子自由地表达。这种对话中的互动，不仅能够增进亲子感情，还可以提升孩子的自我肯定。

- 尝试性鼓励

一个5岁的小男孩在与同伴玩追逐游戏的时候，总是被抓到。他有点沮丧地对爸爸说："我不想玩了，我跑不过他们。"爸爸回应说："你尽力了吗？"男孩说："是的。"爸爸接着说："那你每天都坚持跑一会儿，我相信，你一定会快起来。"男孩问："真的吗？"爸爸坚定地说："真的！"只要孩子愿意尝试，他们就会从这个过程中收获到更有价值的结果。

在孩子6岁之前，父母对他们的鼓励和赞美再过都不为多，父母要善于发现孩子身上的闪光点，然后进行有针对性的肯定，只要不断坚持，就可以培养出一个充满自信的孩子。

培养自信（6~12 岁的孩子）

6~12 岁的孩子开始有意识地渴望他人的鼓励和赞美，他们所做的每一件事情都期望得到积极的回应。任何微小的否定和消极评价都容易打击他们的自信，他们只有从父母那里不断获得认可才会拥有成长的力量。

进入小学以后，他们并不认为自己可以做得很好，所以会在老师和同学面前不断地表现。比如，非常努力地学习，在课堂上积极地抢答，向老师打同学的小报告，带有趣的东西与朋友分享，等等。

在这个时期，父母在鼓励和赞美他们的时候，要用心和真诚，并深化技巧的使用。

● 赞美身份

先举一个反例。一个 9 岁的小女孩拎着袋子跟在妈妈后面，不小心袋子掉在了地上，里面装的水果撒落了一地。妈妈气愤地说："你看看，连个袋子都提不好，还要你有什么用。"遇到这种情况，有的父母甚至会直接说："你真是一点都不省心，我怎么生出你这样的孩子。"本已自卑的女孩，在听到这样的评价后，会有什么样的感想？她会认为，自己连一个袋子都提不好，的确是一个无用的人。相反，如果父母对孩子的身份做出了正面的认同，他们就会收到确定的价值。比如，孩子说："妈妈，你看，我画的画，好看吗？"妈妈回应："你画的都是什么呀？"孩子说："这是……"妈妈回应："你真是一个想象力丰富的人。"孩子一旦接受了这样的身份认定，内心就会充满无穷的力量。

6~12 岁的孩子非常在乎父母对自己的评价，他们通过自己的行为，在父母和老师的眼中不断地确认，我是一个什么样的人。

● 赞美品质

大多数父母在赞美和鼓励孩子的时候，会出现词穷的现象，好像除了“非常好”“继续干”以外，没有其他更有深度的表达。其实，赞美孩子是一件非常自然的事情，只要依据现实情况，对孩子的品质方面进行肯定就可以了。

比如，一个孩子在学习写字时，一笔一画非常认真，父母就可以说：“字写得这么工整，你真是一个很有耐心的人。”再比如，一个孩子在收拾自己的衣服，一件一件摆放得十分整齐，父母就可以说：“衣服折叠得这么有序，你真是一个做事用心的人。”

父母期望孩子成为什么样的人，就对他们做出什么样的肯定。比如希望孩子勤劳，就赞美他的勤劳；希望孩子专心，就赞美他的专心；希望他感恩，就赞美他的感恩。

● 赞美事实

父母对孩子的赞美，不要无中生有，而要用事实说话。任何赞美的语言，都要依据现实中具体的事情。

比如，孩子说：“妈妈，你的衣服上有一个根头发，我帮你拿下来。”妈妈就可以说：“你是怎么看到的，真是一个细心的人。”再比如，妈妈说：“孩子，天有点凉，你要再穿件衣服吗？”孩子说：“不用了，我觉得刚好。”妈妈说：“好的，遵从你的感受，你是一个独立的人。”

通过事例我们可以发现，在生活中，赞美无处不在，只要父母用心对待孩子，就会和孩子有说不完的话。

● 赞美中肯

任何过分夸张的赞美，都会让孩子感受到一种不被尊重的欺骗。因此，父母在赞美孩子的时候，要坚持中肯的原则。

比如，一个10岁的男孩在学习上并不优秀，而且也自认为不算聪明。但他的爸爸却经常说“你真是太棒了”“你太有才了”，这种赞美的语言在3岁的孩子身上使用还算有效，但对于一个10岁的孩子来说，这简直是一种侮辱。因为他不觉得这是一种肯定，反而认为是一种讽刺。再比如，一个12岁的女孩在经过努力后，还是没有达到自己的期望，这时，妈妈就可以说：“我看到了你的付出，只是还需要再坚持一下，因为离成功已经越来越近，不是吗？”

当不能对结果进行赞美的时候，父母就要从孩子的行为中找到积极的部分，然后给予不断地强化。

● 赞美及时

一个5岁的小男孩在拼好一个乐高玩具后，大声地说：“爸爸，你看，这是我做的。”倘若爸爸没有回应，他会拉着爸爸的手，或者用手扒着爸爸的脸，让爸爸来欣赏他的作品。而6岁以后的孩子，因为自卑与羞怯，不会像6岁以前那样在父母面前直接表达自己内心的渴望，而是会把这种感受藏在心底，然后等待父母的回应。

一次，一个10岁的小女孩和她妈妈一起来找我咨询。小女孩说：“我觉得学习没有意思，不管我考得多么好，妈妈都不会关注。”我问：“为什么会有这样的想法？”她回答说：“妈妈的心永远都在弟弟身上，我以前都是班级前三，可每次我拿着成绩单回家，妈妈总会放到一边。有时要等很长时间，她才会想起来，问我一下，慢慢地，我就不想学了。”

当孩子做好一件事情的时候，父母要给予及时的鼓励和赞美，而不能过很长时间后再想到去给予肯定。因为孩子的期待一旦落空，就会变得没有期待，也就不愿意再努力下去。

潜移默化地影响（12～18 岁的孩子）

孩子到了 12 岁以后，已经不再需要父母的赞美，因为他们对自己的优缺点早已有了大致的了解，任何不当的评价，都会让他们认为父母是话里有话，别有用心。但这并不代表孩子对父母没有期待，只是他们已经不再需要父母那些溢美的语言，而更渴望获得行动上的支持和灵魂上的默契。

一次，一个 14 岁的女孩来找我咨询，她说：“我觉得自己什么都做不好，学习不好，交友不好，简直是一无是处。”我问：“为什么会这样想?”她说：“我做什么都不成功，没有人会在乎我。”我接着说：“其实，你不需要别人的在乎，你只要在乎自己就可以了。因为在这个世界上，每个人都是独立的，你今天来找我咨询，就说明你在寻找解决的方法，这就是你在乎自己感受的开始。”后来经过几次咨询，这个女孩的状态好了很多。

12 岁以上的孩子更加关注内心的建设和心灵的支撑，他们希望找到一种精神的依靠，让自己变得强大起来。倘若父母想引导他们进行深度思考，协助他们定位自己存在的价值和意义，就要学会使用一些智慧的策略，因为他们已经不再像 3 岁的小孩那样容易接受影响。

- 鼓励思考

一些人在困苦的时候会比较沮丧，因为他们觉得无路可走。

倘若可以在选择上有更多的自由，他们也许就不会如此低落。孩子在遇到困难的时候也是如此，因为可供他们使用的资源十分有限，所以会经常陷入困扰的境地。父母要经常启发他们思考，让他们自觉主动地去寻找更多的帮助。

一次，一个15岁的女孩来找我咨询。她说："如果我考不到好的高中，不知道以后还能做点什么，也许就像我妈妈说的那样，我这一辈子也就废了。"我说："如果考到了好的高中，你会获得什么？"她说："起点会高一些，考上好大学的概率也会增大。"我说："那你还需要继续努力学习吗？"她说："当然需要，竞争还很激烈。"我说："既然在每一个阶段都需要努力，没有恒定的终点，你为什么现在不全力以赴呢？"她想了想说："也是，我明白了。"

倘若她在全力以赴后还是没有考到理想的高中，她仍然会继续努力。因为对她来说，努力是一个过程，而成功只是一个时间问题。当孩子关注当下和理想的差距时，父母要让他们看清当下，然后通过积极的行动做出改变。

除了死亡，人生没有哪条路是死的，人生中的每一次选择都没有错，只是换了一种方式成长。只要拥有一个不断解决问题的心态，就可以在成长的路上拥有更强大的力量。

- 培养坚持的习惯

在咨询时，我经常会听到父母说："我的孩子缺乏耐心，做事没有恒心。"其实，孩子的坚持不是天生的，要通过后天的训练才能获得。训练的方法也很简单，就是让他们连续投入很长的时间去做同一件事情。在这个过程中，需要父母给予不断的鼓励，而且中间不论发生任何事情，都不要打断他们。比如，让孩子做一天的数学题目，从早到晚，除了简单吃点东西和短暂的午休外，不要让他们做其他的事情。倘若他们坚持不下来，也不要让他们离开，只要这样多试几次，就会慢慢培养出坚持的习惯。时间久了，一个人的大脑就会留下坚持的记忆，遇到相似的事情，也就容易坚持下来。就像跑步一样，跑过马拉松的人，让他们去跑 2 公里一定不是问题；而习惯待在家里的人，让他们出去走走都会觉得很累。

孩子坚持的过程，也是一个心理调节的过程，他们会慢慢从这样的坚持中获得一种可以掌控的力量。

● 理解孩子的感受

我曾在一个中学做家长培训，当时有位妈妈说："我女儿不喜欢与我们讲话，只要我多问几句，她就会不耐烦。"出现这样的情况，说明女孩已经对妈妈失去了信任，她觉得无论自己说什么，都不是妈妈想要的答案，这种不被理解的痛苦让她主动回避与妈妈交流。倘若故意去迎合妈妈的需要，她又会觉得十分辛苦。

面对内心脆弱的孩子，父母要多说正面的话，多做正面的事，时刻都不要吝啬对他们的鼓励。当孩子开始讲话的时候，父母要认真倾听，而且要时不时地说，"对的，是的，就是这样"。然后给予一定的合理解释，尊重他们的想法，并给予及时的支持。

随着孩子的成长，父母越来越难说出那些赞美的话，但积极的肯定、信任、鼓励、接纳、理解和认可，对孩子却是必不可少的。特别是在他们情绪比较低落的时候，父母真诚的理解，以及心理的支持，会为他们提供极大的能量。

与青春期孩子的沟通，要先讲感受，后讲道理，甚至都不用讲道理，只要通过有效的提问，引导他们进行深度思考就可以了。

批评与惩罚培养内省

有效的批评和惩罚会规范孩子内心的秩序。

温暖与规则（0～6岁的孩子）

中国有句古话“3岁画圆，4岁画方”。意思是，在孩子4岁的时候，父母就可以为他们设置一定的规则，而且一旦确定下来，就必须坚决执行。其实，孩子的人格在1岁之前就已经形成，这个时期需要妈妈给予他们足够温暖的陪伴，协助他们建立起内在的安全感。孩子从2岁开始，就懂得从各种关系中获得利己的好处，父母不要为了赢得一个好家长的身份，而放弃对孩子遵守规则的引导。有效的规则不仅不会让孩子的内心产生警惕，反而会让他们拥有坚定的力量。在亲子关系中，父母要不断增加对孩子的情感投资，提高在他们心中的分量。孩子只有真正地信任父母，才会对他们的批评做出深刻的反省。

面对6岁以下的孩子，父母在批评和惩罚他们的时候，需要养成以下习惯：

- 平复情绪

当孩子犯错的时候，父母首先要冷静下来，平复内在的情绪，而不是带着激动的心情与孩子对抗。比如，一个3岁的孩子把妈妈新买的口红涂得满屋都是，妈妈看到后，一定会非常的愤怒。如果发火可以解决问题，相信没有父母会去压抑自己。只是无数的案例证明，父母带着负面情绪与孩子对话，不仅解决不了问题，还会让问题进一步恶化。父母在教育孩子时大喊大叫，除了向孩子表明自己的无助和愤怒外，不会给孩子带来任何积极的影响。就算是批评孩子，父母也要先稳定好自己的情绪，然后再去处理孩子的问题。因为一个人在有情绪的时候，解决问题的通道会迅速关闭。虽然有些孩子在父母的吼叫和体罚后，认识到了自己的错误，并做出改变的承诺，但他们坚持不了多久就会被打回"原形"，这是因为他们并没有真正理解自己的行为所带来的消极影响，而仅仅是对父母当时糟糕情绪的一种屈服。

- 调整认知

什么是对，什么是错，孩子并没有清晰的认知，只在看到父母生气的时候，他们才会觉得自己好像做错了什么，但到底是哪里做错了，他们并不知道。所以，当父母让孩子反思的时候，孩子只会感到迷茫，他们不知道自己为什么要反思，要反思什么。比如，一个 3 岁的小男孩不愿意与他人分享玩具，在他看来：玩具是我的，我为什么要分享给他人。如果父母就此对孩子提出批评，孩子就无法理解父母的行为。直到 5 岁以后，孩子才会渐渐明白分享的社会意义，而在此之前，他们需要足够的时间来建立自我边界，获得内在的安全感。因此，父母要了解孩子身心发展的特点，这样才会更加理解孩子行为背后的原因，而不会遇到一点事情就对孩子进行批评和惩罚。

- 正确表达

孩子在 6 岁之前，对事物的学习并不容易，他们需要通过不断重复来加深印象。

比如，孩子总忘记把鞋子摆放整齐，总忘记老师交代的作业。遇到这样的情况，父母就需要有更多的耐心来提醒孩子注意。如果孩子真的做出了危险的行为，父母就要对他们进行认真的批评。

比如，孩子拿着剪刀和牙签在床上跳来跳去，这时，父母就要叫停孩子，然后认真地说："你这样做我很担心，一旦扎到了，会非常危险，以后禁止这样做，记住了吗?"再比如，男孩打破了爸爸贵重的东西，爸爸可以说："这东西对我很重要，现在坏了，我很伤心，以后你要小心一点，要保护好爸爸的东西，好吗?"然后安静地等待，直到孩子确认。所谓正确的表达，就是对事件进行客观的描述，然后表达自己的感受，同时给出中肯的建议。而且在说的时候，要把孩子拉到跟前，看着孩子，坚定地重申对他的期待。孩子通常对父母说的内容还不能完全理解，但他们可以从父母的情绪中读懂父母所想表达的意思，所以在批评孩子的时候，父母要压低声音，放慢语速，以一种认真和确定的态度来与他们对话。当一个 3 ~ 6 岁的孩子犯错的时候，父母不必不断地表达对孩子的期待，而要认真地看着孩子的眼睛，告诉他们要做出的改变，并给予他们解释的机会，但批评的话，只说一次。

● 单独相处

我在咨询的时候，经常会有父母问，当孩子犯错的时候，是否要对他们进行责备和体罚。记得一个妈妈说，让 4 岁的孩子去面壁思过是不是太过严厉，时间长了会不会对他们造成心理阴影，这个问题问得很好。其实，孩子在犯错的时候，通常不知道是在犯错，所以只会感觉茫然，而很难进行深刻反思。只有父母给予他们合理的解释，他们才会明白自己行为错在哪。在孩子对自己的错误还没有充分认识之前，父母要耐心地等待，不论孩子提出任何无理的要求，父母都要坚定地说不。倘若孩子不依不饶，不愿妥协，那就让孩子远离坏情绪的环境，找一个安静的地方，让他独处一段时间。只有在感受孤独的时候，孩子才会认真反思自己的行为。

支持与引领（6～12岁的孩子）

孩子在6岁之后，12岁之前，会非常在意自己行为的价值。他们不仅可以听懂父母的批评，还会猜想批评背后的意义。比如，一个女孩写字比较慢，妈妈就不满地说："你是在写字，还是在造字，怎么像蜗牛一样，过去这么久了，才写了这几个字！"女孩听到妈妈的批评后会认为妈妈非常讨厌自己，她会把妈妈对自己的不满泛化到对自己存在的否定。

因此，父母在批评和惩罚孩子的时候，要格外慎重，如果真的非常气愤，一定要批评孩子的话，也要遵从下面的原则：

- 不使用暴力

我在咨询和培训的时候，听到有父母说，"我们并不想对孩子使用暴力，只是被他们逼得没有办法"。这里指的暴力包括身体暴力和语言暴力。

身体暴力，就是对孩子的身体进行攻击。这种攻击分为显性和隐性两种，显性攻击就是打孩子，通过拳脚的方式进行，或者不让孩子吃饭，或者让孩子不断地吃饭，等等。通常有过这种行为的父母，自己小时候也有被父母打或虐待的经历。他们认为，打孩子或对孩子的身体进行惩罚可以让他们长些记性，也可以显示自己作为家长的权威。当他们体罚孩子的时候，孩子不敢反抗，不然会遭到更加严重的惩罚；但孩子的内心一定会非常的愤恨，所以他们期待着长大，可以早一点离开这个家庭。倘若父母真的需要惩戒孩子的话，也不要用手，因为手是用来牵和拥抱的，而不是施暴的工具。要用枕头或软的东西象征性地示意一下，倘若孩子对父母有一定的信任，他们可以从这些行为中感受到父母的愤怒，并会做出积极的反省和改变。如果孩子对父母缺乏信任，父母去打孩子，孩子就会觉得：自己是做错了，可是父母也打过了，双方就扯平了，以后遇到相似的事情，只要自己的挨打成本低于犯错的好处，他们就会继续犯错。隐性攻击就是对孩子的身体特征和健康状况进行攻击。有的父母会对孩子说："看你长得这么矮，又不爱运动，以后谁会喜欢你。"也有的父母会说："你怎么总爱生病，我连工作都不能安心。"当父母不能接纳孩子身体的时候，孩子就无法从父母那里找到存在的价值，父母对孩子的隐形攻击，会加重他们自卑的心理。孩子为了与父母产生紧密的连接，他们会把某种身体疾病保持下来，以在每次发作的时候，可以得到父母的安慰。

语言暴力是父母通过一些无效重复的语言来对孩子的人格进行攻击。父母与孩子沟通的时候，明明知道有些话说出来孩子也听不进去，父母还是会不厌其烦地说个不停。他们企图通过这种无效和重复的行为来缓解内心的焦虑，而不去思考是否可以真正地解决问题。经常会有妈妈说，自己都不知道批评孩子多少次了，可他们一点都没有听进去。既然讲了没有效果，为何还会不断地重复，这种不自觉的行为不仅传递了对孩子改变的渴望，也表达了他们在教育上的无奈。尽管6岁以上的孩子已经有了独立思考的能力，但他们对父母说出的话还是非常在意，只要他们的行为没有违反法律、道德和伦理的原则，父母就不必一遍遍地说个不停。父母对孩子任何语言上的攻击，都会对他们的未来造成致命伤害。

还有一种冷暴力，就是攻击孩子的心灵。比如，当孩子犯错后，父母不和他们说话，不理他们，把他们当空气。对于一个12岁的孩子来说，这种打击是致命的，他们找不到自己存在的价值，就会期待有一天可以突然地消失。父母对孩子的这种漠视，会增加孩子内心的恐惧和无助，让他们变得极端自卑。带着这种低自尊的心态，这些孩子很难在各种关系中活出自信的人生。

- 不攻击人格

父母在批评孩子的时候，首先要处理好自己和孩子的情绪，然后就事论事地进行说明，而不能没有底线地去攻击孩子的人格。这里讲的人格就是对“孩子是一个什么样的人”的评价。比如，孩子在学习上反应比较慢，妈妈就攻击说“你真是个猪脑子，吃那么多，都是在浪费粮食”。这种对孩子的语言攻击，就是在暗示孩子是一个像猪一样的人。再比如，爸爸不断对孩子说：“快点吃饭，然后去写作业。”孩子不耐烦地回应：“知道了，你都说了很多遍了。”爸爸听到后就火了起来：“你一点都不省心，看看你的学习，没有一点进步，将来还有什么用。”孩子在听到后，就会觉得自己是一个无用的人，以后也就会做出很多无用的行为，来匹配爸爸的评价。

在攻击人格的时候，有些父母喜欢给孩子贴上负面标签，好像只有这样，才能增加他们的打击力度。

曾有一位9岁孩子的爸爸在咨询室里不断地抱怨，说是孩子太懒惰，一点都不像自己，简直不可理喻。然后他举了很多孩子懒惰的例子，而且越说越气愤，最后总结道："我真想再生一个孩子，从头来养。"

记得还有一位11岁孩子的妈妈说："我的孩子没有恒心，做什么事情都是三分钟热度，真害怕这样下去，他会一事无成。"其实，遇到这样的情况，妈妈可以对孩子说："我知道坚持并不容易，这需要一个反复练习的过程，来，我们一起努力，看如何才能更好地坚持下来。当坚持不下去的时候，不用着急，不用否定自己，不用过度想象，只要接着去做就可以了。"

如果孩子的确做了很过分的事，在批评他们的时候，父母要向他们澄清引起情绪的事件和表达情绪的方式之间的差别和意义。

比如，一个12岁的男孩对老师说脏话，妈妈要先冷静下来，把孩子拉到一个安静的地方了解事件的缘由，不论孩子如何解释，都要对他说脏话的行为进行严厉批评。也许他会觉得委屈，可能是老师处理不公引起了他的愤怒；也许他觉得攻击老师是为了引起特别的关注，但不管怎样，向老师说脏话这个行为都需要他进行深刻反思，同时还要接受必要的惩罚。

- 不去扩大

由于羞怯和自卑，有些孩子在父母面前习惯保持沉默。一旦犯错，他们就会非常紧张，通常在这个时候，他们会屏住呼吸，等待父母的批评。这些父母还真的想在孩子面前表演一番，为了有更多的台词，他们往往会把一件很小的事情不断地扩大，从撒谎说到进监狱，从顶嘴说到没良心。总之，怎么严重怎么说，好像只有这样才能引起孩子的重视。

比如，一个10岁的女孩在学习上没有取得好的成绩，妈妈就指责说，“像你这样下去，将来怎么养活自己，等我死了，看你怎么办”。也有妈妈在咨询时对我说，“真是气死我了，我怎么会生出这样一个不求上进的女儿”。

其实，父母不必这样攻击孩子，只要就事论事地与孩子沟通就可以了，他们可以听懂父母的意思。如果不想让孩子做出更加恶劣的行为，那就认真分析引起事件的原因，在给予孩子理解和关心的同时，引导他们正确地看待自己的行为。父母不必使用扩大化的语言来要挟和恐吓孩子，这种消极的处理方式不仅不会引起孩子的反思，还会增加他们对父母的厌恶。有的孩子在咨询时会说，我真的不想和爸妈讲话，他们喜欢扯来扯去，一点事情说个没完。当父母准备扩大问题的时候，孩子就开始塞上自己的耳朵，别提批评的话，就连赞美的话他们也会觉得虚假。

- 不去聚焦

孩子在这个阶段，总会出现问题，他们需要在不断的试错中寻找自己的价值。比如，孩子在努力学习时，成绩总会有所浮动，父母就不必在该支持他们的时候不断指责。6~12岁的孩子需要从他人的肯定中获得战胜自卑和羞怯的力量，他们非常在意自己的每一个行为对他人带来的影响。倘若父母一直揪着无关紧要的问题不放，就等于在一遍遍地提醒孩子的不足。每个孩子的身上都有许多优点，但孩子自己却很难发现，也只有在父母做出肯定的时候，他们才会找到自己的价值。不去聚焦孩子的问题并不是要忽视孩子的问题，而是要对孩子有更多的关注。如果满脑子都是孩子的问题，想必看到孩子的时候内心也会非常焦虑，那么孩子稍微犯一点儿错误，她就会不停地进行批评。人无完人，是人就会有缺点。倘若父母一味追求完美，受伤的不仅是孩子，还有自己。

曾在一次小学班主任培训中，有一位老师说，班里有个孩子的妈妈经常要求给孩子调换座位，原因是孩子不能和同桌很好地相处。事实上，孩子与同桌的关系还不错，只是有次无意间向妈妈说了同桌的不是，妈妈就认为孩子不会处理与同桌的关系，于是就开始频繁地进行干预。这不仅影响了班级管理的秩序，也让孩子在同学的眼里变成了异类。当然，如果孩子在学校被同学欺凌，父母就要及时地了解情况，并给予有力的支持。

力行与体验（12～18岁的孩子）

12岁以后的孩子习惯在父母面前保持沉默，不愿说得太多，只有在遭到误解时，才会据理力争。倘若在遇到问题的时候，父母不问清缘由就对他们进行批评和惩罚，他们不仅不会反省，还会增加对父母的怨恨。其实，大多数父母心里很清楚，孩子一到青春期，就很难再对他们进行批评和惩罚。甚至有些父母连说话都会小心翼翼，生怕触碰到他们敏感的神经。在这个阶段，父母的主要任务是培养孩子深度思考和自觉内省的习惯，让他们学会积极主动地处理来自生活和学习上的各种挑战。要做到这些，就需要父母尝试使用以下培养方式：

- 话不说完

父母与孩子沟通，不要把话说完，要留给孩子充分思考的余地，但说出的话一定要说到孩子的心里去，并能够启发他们，而不是把话说出一半，让孩子猜剩下的部分。

比如，一个14岁的女孩在学校惹了麻烦，于是老师叫来了家长。妈妈向老师道歉后，就默默地把女孩带回了家。在家里，妈妈把女孩拉到面前，认真地说："我知道，你并不想这样，这是我的错，是我没有把你教育好，对不起！"然后妈妈哭了起来。虽然妈妈没有再说什么，但相信女孩一定会进行深刻地反省，这种勇于担当的心态比直接批评女孩更加有效。再比如，一个16岁的男孩在最近几次考试中成绩下滑得厉害，这时，爸爸走过来，说："我不知道哪里出了问题，但我相信，这不是你想要的结果。我知道，你现在学的东西越来越多，有时可能会有点力不从心，在面对生活压力的时候，我也经常会有这样的感受。但我相信，一个人越坚持就越有力量，当然，这只是我的经验，不是你的，你只有试过才会知道。"爸爸在说过后，继续忙自己的事情，然后坚持去做一件积极的事情，并带动孩子参与其中。

当孩子遇到困难的时候，父母与其直接给出建议，并要求其做出改变，倒不如先从自身入手，改变自己，然后影响孩子。直接告诉孩子怎么做，对处于青春期的孩子来说，是最糟糕的教育方式。他们需要自己去领悟其中的问题，然后自觉地改变。

- 对结果负责

孩子犯错的时候，父母该怎么批评，用什么方式教育并不重要，重要的是怎么做才有效，才能对孩子产生积极的影响。当父母对结果负责的时候，孩子也会向父母学习，养成对结果负责的习惯。既然要对结果负责，那么在做不到的时候，孩子就会自觉反思旧有的行为，然后做出积极的改变。比如，一个女孩在学习上十分努力，可总是不出成绩，如果她对结果负责，就一定会积极主动地去寻找解决办法。

孩子只会在自己比较在意的地方投入更多的精力。家长要引导孩子培养内省的习惯，就要不断鼓励他们去做擅长的事情。比如，一个男孩在学习上找不到自信，如果一味地要求他去反省自己的学习方法，并寻找改进的方法，这对男孩来说，是一件十分困难的事情。如果他在音乐或体育方面有特长的话，倒不如鼓励他在这些领域做更多的尝试。一旦孩子在某个方向找到了自信，他们就会拥有一个成功者的心态，在想问题和做事情的时候，自觉地对结果负责。

- 与孩子共进

有一次，我在做心理咨询技术培训的时候，发现一个十几岁的女孩坐在后面旁听，后来了解到她是和妈妈一起来的。其间就某一个技术做演练的时候，这个女孩和妈妈十分积极地参与，而且时不时地发笑，看起来关系十分融洽。在发言环节，这位妈妈谈到自己的女儿时说："我不太会教育孩子，就只有带孩子去参加一些有意义的活动，希望能对她有所帮助。"

孩子到了 12 岁以后，更加希望通过不同的体验来提升对事物的认识，倘若对父母说出的话没有太大感触，他们就很难听得进去。

既然说不如做，那么父母就可以与孩子一起做一些积极的事情，让孩子在做的过程中思考和成长。一个人在做事的时候，总会不自觉地比对当下事实与理想之间的差别，然后在利己的状态下做出有效调整。父母与孩子共进的过程，也是自我成长的过程。孩子会在观察父母的过程中反思自己的行为，并在必要的时候，进行批评和自我批评。

在孩子的成长过程中，必要的批评和惩罚可以规范孩子内心的边界，对培养他们养成自律的习惯，以及增强个体的力量，有着极其重要的意义。

体验和实践激发能量

一个人单纯去想事情只会越想越累，只有在做的时候，才会充满力量。

让孩子去做（0～6岁的孩子）

孩子在6岁之前，非常爱动，除了睡觉以外，他们很少可以让自己安静下来。他们想得很少，做得很多，似乎每天都有用不完的劲，不论哭还是笑，都好像很有力量。那些常年保持运动和户外体验的人，看起来充满活力，就是因为他们的身体在运动的过程中，可以获得快乐的体验。可以发现，小孩子在奔跑或追逐的时候，会非常的开心，比如，玩老鹰捉小鸡游戏，赛跑游戏时。其实，孩子在哈哈大笑时，身体特别放松，也充满了成长的欲望。

在与孩子相处的过程中，父母可以养成这样的习惯：

- 让孩子动起来

只要不是危及生命的行为，就鼓励孩子去做，在孩子做的时候，父母需要在不远处静静地陪伴。只要孩子可以，父母就不必搀扶，除了鼓励的话外，不要有过多的语言。

一天，幼儿园放学后，一个3岁的小女孩在妈妈的身边跳来跳去，妈妈就说：你跳来跳去，怎么像一只小袋鼠?”小女孩笑着说：“对呀，我就是一只小袋鼠，我跳得高吗?”妈妈回应说：“高，比妈妈都高。”然后两个人咯咯地笑起来。孩子的身体在运动的时候，会激发出智慧的火花，通过身体温度的变化，对心理产生巨大的能量。

一个4岁的男孩喜欢和爸爸玩打架的游戏，在开始的时候，他会对爸爸进行猛烈地攻击，等他累了，就说：“爸爸，假装我有魔法，我说冰，你就不能动了，我说火，你再动起来，好吗?”爸爸回答：“好的。”然后这个男孩就时不时地说冰，为自己争取更多休息的时间。这种亲子类的互动，不仅可以增进父子情感投资，还可以让孩子变得更加聪慧。

妈妈在打扫卫生时，对5岁的儿子说：“把这个凳子搬到一边，然后再拿几张纸巾给我。”孩子开心地说：“好的。”接着迅速地行动起来。孩子在帮妈妈做事的时候，不仅感受到了自己的价值，还搭建了身体与快乐之间的链接。

- 不去喊停

可能是太担心孩子出现危险，有些父母会不断地对孩子喊停，好像只有及时制止孩子，才会使他们不受伤害。虽然有些喊停是必要的，但太多的喊停会对孩子产生不利的影响。当孩子准备付诸行动、尝试突破的时候，他们的大脑中就会出现重复的声音——“不能去做”。一旦这种声音变得强烈，他们就容易失去尝试的动力。这种情形在孩子上学以后会表现得尤为突出，比如，孩子稍微遇到困难，就会轻易放弃。在孩子6岁之前，父母要鼓励他们多去尝试，而不是呵斥与制止。如果孩子找到了喜欢的方向，那就顺势而为地进行培养，让他们从内到外地喜欢上这种可以掌控的感觉。不去喊停，是让孩子顺应自己的内心，完成自我探索的过程。孩子只有在体验和行动中，才会真实地与自己的身心有一个亲密的接触。倘若担心孩子沉浸于不良的习惯中，那就提前做出限定，让孩子自觉地遵守。比如，在孩子看动画片之前，告诉孩子只能看两集，看完后就自己关掉。如果孩子没有关掉，那就再次提醒或做出惩罚，这样几次，孩子就会懂得规则的重要性。

- 不去代劳

如果孩子可以，父母就不要代劳。特别是在孩子自己行动的过程中，父母能做的，也只有围观，不仅不需要代劳，有时连引导都不必，除非孩子主动求助。不去代劳，是对孩子的一种信任，让孩子在实践中发现更多的惊喜。孩子也能从父母身上感受到被信任的感受，他们的内心也会自发地形成一种积极的力量。

一次，一个5岁的小男孩在学过轮滑课后，独自把轮滑收到背包里，他妈妈看到后说："你做得很好，能够独立处理好自己的事情。"孩子在得到妈妈的肯定后，会进一步强化积极行动的意愿。其实，父母为孩子的代劳，就等于在削弱他们内心的力量，也等于从侧面助长了他们内心的无力与自卑。记得在一次培训中，有一个妈妈说，4岁的儿子被老人宠得不像样子，晚上他从来不上厕所，如果要小便，也是老人用夜壶在床上接着。这种无微不至的代劳，看似是对男孩好，其实是在宣告他的无能。

有些孩子已经很大，还要父母喂饭，帮助穿衣，或者不让孩子参与任何劳动，生怕他们受累，这看似是爱孩子，其实是在毁灭他们。

- 寻找同伴

孩子在2岁以后，就期待与同龄人有更多的接触，虽然我们还无法读懂他们的沟通方式，但从他们的眼睛和微笑中，可以看出他们交流的渴望。同父母相处的时候，似乎除了打闹，他们很少能让自己平静下来，但和伙伴待在一起，他们可以长时间保持安静，比如看蚂蚁搬家、玩泥巴游戏。似乎只有在一个群体中，他们才能感受到力量的存在。一旦玩得尽兴，即便父母呼唤很长时间，他们也不太愿意回家。与伙伴待在一起，他们能够找到自己的位置，并在角色扮演中获得自我存在的意义。

既然在孩子成长的过程中，同伴的力量是如此的重要，父母就要学会让他们去寻找自己的同伴，并创造机会让他们参与更多有意义的集体活动。比如，组织几个家庭户外活动，放学后让孩子们一起玩耍，邀请孩子的朋友来参加生日聚会，等等。孩子在与同伴相处的过程中，不仅可以培养社交能力，还能够获得自我存在的力量。

6岁之前是孩子获得内心力量的关键期，他们除了从父母的鼓励中获得一些力量外，还可以积极投入身体的实践中，只有让身体存储更多美好的记忆，才会在需要的时候，创造出更多新的能量。

行动起来（6~12岁的孩子）

随着孩子身体的发育成长，他们有更多的机会去参与不同的社会活动，这些活动的主要价值是帮助他们获取更多的自信。因此，在这个阶段，父母要通过以下几方面完成对孩子的培养和支持：

• 动手动脚

只要时间允许，父母就不要让孩子闲下来，要培养他们“动手动脚”的习惯。在家里做家务，在学校搞卫生，对他们来说，这不是累，而是一种被认可的需要。有些孩子之所以不愿动，是因为他们的行为没有获得足够的认可。妈妈可以和孩子一起玩剪纸游戏或练习书法，然后把比较好的作品拿出来展示，或作为礼物送给朋友。当然，爸爸也可以和孩子一起踢球或参加其他锻炼活动，在共同参与的过程中，提升孩子体内的能量。

一次，一个9岁的女孩和她妈妈一起来找我咨询。妈妈说：“孟老师，我觉得孩子比较自卑，见人不爱说话，最近还总是忘东西，连衣服都丢了三件，不知道怎么回事。”女孩说：“妈妈比较严厉，在她面前，我害怕出错，可越是这样，就越容易出错。我喜欢跳绳，但她不喜欢，我就不能跳。她喜欢安静，还容易发火，我和爸爸都要小心翼翼的。”一个人的情绪一旦被压抑，身体就容易出现不太协调的状态。就像案例中的这个女孩，本可以通过跳绳来让身体活动起来，但妈妈对她的压制，让她的身体无法自由地活动。

孩子的身体动起来，也可以促进他们思维的发展。比如，让孩子参与公益活动，进入农场劳动，或者徒步远行，动手养殖，也可以教他们下棋、拼魔方等等。孩子只有在不断的活动参与中，才能激发出更多的智慧，感受到力量的存在。

• 多说多做

如果孩子喜欢说，那就鼓励他们多说；如果孩子喜欢做，那就鼓励他们多做。就算孩子说得不着边际，只要不涉及道德、伦理和法律，父母就不必过多地干预。孩子在说的时候，可以体验到说的愉悦。这种张嘴运动可以锻炼他们的语言表达能力，又可以刺激大脑思维的发展。不爱说的孩子，通常喜欢做，比如写日志、写文章。只要让他们的手动起来，他们就会感受到快乐。也有些孩子喜欢音乐，唱歌，弹吉他等等，也都挺好。只要他们愿意，并能让自己的身体动起来，那便值得鼓励。但沉溺于电子游戏或打架斗殴之类就要另当别论，父母不仅不要支持，还要严肃对待。

● 生命体验

凡是重要的社会活动都要鼓励孩子参加，比如节日、婚礼、葬礼等，而且在参加后，要让他们写下自己的感受。6～12 岁的孩子对生命的认知还比较浅薄，他们对自己存在价值的认知高于对生命本身意义的认知。有些孩子在极度缺乏认可的情况下，甚至会做出伤害自己身体的行为，他们对生命的轻视，远远超过父母的想象。一次，一个 10 岁的女孩因作业没有完成而被老师责罚，回到家里又遭到父母的训斥，一气之下就从 6 楼跳下。父母要引导孩子与生命多一些交集，比如种花种草，养狗养猫。孩子与不同的生命个体接触得越多，就越会感受到生命的重要性。

孩子在 6～12 岁时，需要体验和实践的地方有很多，只要孩子愿意，又合理合法，父母就应该鼓励他们积极参与。只有切身的体会和全面的感知，才会让他们充满力量，不断前行。

向外展示（12～18 岁的孩子）

12 岁以上的孩子更加注重思考自己与自己的关系、自己与他人的关系。他们渴望通过实现自己在现实中的价值和意义来获得更多的肯定。这个阶段的孩子非常在乎自己是一个什么样的人，为了回避父母有可能出现的负面评价，他们习惯在父母面前保持沉默，企图掩盖自己脆弱的自尊。他们经常活在自己的精神世界里，充满遐想，不愿出来。

在他们成长的这个阶段，父母有必要为他们创造更多走出去的机会，让他们去经历和体验一些真实的部分。

● 承担责任

尽管他们要用大量的时间来学习和社交，父母还是要让他们明确自己的职责。在召开每周一次的家庭会议中，父母要主动分配一些事情给他们做，还要征求他们的建议，尊重他们的存在。

一次，一位14岁男孩的爸爸在咨询时说："孟老师，我的孩子太懒了，每次上学都要我们帮忙整理书包，都这么大了，还不会做饭，天天就知道在家里玩游戏。"还有一位15岁女孩的妈妈说："快要中考了，时间很紧张，我们什么都不让孩子做，但她还是不能在考试中很好地发挥。"这些父母在评价孩子的时候，好像有说不完的话，他们认为对孩子有足够的了解，可什么都做不了。后来那个14岁的男孩对我说："我感觉自己没有一点价值，不知道自己喜欢什么，也不知道自己想要什么，每天都过得迷迷糊糊。"同样，那个15岁的女孩也提到自己非常焦虑，在考试时大脑经常一片空白，她感觉自己像一个特别的动物，被父母养起来，没有自由。

如果不让孩子做事，孩子就会觉得什么都做不了，他们一旦开始否定自己，就很难再做出积极的事情。父母不要把孩子排除在家庭之外，他们只有对家庭有了责任，才会对自己的未来充满追求。而且，一个有家庭责任感的孩子，不仅会对父母充满感恩，还容易对社会做出贡献。

● 帮助他人

可能是学习越来越重要，提到孩子，父母迅速想到的就是他们的作业和成绩。其实，无论学习好与坏，孩子都十分渴望获得精神层面的满足，这种满足会给他们带来心理上的抚慰。比如，一个在学习上找不到价值的孩子，就容易早恋、打架、比赛或者做出其他可以释放能量的事情，来缓解内心的焦虑。而成绩好的孩子，就会克制自己在情感上的欲望，从而为学习赢得更多的时间和精力。尽管解决这些问题并不容易，但鼓励他们去帮助别人，却能为他们带来更多的能量。这种帮助不仅限于对父母、同学和朋友，还有对老人、小孩等弱势群体的关注，他们在做的过程中，会获取一些情感上的支持，从而弥补内心的缺失。在有些学校，会举办一些公益活动，或者和不同地区的学生进行交流，孩子在参与这些活动的过程中，会不断深化情感方面的认知，并扩大内心的格局。

总之，一个懂得帮助他人、内心有爱的孩子，容易让自己的精神世界不再贫瘠。有些孩子之所以在学习之外，做出很多负能量的事情，就是因为他们没有和谐而温暖的内在，他们不知道怎么做才能让自己的心静下来，就只有用多余的能量去随性做一些事情。

● 鼓励分享

一旦孩子开始说话，父母就要认真倾听。特别是在孩子分享一些见解的时候，父母不要插话和评价。孩子不仅在说的时候十分惬意，在分享的时候也会充满激情。倘若他们的想法和观点得到了肯定，对他们来说，这便是一种荣誉。父母要鼓励孩子把经历过的事情，或者学到的知识分享出来，这对拉近亲子信任关系非常重要。如果在分享的时候，孩子可以真实地表达自己的感受，这对他们来说是一种幸福。

一次，一个16岁的女孩来找我咨询，她说："孟老师，我不知道怎样才能记住那些知识，背了一遍又一遍，总是记不住，有时记住一些，但过不了几天，还是会忘记。"我告诉她："你把这些知识结构化，然后把记住的知识说给同学或父母听。"后来，她又来找我的时候，看起来很开心，说是自己已经不再为记忆而烦恼了，虽然还是不能记得很快，但记得牢固了许多。

当然，分享不仅可以说出来，也可以写出来，只要孩子勇于向他人不断地展示，就可以收获到更多的信心与力量。

积极行动

孩子从小在父母的肯定中寻找自己的存在，并在老师和他人的认可中确定自己的价值。在这个过程中，他们需要不断地认识自己、发现自己和成就自己。父母要依据他们的天性顺势而为地培养，同时在必要的时候，还要给予一定的批评和惩罚。随着他们慢慢地长大，父母的建议似乎已经不再奏效，他们更加注重在体验中感受自己的价值。

请写下您对本节阅读的感悟：______________________________

____

____

____

第四章　提升孩子的学习力

习惯六：因势利导——让孩子爱上学习

有目标地极致投入，会让人心情愉悦。

发现孩子的优势

优势一旦被激发，就会产生巨大的能量。

优势分析（0～6岁的孩子）

为了赢在起跑线上，有些父母在孩子3～6岁的时候，就连哄带骗地让他们参加大量的兴趣培训班。我想，这可能不是为了让孩子学到更多的知识，而只是为了缓解自己内心的焦虑。我经常看到，一个幼儿园中班的孩子每周都要参加3个左右的校外学习课。家长说是为了孩子好，其实是在剥夺他们自由的童年。

一次，一位5岁女孩的妈妈对我说："我想让女儿多尝试一些，所以就给她报了舞蹈、绘画、钢琴和英语，希望她能找到自己喜欢的方向，然后可以坚持下来。"我知道，这个妈妈为了女儿付出很多，她不仅要上班、做家务，还要接送孩子、陪伴学习。后来在闲聊中，她又抱怨说，女儿做事缺乏坚持性，有的课程只学了几次，就不想学了。现在女儿学什么都不用心，自己感到有些迷茫。

如果父母过早消费了孩子对学习的热情，那么孩子就会抵触学习，同时对自己也会失去信心。一旦孩子无法从成长中获得学习的乐趣，就容易失去继续探索的勇气，好比一个孩子在饭店里吃饭，父母帮忙点了一大桌子的菜，不论饭菜是否可口，都要求孩子把它们吃完，估计几次下来，孩子就会失去吃饭的兴趣。学习和吃饭一样，都是为了满足成长的需要。每个孩子的天赋不同，发展的方向也会存在差异。饭菜的味道不同，孩子吃起来就会有多有少。父母不能因为饭菜有营养，就要求孩子全部吃下，就算孩子能够吃下，估计也难消化得了。

所以父母要认真思考：孩子的优势是什么？我希望孩子成为一个什么样的人？然后因势利导进行有针对性的培养。

● 细心观察

有的孩子十分爱动，总喜欢跑跑跳跳，爬高爬低。这说明他们在运动方面发展较好，他们通过协调身体的运动来刺激大脑的发育。父母可以尝试让他们参与一些身体训练，比如武术、舞蹈、踢球等等。有的孩子性格敏感，喜欢安静，父母就可以让他们学习画画、插花、弹琴等等。当然，孩子真正选择做什么，还要听从孩子的意见，而不是由父母主观决定。父母要细心观察孩子的爱好，慢慢发现他们的天赋。每个孩子的天赋不同，只要找到孩子的优势，然后进行顺势而为地培养，就可以让孩子更容易找到自己的定位。

● 进入群体

若有条件，尽量让孩子参与一些同龄人的群体活动，父母只需站在旁边观察即可，通过了解孩子与他人的相处模式，来调整自己的教育方向。孩子在群体中的身体和语言表达，不仅可以凸显出他们的个性，还能暴露一些与父母相处时不易被察觉的问题。同时，孩子在群体中，更容易客观地展现自己，这也给了父母一个全面了解他们的机会。比如，有的孩子在家里特别爱说话，在学校就比较内敛；有的孩子在家里特别安静，在学校就很会交往。父母可以通过观察孩子的表现，来选择匹配的教育。

● 学会等待

当孩子对父母说不要的时候，父母要重视起来，而不必再进行说教。

比如，一个5岁的小男孩对妈妈说："我不想学游泳，因为我怕喝水。"妈妈就可以说："好的，等你以后想学的时候再学吧。"事实上，很多妈妈会说："游泳多好，可以锻炼身体，你看，你们班的几个小朋友都学了，有什么可怕的。"同时，这些妈妈会认为孩子不喜欢运动，并且容易就此事出现负面情绪。孩子说不喜欢游泳，可能是暂时的，等他们慢慢大了，可能就会主动提出去学游泳。倘若被父母强制去学游泳，那么他们一定会讨厌游泳。所以，父母要学会慢慢等待，不要过早定性孩子的发展。再比如，一个4岁的小男孩对爸爸说："我不想去理发店，我想在家里剪头发。"爸爸就可以说："好的，我来帮你剪。"我们要相信，孩子终有一天会自己要求去理发店的。父母不必为此而训斥孩子，或者认为孩子在无理取闹。也许有一天，他发现同伴剪了一个帅气的发型，估计自己就会跑去理发店。

既然孩子的成长是一个慢慢变化的过程，那么父母就要耐心等待，让孩子自觉地发现更好的自己。

● 放飞思想

如果在这个时期，父母让孩子学习更多的学科知识，那只会抹灭他们的想象力。要想毁掉孩子的智慧，就让他们忙得没有时间思考。我们都知道，要想深度思考，就要有安静的独处时间，并需要不断地琢磨。如果给孩子报了很多课程，那么他们的大脑里就只有上课，心理上也会比较盲从。时间久了，他们就会厌倦这样的生活，而且容易固化自己的思维，等上了小学，他们就不知道自己擅长什么，好像什么都会一点，可又觉得什么都做不好。

孩子的想象力非常丰富，比如 3 岁的孩子说："爸爸，我将来想当宇航员，可以吗?"爸爸回答："可以，只要你去努力，就一定可以。"父母不用对孩子说出的一些话进行评判，而是要放飞他们的思想，给予他们心理上的支持。孩子的思想只有获得了解放，才会表现出真实的自己。孩子越真实，父母就越容易发现他们的优势所在。

优势促进（6 ~ 12 岁的孩子）

6 ~ 12 岁的孩子开始在学习上表现出自己真实的一面。比如，有的特别会学习，上课老师讲的内容一听就会，作业完成得也比较好；而有一些在学习上就有困难，他们的理解力跟不上老师的节奏，放学后经常会被留在学校补习作业，晚上也会拖拉到很晚；还有一些孩子，成绩不上不下，平平常常。另外，在这个阶段，孩子开始出现偏科现象，他们对不同学科的学习有着不一样的心理感受。

虽然每个孩子在学习上存在很大的差别，但这并不妨碍他们在未来实现自己的价值。父母在这个阶段，主要是引导孩子从实践中战胜自卑，获得自信。

● 客观分析

孩子是精于计算还是擅长阅读，父母从孩子的作业和成绩中，就很容易看出。父母要接纳真实的孩子，然后对孩子在听、说、写、思考这几个方面进行全面分析。

一次，一位8岁女孩的妈妈来找我咨询，她说："孟老师，我女儿做数学题太慢，一个很简单的题目都要磨蹭很长时间，而且还不能说她，一说，她就会哭个不停，好像是纸糊的心，经不起一点挫折。"还有一次，一位10岁男孩的妈妈对我说："我儿子经常在上课时画画，被老师抓住过几次，你说他是不是脑子有问题？说了他很多次，他就是记不住。"

似乎在有些父母的眼里，只要孩子不能在学习上有所闪光，就认为孩子在心理上存在很大的问题。这种不合理的判断，不仅会打击父母在培养孩子方面的信心，还会掩盖孩子行为背后那些特殊的优势。

● 跷跷板原理

有的孩子对书本知识的学习能力比较弱，但动手能力却比较强。有的孩子思考问题比较慢，但性格却比较坚韧。甚至在父母看来，有的孩子在能力上没有什么特别的长处，但心底却十分善良。当父母关注孩子的缺点或弱项的时候，不妨换个角度想想，自己孩子的身上是否还有未被发现的优势值得去用心培养。这就像一个跷跷板，当一端被压低的时候，另一端就会自然地翘起来。每个孩子在发展不足的同时，都会有相对较好的一面。孩子只有在做自己比较擅长的事情时，内心才会更加自由与舒适。

在发掘孩子的优势时，父母要怀着一颗真诚的心，不仅从生活习惯、学习能力上去寻找，还要注重他们在情绪情感表达方面的差异。只要是关乎孩子内在和外在的特性，父母都要认真地去挖掘。比如，有的孩子做事按部就班，想法不太灵活，那么这个孩子将来可以从事会计、审计之类的工作。有的孩子学习能力不足，却有很多的朋友，懂得与他人处理好关系，父母就可以培养他们管理他人的能力。

- 积极实践

孩子在某方面的优势，需要在长期的实践和观察中进行确认。比如，有的孩子喜欢说话，可一到重要场合，就不愿开口，就算讲起话来也语无伦次。出现这样的情况，除了孩子自身的心理状态外，还有自身能力的不足。父母要引导孩子不断地实践，通过有效的训练来激发他们的潜能。

其实，实践是展示孩子优势的综合平台，在实践的过程中，孩子的心理和能力都会获得有效的提升。父母也可以更加直观地看到孩子真正擅长的地方，然后再进行有目的的强化训练。比如孩子喜欢思考，父母就可以提供给他们更多的书籍，让他们自行选择学习，同时就某个话题进行深入的讨论。

优势是天赋不断训练的结果，就算孩子在某方面有很好的天赋，父母也要引导他们不断实践。孩子虽然内心喜欢，但在做的过程中，他们仍需要付出很多的努力。只有从中获得了真正的成就感，他们才愿意在感兴趣的领域花费更多的时间。

优势发展（12～18 岁的孩子）

让孩子发现自己的优势，然后引导他们积极努力。父母参与其中，是为了让孩子找到更好的自己。

● 自我分析

父母可以引导孩子做自我分析，让其加深对自己的了解，这种分析可以通过纵向和横向的对比进行，孩子越了解自己，就越能够发现自己的优势。只要孩子对未满足的需求拥有足够的渴望，就会产生奋进的动力。

一次，一个16岁的女孩来找我咨询，她说："孟老师，我不知道自己喜欢什么，也不知道自己擅长什么，总之，在学习和交往中，我感觉到自己非常失败。"

孩子在12岁以后，如果对自己的优势还不了解，那么他们就很容易在困难面前丧失信心。因为时间和精力有限，他们不能清晰地把握自己在潜力上"有为"和"无为"的部分。

● 参与其中

除了进行自我分析外，孩子还需要参与一些有意义的活动，在外在系统中，让他们看到一个不一样的自己。

一次，一位妈妈带着14岁的女儿参加公司的活动，其间，这位妈妈被邀请发言，她一席风趣有力的演讲赢来了阵阵掌声。等妈妈回到座位后，女儿问："妈妈，我可以像你这样吗？"妈妈说："当然可以！"还记得有一次，我主持一个培训活动，有一位爸爸带着儿子参加，我邀请这个男孩上台分享，他开始有点局促，后来就放得很开，讲得很好。

这个时期的孩子，偶尔需要跳出学校的环境，从一个新的角度来审视自己，在各种参与活动中，找到自己的价值。

● 积极促进

有一次，一个13岁的男孩和爸爸一起来找我咨询。后来，他们因为学习问题发生了争执，爸爸说："这么多年了，我太了解他了，什么作业太多，什么早上起不来，都是借口，其实就是一个字——‘懒’。”可能大多数父母有相似的体验，他们所谓对孩子的了解，就是孩子有各种不好，他们不一定知道孩子会什么，但一定知道孩子不会什么。

父母要通过综合分析，充分利用自己的智慧，找到孩子的优势，然后促其发展，让他们看到自己的价值和能量。青春期的孩子不喜欢再被父母教育，父母只需提供物质和精神支持，促使他们的优势得到更好的发展即可。

其实，一个人在某方面的能力优势，是不断坚持和训练的结果。一个孩子如果能把自己的优势运用到学习和工作上，那将是一件非常了不起的事情。

激发孩子的学习动力

从内部突破，可以更好地让孩子爱上学习。

只做反应（0～6岁的孩子）

6岁以下的孩子对知识的渴望非常强烈，他们努力通过各种途径来了解更多，以此来促进身心的同步发展。有过育儿经验的父母会发现，孩子10个月就会爬来爬去，而且还会用手撕扯纸巾，或用嘴巴尝试所有东西。他们这样做，一方面是为了协调身体的发展，另一方面是利用触觉来探索外部世界。等到3岁以后，他们的学习开始有了明确的目的，才会变得具有一定的针对性。

比如，一个4岁的男孩对爸爸说："我想再看一集动画片。"爸爸说："不行。"孩子说："为啥?"爸爸说："因为对眼睛不好。"孩子说："是不是会近视呀?"爸爸说："是的，你怎么知道?"孩子说："学校老师说的。"孩子对知识的学习是一个不断验证的过程，他们需要通过反复的确认来安定自己的内心。

父母只要掌握了孩子在这个阶段的身心发展规律，就可以轻松地培养孩子对学习的热爱。

- 让孩子自己探索

为了让自己发展得更好，这个时期的孩子会自觉地选择所想学习的东西，反而是父母没有节制的指导，打乱了他们探索的乐趣。一次，一个4岁的孩子和妈妈一起逛公园。妈妈说："你看，那是什么？哦，还有这个，这是什么颜色？那个呢?"妈妈不断地指来指去，孩子的眼睛也跟着转来转去。妈妈这种没话找话的做法，很容易让孩子变得茫然而不知所措。倘若长此下去，孩子就会养成事事都需要父母提醒的习惯。其实，父母与孩子交流的时候，应尽量不要说话，只有当孩子提问的时候，才做出一些有效的反应。孩子喜欢主动探索，更期待在探索中发现更多的惊喜。

- 简单提问

父母在提问孩子的时候，要简简单单，因为孩子懂的并不太多。比如，一个4岁的小男孩对爸爸说："你看，这是我拼的乐高消防车，我没有看说明书。"爸爸回答："你是怎么想到的?"小男孩说："我想了想就拼出来了。"爸爸问："是不是动了脑筋?"小男孩说："对呀。你看，这是云梯，还有消防员，上面还有水枪。"在互动中，父母要把自己变成"一个无知的人"，因为这样可以启发孩子的智慧。

一个6岁的小女孩对妈妈说：“我可以去小广场上和同学一起玩吗？”妈妈回答：“今天可以！那，你准备玩多长时间？”小女孩说：“玩到大家都走的时候吧，好吗？”妈妈回答：“这个不行。”小女孩问：“为什么？”妈妈说：“因为我一会儿还有事情，你可以玩20分钟。”小女孩说：“好的。”有时候亲子之间的交流，既是一种互动，也是一个约定，对孩子沟通能力和社交能力的提升都很有意义。

一个5岁的小男孩走过来对妈妈说：“你可以帮我把这几个扣子系上吗？我系不上。”妈妈说：“你再试一试，你应该可以的。”过了一会儿，小男孩笑着说：“妈妈，你看，是这样吗？”妈妈说：“是的，你怎么做到的？”小男孩说：“我多了一点耐心就系上了。”（当然，在此之前，父母要教会孩子耐心是什么意思，就是做事慢一点，认真一点，多试几次）

- 拉长时间

尽管孩子在这个时期非常愿意投入精力到自己喜欢的事情上，但这并不代表他们理解坚持的意义。为了培养他们对学习的热情，父母有必要做一些适当的限定，来拉长他们的学习时间。比如，给孩子一个小时的时间玩乐高玩具；让孩子在睡觉前读完两本绘本；认真倾听孩子讲学校里的事情。孩子只有更加轻松而持久地投入一项任务，才会体验到学习的力量。一个可以在学习上投入的孩子，更容易在以后的人生中获得成功。有时候，父母不去打扰孩子，让孩子在自己的世界里自行探索，不仅有利于协助他们建立自己的边界，还能够提升他们独处的能力。

比如，一个4岁的小女孩给布娃娃换衣服，而且在换的时候，她还假装与布娃娃对话。这时，父母就要与她保持相当的距离，同时还要耐心等待，直到她从自己的世界里主动走出。

孩子在3岁以后，对角色的深度想象，不仅有利于协助他们更加深刻地理解人际关系，而且可以补偿他们在现实中未被满足的需求。父母只有拉长孩子投入学习的时间，才能让他们在学习中找到更多的乐趣。

激发内在（6～12岁的孩子）

如果说在6岁之前，孩子的学习仅仅是为了满足好奇心，那么在6岁之后，他们就必须通过努力学习来消除内心的自卑，尽管他们并不情愿，但事实的确如此。在这个社会中，每个人都不能孤立地存在，只有在各种关系中找到一个对自己最有利的位置，才可以活得相对轻松。在这种情况下，父母在激发孩子学习动力的时候，要遵从以下几个原则：

- 接纳与鼓励

尽管每个父母都爱自己的孩子，但真正接纳孩子的父母却少之又少。父母不是不愿意接纳，而是害怕孩子的不完美破坏了自己对孩子美好的想象。他们期待孩子可以变得更加优秀，从而配得上自己作为模范父母的“称号”。当孩子在学习上不能坚持，或者出现问题的时候，虽然他们不能直接表达对孩子的失望，但会通过指责、说教、抱怨、呵斥、叹息等方式，来暗示自己对孩子的不满。也许他们这样做是希望孩子可以变得更好，可事实上，却会再次打击孩子的自尊。父母对孩子真正的接纳，不是压抑自己，而是真实地接受孩子的一切，因为孩子会从父母的这种接纳中，安定自己的内心，并获取奋进的力量。

比如，一个10岁的小女孩在学习上遭受了挫败，父母就可以说："我看到了你的努力，尽管结果还不太理想，但我相信你，这只是暂时的，你可以做得很好。"这种简单的接纳和鼓励就会让孩子重新燃起学习的力量。再比如，一个12岁的小男孩无法让自己静心学习，他总是在写作业的时候动来动去。爸爸就可以说："你是不是只有在动的时候才会感觉舒服，如果是这样，那就学习20分钟，然后走动一下，我相信，你会慢慢让自己安静下来。"在孩子不太自信的时候，只有父母持续的鼓励和肯定，才会让他们勇敢地前行。

- 让孩子放松

只有在放松的时候，一个人的大脑才会变得更加灵活，这时的思维和记忆力也会达到最佳状态。如果父母想让孩子提高学习效率，那就鼓励他们在学习的时候保持放松的心态。放松，不仅在身体上，还在心理上。如果孩子的情绪比较紧张，或者十分低落，那么他们的学习效果也不会很好。父母要让孩子感受到学习的愉悦，这不仅可以提高他们的学习效率，还会让他们爱上学习。而现实中，一些父母总习惯一边训斥孩子，一边要求他们好好学习，或者像监工一样，在旁边盯着，让孩子坐立不安。

要让孩子放松，就要在孩子学习之前，不去干扰他们的情绪，在孩子学习的时候，不去打扰，让他们拥有独立思考的时间和空间。一个孩子在学习的时候，只要保持专注而放松的心态，就容易提升对学习的热情。

- 培养渴望

有些孩子对学习很无所谓，不论考好考坏都不会有太大的情绪变化。他们对学习好像没有什么激情，似乎学习是父母的事情，跟自己没有多少关系。而另一些孩子对学习却非常重视，每天都有写不完的作业，表面上非常努力，可就是成绩不好。这些孩子对学习带来的价值没有深刻的认识，他们并不认为通过学习可以让自己变得更好。父母要想培养孩子对学习的兴趣，激发他们在学习上的动力，就要让他们从学习的过程和结果中收获到更多的价值。

学习本身就是一件枯燥的事情，越是在学习上找不到成就感的孩子，越容易沉迷在学习以外的事情上。既然如此，父母就要及时肯定孩子对学习的付出，并对他们的积极表现给予鼓励和赞美。若有必要，也可以使用积分等方法，提高他们对学习过程的把控，激发他们对成果的欲望。

- 端正态度

一个孩子对学习的认知，极大地影响着他们在学习中的表现。如果他们在学习上的动力来自父母的施压或者物质的激励，那么当这些外在刺激发生变化的时候，就很容易迷失自己。

一次，一个 11 岁女孩的爸爸来找我咨询，他说："我在家的时候，女儿可以很认真地写作业，一旦我出差，她就会把作业拖拉到很晚才完成。她妈妈说什么，她基本不听。我比较严厉，她有点怕我。"后来，我和女孩聊起了学习，她觉得学习不是自己的事情，只有在聊起同学的时候，她才有些兴奋。

要改变这样的状况，就要从改变女孩与父母的关系开始，让女孩从家庭中找到一些温暖的力量，这样她在面对学习的时候，就不至于那么茫然。只要她能在学习中慢慢找到自己的价值，也就会自觉主动地爱上学习。

情感驱动（12～18岁的孩子）

12岁以上的孩子开始在学习方面固化对自己的评价，他们要么认为自己天资聪颖，潜力无限；要么认为自己才智平庸，难有突破。如果父母依然通过结果的好处来刺激他们学习的欲望，不仅不会燃起他们前进的动力，还会增加他们对学习的排斥。他们不再希望父母插手自己的学习，尽管他们有时做得还不够好，但依然希望依靠自己的力量去改变一切。

在面对孩子的学习时，父母可以从这几方面进行突破：

● 点燃热情

在父母看来，孩子在大多数情况下不再主动表达自己，他们喜欢把自己关进房间，独自思考。其实，孩子的内心里有一些非常在意的事情，只是他们害怕说出来不被理解，所以才会在父母面前表现出一副不太自然的样子。他们习惯回避与父母谈论学习，因为这会让他们感到焦虑，不论学习好坏，都觉得很难达到父母的期望。父母要发现孩子最在意的地方，然后对他们进行有效的激发，把他们内心的能量引导到一个积极的方向。比如，一个13岁的男孩非常热爱军事，对枪械感兴趣，那就激励他去了解更多的军工知识。再比如，一个16岁的女孩非常喜欢画画，那就给她介绍一名优秀的绘画老师。总之，只要父母找准孩子擅长的地方，就容易点燃他们的学习热情。

● 独立自主

父母要让这个时期的孩子学会独立，孩子自己的事情，就让他们自己来做。孩子只有从意识上独立起来，才会思考自己存在的价值。父母不必过度参与孩子的学习，要让孩子对自己的事情负责，并在必要的时候，提供给他们体力劳动的机会。孩子在

12 岁以后尝试得越多，就越能够感受到内在的力量。父母要勇敢放手，从心底里与孩子慢慢走向分离。

一次，一位 15 岁男孩的爸爸对我说："我的孩子比较叛逆，做什么事都坚持不下来，每天上学还要我帮忙整理书包，他在家里也不怎么学习，整天就知道玩游戏。"

很明显，这个孩子依然把自己当成一个婴儿，跟随快乐的感觉做事，而他的爸爸仍然扮演着保姆的角色。有时，不是孩子不能独立，而是父母不让孩子独立，他们对孩子过多的干预，让孩子找不到自己活着的意义。人都喜欢沉浸于习惯的事情上，一旦孩子习惯了这样的生活，就很难再做出积极的改变。

父母需要在一个特别的时刻，举办一个郑重的仪式，让孩子明确独立的开始。仪式感也是边界感，缺乏仪式感，就容易把现在和过去混淆在一起，找不到变化的界限。

比如，当孩子小升初的时候，父母可以说："孩子，你马上要上中学了，很多事情都需要你自己去完成，也需要你自己去决定，学习是你自己的事情，你需要对自己负责。"当孩子 14 岁的时候，父母就可以说："14 岁了，你已经可以承担法律责任了，以后要对自己的行为负责，并要做一个勇敢的人，承担你应有的责任。"孩子只有明白了自己是独立的，才会对自己的学习负责。

- 走进现实

很多孩子之所以没有特别重视学习，是因为他们对社会竞争还没有深刻的理解。父母要经常带孩子走进现实社会，让他们通过观察和体验来深度接触不同的生活。

一次，一位 16 岁女孩的妈妈来找我咨询，她说："我现在不敢和女儿提学习，我说一句，她反驳两句，真是拿她没有一点办法。有一次，我对她说：‘你不好好学习，将来怎么会有好的工作，怎么养活自己。’你猜她怎么回答，她说：‘我不想活得那么累，就是去端盘子我也愿意，不用你操心。’”女孩说出这样的话，说明她对自己已经失去了信心，她无法从现实中找到自己存在的价值，就只有通过幻想来逃避现实中的不堪。也许真的要她端盘子去了，她反而会不舒服。因为端盘子不是她想要的，而只是她为自己的不自信寻找的一个借口。

因此，父母要主动让孩子参与社会实践，让他们从社会体验中反思，从行动中成长。不要对孩子说得太多，而要让他们去做，让他们在实践中看到自己的价值和不足，从而自觉主动地做出改变。

- 精神引导

尽管孩子认为自己不再需要父母的引导，但他们的内心依然渴望拥有一个心灵的陪伴。只是这种陪伴不再是督促学习和嘘寒问暖，而是一种身体力行的影响。比如，妈妈对生活的乐观和追求，爸爸对家庭的付出和担当。只要孩子从父母那里获得某种精神品质的认同，他们就会生发出独立向上的力量。一个内心充满力量的孩子更容易获得成功，同时还会以一种积极的心态来解决所面对的问题。

一次，一个13岁的女孩来找我咨询，她说：“我觉得我妈特别幼稚，她经常会说一些十分奇怪的话，这让我无法理解。比如，她说，‘学习好了，就可以嫁一个好人家’。可她当年学习那么好，怎么还嫁给了我那没有责任心的爸爸。我不想和她那样，让自己过得憋屈，我只想做我自己，活得简单一些。她除了每天和我聊学习，似乎也没什么话可说。”

孩子只有从父母身上感受到生命的意义和精彩，才会努力奋进，去大胆追求人生的美好。因此，父母期望孩子拥有什么样的品质，自己就应先拥有什么样的品质。

有效的学习策略

有策略地学习不仅可以事半功倍，还可以让大脑记住这种美好的感觉。

让孩子尝试（0～6 岁的孩子）

孩子在 6 岁之前就已经学会使用一些学习策略，比如认真地观察、仔细地聆听以及不断地尝试。他们期望掌握更多的知识来了解这个世界，这种来自成长的渴望促使他们对新鲜事物努力做出探索。父母在这个时期，只要稍加引导，就可以激发他们学习的欲望。

- *一静一动*

孩子在观察和探索的时候，父母要保持安静，只要孩子不问，父母就不要插话。一个人只有在专注而放松的时候，才容易进入深度思考的状态，而这种状态就是最好的学习时间。比如，一个 2 岁的小男孩蹲在地上看蚂蚁，一看就是很长时间；一个 3 岁的小女孩抱着布娃娃自言自语，并不时发出咯咯的笑声。在这期间，父母最好不要做任何打扰。孩子只有在自己的世界里，才会完成对整个学习过程的把控。

安静，可以给孩子思考的时间，而互动，则可以引发孩子产生新的体验。比如，一个4岁的小男孩对爸爸说："我可以去玩具店里买个好东西吗？"爸爸摇摇头说："不可以。"孩子说："那我可以进去看看吗？我不买，只是看看。"爸爸说："可以。"小男孩走进玩具店，看看这个，摸摸那个，转了几圈出来了，对爸爸说："我看好了，我们走吧。"然后拉着爸爸的手离开了。在这个过程中，孩子有对话，有思考，在互动中学会了自控。

一次，一个5岁的小男孩和爸爸一起出了地铁。小男孩对爸爸说："让妈妈开车来接我们吧？"爸爸说："不用，妈妈上班一定很累，让她在家里休息吧，我们要照顾好妈妈。"小男孩说："那我们坐公交车吧？"爸爸说："可我没有硬币了，我们一起走回家，好吗？不是很远，就当是远足了。"小男孩说："好的，可我们学校的远足没有这么远呀。"爸爸说："等你走累的时候，爸爸驮着你，好吗？"小男孩愉快地说："好的。"走了一会儿，小男孩说："爸爸，我累了，走不动了。"爸爸说："等走到下个路口，我再驮你，好吗？"小男孩说："好的。"到了地方，爸爸说："来！"他把小男孩高高地驮起，说："舒服吗？"小男孩坐在爸爸的肩膀上，半抱爸爸的头，兴奋地说："舒服。"爸爸接着说："坐车舒服还是爸爸驮着舒服。"小男孩说："都舒服。"又走了一会儿，爸爸说："你摸摸我的额头。"小男孩说："爸爸，你出汗了。"爸爸说："是呀，我有点累。"小男孩说："那我下来走会儿吧，等我再走累了，你再驮我。"小男孩从爸爸的肩膀上下来，牵着爸爸的手走。就这样，父子俩走一段驮一段，一路上有说有笑。

对孩子来说，最好的学习策略，就是父母安静的陪伴和有效的互动。孩子在与父母相处的过程中，会不自觉地学到很多的知识，特别是在他们心情比较愉悦的时候，会更加深刻地爱上那种美妙的感觉。

● 低姿态引导

一次，一个4岁的小男孩拿着乐高玩具跑到爸爸的跟前说："爸爸，我这个拼不好，你可以帮我吗?"爸爸说："让我看看，你看说明书了吗?"孩子说："我看了，还是不行。"爸爸说："你再试一试，如果实在不行，我再帮忙。"孩子说："好的。"然后孩子离开了，不一会儿又兴奋地跑过来说："爸爸，你看，我拼上了，刚刚我把那个零件装反了。"爸爸说："只要你多动脑筋，就会想到好办法。"即使孩子在这次拼装中失败了，爸爸也要给予及时肯定，因为孩子已经进行了认真思考。只要孩子在尝试中获得了乐趣，就容易养成积极探索的习惯。而在现实中，我们听到的声音大多是：停、危险、不许说话、怎么这样笨、你是怎么搞的等等。或者父母过于注重结果，只要孩子花费很长时间还没有完成一件事情，他们就会开始指责孩子。

有的时候，孩子喜欢在尝试中寻求父母的肯定，在这个时候，父母就不要吝惜对孩子的引导和肯定。比如，一个2岁的小女孩对妈妈说："我这样穿衣服，对吗?"妈妈就可以说："对的。"如果孩子穿反了，也要扮个鬼脸说："看，这样更好。"然后再帮助孩子穿正确。因为在现实中，有些孩子会故意把衣服反着穿来增加乐趣，他们喜欢尝试一切可以想到的方式来让自己开心。一次，一个3岁的男孩从车里摸出了爸爸的太阳镜，然后对爸爸说："是这样戴吗?"他反着把太阳镜挂在自己的鼻子上，并用两只手努力地托着。爸爸笑着说："哈哈，这样也很好。来，让我也试一下。"孩子在尝试的过程中，会通过父母的情绪来感知学习的快乐。父母只要让孩子在尝试中获得愉悦的情绪体验，并进行简单的引导，就是对孩子最好的教育。

- 借助感官

孩子在1岁之前只要看到东西，就会用手抓、用嘴咬，他们不是在搞破坏，而是通过触觉来学习更多的知识。到了2岁之后，他们就要求走出家门，用充满好奇的眼睛来认识身边发生的一切。而3~6岁时，他们特别喜欢吃甜品，糖果和巧克力永远是他们的最爱。在整个成长过程中，他们对父母的情绪，有着非常敏锐的感知能力。在6岁之前，他们习惯使用视觉、听觉、触觉、嗅觉、味觉来满足学习的需要，而且年龄越小，这种表现就越明显。因此，父母在与孩子对话的时候，要使用与感官通道匹配的词汇，这样就能提高孩子对事物的理解能力。比如，听和声音，看和画面，摸和感触，品和味道，嗅和气味。

举个例子，在描述苹果的时候，父母可以说："你看，这颜色多漂亮，红扑扑的。"或者说："这苹果摸起来又光又滑，真舒服。"或者说："我尝了一口，真甜，像蜂蜜一样。"

父母借助感官与孩子对话，可以轻松地激发他们的想象力。这不仅有利于父母细致准确地描述事物，还可以帮助孩子相对轻松地学习。

- 有始有终

孩子对事物的认知是从头到尾，然后再去关注过程。比如，孩子看动画片，其中具体的细节他们可能记不住，但他们一定知道看了几集。因此父母在引导孩子的时候，要先培养他们开始和结束的意识。就是孩子哭泣，也要让他们完整表达，而不是强制性地说"憋住"。有的孩子会问父母：我是怎么来的？死了会去哪里？父母要认真回答孩子的这些问题，而不能闪烁其词，故意逃避。

父母在孩子面前，要说到做到，如果做不到，也要进行解释，安抚孩子的情绪，让孩子明白承诺的重要性。倘若父母对孩子做出的承诺没有兑现，后面又不再提起，那么就会失去在孩子心中的威信。因此，父母在教会孩子有始有终的同时，自己也要做到有始有终。一次，一位妈妈对2岁的孩子说："只要我叫你，你就回答'哎'，好吗?"孩子说："好的。"然后两个人说着笑着训练了起来，这样的训练可以让孩子慢慢形成一种习惯，只要妈妈叫，孩子就一定会回答。当然，在孩子叫妈妈的时候，妈妈也要及时地回应，让孩子感受到自己在妈妈心中的重要性。在现实中，很多孩子到了小学，甚至中学，做事还是虎头蛇尾，或者对父母的话不做回应，这就是在6岁之前没有养成有始有终的习惯。

● 使用修辞

孩子在6岁之前对事物的认知，来自丰富的自由联想，以及跨越空间的联系。因此父母与孩子对话的时候，要多使用夸张、拟人、比喻和类比的手法，提高孩子对事物的认知和理解的能力。

一次，一个3岁的孩子对爸爸说："超人是不是很厉害，可以飞得很高？我将来能够成为超人吗?"爸爸说："等你长大了，可以做宇航员，也可以飞得很高，甚至比超人还高。"孩子说："真的吗？那我就带上你和妈妈一起飞。"爸爸哈哈大笑起来，说："好呀。"再举个例子，在晚上睡觉之前，一个5岁的男孩对爸爸说："你可以给我讲个红毛狐狸和灰毛狼的故事吗?"爸爸说："可以，那我们现在就开始吧？"小男孩说："好的！"于是，爸爸就绘声绘色地讲了起来，而且在中间还不断穿插海底小纵队、汪汪队、超级飞侠和葫芦娃的角色，小男孩越听越兴奋，甚至还不自觉地在床上跳来跳去。

只要不是原则性的问题，在亲子互动期间，父母就不要太在乎对错，而要关注孩子的情绪情感，提高他们的快乐体验。所谓家庭教育，不是父母义正词严地对孩子进行说教，而是在孩子出现问题或者主动求助的时候，能够及时、有效地给予有力的支持。父母与孩子的每一次互动，都是一次家庭教育的契机。

内外兼修（6～12岁的孩子）

6～12岁的孩子需要有计划、系统性地掌握一些学习的方法，这对他们提升自信，展现自我价值有着十分重要的意义。学习是一种能力，需要后天的培养和训练，除了天赋和智力的支持外，孩子还要不断地摸索，找出一套适合自己的学习策略。

在这个时期，父母可以从以下几方面给予支持：

- 目标导向

引导孩子每做一件事，都要从结果出发，来制定相应的策略。比如，要想在规定时间内完成作业，就要先梳理作业的难度和数量，然后根据实际情况制订详细的作业计划，为保证学习的有效性，还需要提高学习效率，然后全力以赴地投入。如果没有达成预想的结果，也要进行深刻的反思，然后调整计划的内容，再迅速果断地执行。一旦在学习中有了明确的目标和方向，他们在想问题、做事情的时候，就容易激发潜能，达成理想的效果。

学习计划的制订要具体、有效，而且应详细地写下来，清晰可见。内容可以以天为单位，也可以以任务为单位，总之在执行的过程中，要做到心中有数。比如，一个8岁的孩子要完成老师布置的数学作业，一般用时是30分钟，那么他就可以把要完成的题目分配好时间，先易后难，快速有效地做完。为了拿到一个好的成绩，除了努力学习外，他们还需要积极寻找提升的方法，比如大量地做题、研究一些题目的规律、学会分类总结等等。一个人只要去认真思考，总会找到解决的办法。

- 培养自律

对大多数孩子来说，自律是一件非常困难的事情，但不能因为困难，就放弃对自律的培养。自律可以从一些细节入手，比如，计划的严格执行、需求的延迟满足、作息的规律要求、情绪的有效调控等等。有些习惯虽然简单，但只要一点一滴地进行培养，就可以慢慢养成。一旦拥有了自律的习惯，在学习上就会保持积极进取的心态。6～12岁是培养孩子自律的关键期，他们在学习方面稍遇到挫折，就会感到迷茫，这时父母有力的支持会给他们带来安定的力量。比如，孩子每天早晨6点准时起床，如果可以自觉坚持，就容易提升他们自律的信心。再比如，孩子在写作业时，专注认真，准确高效，长期如此，就可以形成良好的学习习惯。

自律的形成不仅需要孩子自觉地控制自己的行为，还要有适当的外在压力。自控需要孩子有强烈的目标达成感和自我成就感，而外在压力来自父母的期望、与他人的对比以及同伴的影响。只要外有压力，内有动力，孩子就容易慢慢自律起来。

如果想让孩子养成自律的习惯，父母就要先做一个自律的人。没有自律，就没有力量。父母在教育孩子的同时，要反观自己的行为。倘若自己都做不到，就不要对孩子提出过分的要求。因此，培养孩子成长的过程，也是父母自我提升的过程，而且从某种意义上来说，孩子也是父母成就自己的动力。

- 涉猎广泛

孩子在学习上的成就，除了受智商、情商的影响外，还与他们深度思考的习惯，以及广泛的知识储备和丰富的人生实践有关。也就是说，要读万卷书，行万里路，而不是盲目地去参与各种兴趣班和才艺比赛。孩子需要走向户外，去接触大自然，去体验不同的生活，去了解他人的故事。要养成阅读的习惯，因为这会在他们的大脑中存储有价值的资源，待以后需要的时候自动提取。

涉猎得越多，在选择和思考的时候，就越能够清楚自己的需求，并容易做出正确的决定。一些对生活和人生有过深度思考的孩子，一定会认真对待自己的学习，因为他们确定自己作为学生的身份，来匹配相应的价值。

- 稳定内在

当孩子在学习上出现问题的时候，大多数父母都习惯盯着问题，认为只要督促了孩子，他们的学习成绩就会发生重大的变化。事实上，父母越是盯着孩子的学习，孩子就越会讨厌学习，因为学习本身不能够让孩子产生积极进取的动力。他们只有从父母那里取得了足够的信任，舒缓了不良的情绪，才愿意接纳父母中肯的建议。倘若缺乏信任，而只是一味地说教，他们不仅不会努力学习，反而会更加烦躁。因此，在与孩子相处的时候，父母要有一个平和的心态，真诚接纳孩子的不足并肯定孩子的努力。而且在孩子面前，要控制好自己的情绪，给孩子安定的陪伴。一旦孩子拥有一个稳定的情绪，并懂得合理调整，那么，他们在学习上就不容易被干扰。相信大家都有过这样的体验，在情绪不好时，什么事情都不想做，就连吃饭、睡觉有时都会不踏实。同样，孩子也是一样，如果他们没有一个好的心态，不能调节自己的情绪，那么就很难静下心来专注于学习。所以，处理孩子的负面情绪，稳定孩子的积极心态，对孩子的学习来说，是一个极大的助力。

● *特别激励*

大多数孩子都认为学习是一件十分枯燥的事，只有很少一部分孩子可以从学习中找到乐趣。因此，若想让孩子保持较高的学习热情，就要给予他们持续的激励。孩子也只有从付出中获得必要的好处，才会有再次努力的意愿。激励的内容要多种多样，可以是物质方面的，也可以是精神方面的。物质方面的激励要事先约定，并在孩子达标后，及时兑现。精神方面的激励要充满力量，让孩子看到自己的价值。只要是孩子渴望的，又合情合理，父母都可以作为激励的参考，比如满足孩子一次旅行，或者实现孩子一个愿望。当然，物质激励要拉长时间，尽量淡化；而精神激励要频繁使用，多多益善。

物质激励要守信，精神激励要诚恳。激励的目的是让孩子保持一个愉悦的心态，既要有结果激励，也要有过程激励。有些父母喜欢随便对孩子许诺，经常说过后就忘了，但孩子会记得十分清楚。孩子努力并获得成就后会极力地向父母证明自己，而他们的父母却习惯忽视，不以为意。如 3 岁以下的孩子在做了得意的事情后，会把父母拉到跟前，积极表现自己的兴奋心情。而 6 ~ 12 岁的孩子则比较内敛，他们只会一次次地向父母暗示，被动地等待父母的肯定。父母对孩子的努力不要视而不见，也不要求全责备，而要用心对待，给予真诚的支持。这个年龄的孩子原本内心就有些自卑，他们还经不起父母太多的打击。企图通过不断提高要求来激发孩子学习动力的行为，最终都会以失败而告终。即使他们在学习上有一些进步，想必内心也会十分的压抑和愤恨。只有积极的鼓励和认可，才能促进他们更加阳光地发展。

- *学习第一*

从孩子 6 岁开始，父母就要让他们明白，学习是一生中最重要的事情。学习不仅可以协助他们解决人生的困惑，还可以提升他们内在的能量。父母不要剥夺孩子主动探索的能力，而要鼓励他们去学习更多的知识，提升他们内在的修养。一旦孩子在解决问题中找到了乐趣，就会更加积极主动地投入到学习中。而学习兴趣的培养，要从阅读开始，孩子可以从大量的课外阅读中拓展自己的视野，积累丰富的知识。当他们遇到问题的时候，这些知识就能够提供有效的帮助。

在这个时期，一些在学习上找不到成就感的孩子，很容易迷恋网络游戏。手机和电脑的使用时间，往往成为父母与孩子斗争的焦点。一个孩子接触的信息越多，越繁杂，就越容易迷失自己。大量信息的淹没，让孩子很难去专注做好一件事情。因此，父母要引导孩子以终为始，对身边的资源进行有效使用，真正实现学习在个人成长中的核心价值。

当孩子向父母提问的时候，父母不要立刻给出答案，只需提供一些必要的资源，让孩子自己去寻找答案。孩子只有在独自解决问题的过程中，才能感受到独立和深度思考的重要性，一旦这种美好的成就体验嵌入灵魂，他们将会终身受益。

统筹高效（12～18 岁的孩子）

12 岁以上的孩子面对着越来越大的学习压力，但他们依然希望自己在学习上能够有所突破，因为他们开始考虑自己的未来，并期望拥有更广阔的发展空间。

作为助力，父母可以从以下几方面对孩子进行培养：

● 保持静心

这个时期的他们，心态很容易被环境所影响，倘若心不静，就很难专注于学习。他们习惯把人际关系中出现的问题归结到自己身上，从而惩罚那个不够完美的自己。他们比较敏感，喜欢胡思乱想。总之，他们很难让自己的大脑停下来，安静一会儿。

只有心静了，学习才能专注，效率才会提升。要做到这一点，可以从以下两方面入手：一是认知调整，二是行为训练。认知调整就是要让孩子明白，学习是一件重要的事，不仅现在是，未来也是。因此，影响学习的因素不要太放在心上，特别是情感上的很多事情，无论怎么处理都很难有一个完美的结果，而且越想解决好就越不容易解决。不去过度处理，或者不去处理也许就是最好的处理。人的精力是有限的，放在学习以外的精力多了，留在学习上的精力就变少了。也许现在看来，学习并不容易，可再有几年就要读大学了，还是尽量不要为学习以外的事情太伤神了。行为训练就是让孩子在学习或考试的时候，可以拥有一套平静内心的方式，比如，深呼吸、伸展运动、积极冥想等等。不论采用什么方法，只要能够让心静下来，全心全意地投入学习，就是最好的方法。

● 处理关系

这里讲的处理关系，主要是处理自己与自己的关系，而不是处理自己与他人的关系，因为与他人的关系受太多因素的影响，不易处理。而处理自己与自己的关系，就相对容易一些。事实上，有些孩子喜欢和自己较真，经常求全责备，稍有不顺，就会攻击自己。也有些孩子很容易受到他人的影响，情绪起伏不定，不能享受独处时光。其实，处理与自己关系的最好方式，就是学会享受孤独。也许孤独并不好受，但只要用心去感受，就会发现它的好处。每个人生来都是孤独的，只有把心静下来，守住本心，才能明确自己的身份，看清前进的方向。当心情郁闷的时候，不要向他人倾诉，也不要对他人发火，只需做一些让自己开心的事情，把心静下来，慢慢就会好起来。让孩子学会与自己相处，虽然做起来比较困难，但从长远看，这些努力还是非常值得的。父母有必要为孩子提供更多的课外读物，拓展他们的思维空间，如哲学、历史、地理、科技等等。大量的阅读不仅可以丰富他们的大脑，还可以进一步提升他们独处的能力。

- 计划执行

处在这个年龄阶段的孩子，几乎每天都在忙学习，留给他们娱乐和放松的时间越来越少。对学习内容做统筹安排不仅可以让孩子清晰自己努力的方向，还有利于他们充分利用时间，提高学习的效率。这就需要发挥计划的作用，计划的制订要详细、具体、可执行，不能过于追求完美，也不能太过笼统。总之，计划要有参考价值，可以以天为单位，也可以以周为单位。每个计划要有具体的目标，学科之间交叉融合。每个孩子都可以结合自己的具体情况，分阶段、分步骤地完成计划，最终达到提高学习成绩的目的。

计划的另一个作用就是查漏补缺，通过计划的执行来协助孩子了解自己的学习状况，因为很多事情只有在执行的过程中，才能发现问题，而一味空想只会模糊自己对学习的认知。现实中，那些常立志，又不立长志的孩子，就是对自己的情况了解不清，高估自己的能力，不能脚踏实地地付出努力。计划具有统筹性，可以把不同的学科时间段统筹在一起，就像一张学习地图，让孩子可以依据上面的引导，清晰自己努力的方向。

- 放眼未来

不论学习成绩如何，在当下，都要奋力一搏。因为学习不仅意味着要取得一个好的成绩，而且是对孩子意志力的一种磨炼。学习好，固然好。学习不好，只要坚持下去，将来也一定会有很大的成就。有些孩子天生就具备考试的能力，只通过上课听讲，就可以取得一个好成绩；而有些孩子虽十分努力，却总是在学习上不能有很大的进步。试想，如果一个孩子资质平常，但在学习上却能越挫越勇，虽然最后没能取得优秀的成绩，但那一点点的进步，也会让他们在以后的人生中不怕困难，勇往直前。因此，不论是家长，还是孩子，都要放眼未来。不仅要注重学习结果，还要注重学习过程。不能因为孩子现在成绩不好，父母就认为孩子的一生就此废掉，进而对孩子进行各种打击和否定，让他们活不出一个青少年应该有的朝气蓬勃状态。

培养孩子的专注力

一个在学习上非常专注的孩子，更容易获得较大的成就。

聚焦关系（0～6岁的孩子）

孩子刚出生时，有非常好的专注力，他们虽然还不能看得很远，但对各种声音却非常敏感。随着身体慢慢长大，他们开始通过眼睛好奇地观察身边的环境，并尝试用双手去探索可以接触到的一切。面对任何一个新鲜的事物，他们都能够凝视很久。到了2岁以后，他们开始走向户外，接触大自然，并喜欢与同龄人互动。孩子注意力的发展，有一定的倾向性，从偏重听觉发展到偏重视觉，从偏重触觉发展到偏重味觉。3岁以后，他们才开始协调身体的各部分，专注在自己喜欢的事情上。

6岁之前是培养孩子注意力的关键期，父母在与孩子相处的过程中，可以坚持以下培养原则：

- 安全与独立

孩子只有在内心放松的状态下，才能集中注意力。而放松的前提就是内心安定，父母要给予孩子足够的温暖，让孩子感受到身心的安全。在孩子1岁半之前，妈妈一定要进行高质量的陪伴，增加对孩子的情感投资。如果妈妈经常不在或者无故消失，孩子的心性就会变幻不定，狂躁不安。有些孩子在离开妈妈后有吮吸安抚奶嘴的习惯，此时妈妈不要责备，或强行拿掉。而要淡化对孩子这个行为的关注，帮助孩子清洗奶嘴，保证卫生安全。对孩子来说，奶嘴是妈妈乳头的替代品，他们需要通过这样的方式来补偿内心的缺失。

孩子3岁以后，爸爸可以通过游戏、角色扮演、追逐、打闹等方式，增加与孩子的互动。除了偶尔的家庭共处外，爸爸要增加与孩子单独相处的机会。孩子心中安全感的建立源于早年妈妈给予的安全性依恋，而独立人格的完善则需要爸爸提供更多高质量的陪伴。只有内心独立而又有安全感的孩子，才会更加专注地做好自己愿意投入的每一件事。

● 鼓励与肯定

孩子在6岁之前，除了本能反应外，他们的大多数行为都来自对父母和同伴的模仿，以及对社会实践的反馈。关于对错，他们并没有清晰的界定，只会凭借大脑中的经验，依据快乐的原则行事。在这个阶段，父母对孩子说出的每一句话、做出的每一个动作，都会对孩子产生深远的影响。有些孩子在青少年时期非常叛逆，大概就是在6岁之前没有找到自身存在的意义。而孩子对自己价值的评定，最早就来自父母的肯定和鼓励。

比如，孩子把餐巾纸撕得粉碎，撒得到处都是，妈妈就可以说："你手上的力气真大，不过，你要把这些纸片收集起来，保持地上原有的样子。"父母在提建议之前，首先要对孩子进行肯定。他们只有在心情比较愉悦的时候，才容易接受一些改变的建议。父母对孩子的鼓励和认可越多，孩子就越能肯定自己的价值。

一个经常被肯定的孩子，一定充满安定的力量。在咨询和培训中我经常发现，那些在小学阶段，有着多动倾向或者注意力很难集中的孩子，在他们6岁之前，很少接受到父母的鼓励和肯定。一个在心理上不能认可自己的孩子，在身体上也很难协调发展，因为一个人的身心相互依存，相互影响。孩子被父母否定多了，就不知道该怎么做了，他们不敢动手，不敢选择，生怕出错，纵使内心十分渴望，依然会选择退缩。长期下去，在学习和生活中，孩子就会各种纠结，无法专注。

- 独处与引导

这里讲的独处分两种情形：一种是狭义上的独处，指孩子一个人做事情，比如一个人玩游戏，自言自语，一个人看动画片，一个人做手工，等等。在这个时候，父母不要做任何打扰，只需待在孩子可以看到的地方，忙自己的事情就可以了。孩子会在这种独处的过程中，培养自己享受孤独的能力。另一种是广义上的独处，指孩子参与到喜欢的活动中，沉浸在自己的世界里。比如，孩子与同伴玩角色扮演游戏，与父母玩捉迷藏游戏。只要孩子乐在其中，父母就要给予支持。

对孩子注意力的引导，涉及训练的方式。比如，在孩子观看动画片后，父母可以提问里面的人物特点以及其他相关细节。带孩子出去游玩，父母可以提问孩子看到的事物，并让其详细描述。如果有条件，也可以买些道具，让孩子玩“找不同”的游戏。有些孩子喜欢拼装乐高，或者折纸、绘画，等等。只要孩子有一个特别的爱好，并能够全身心地投入，父母就要鼓励他们坚持下来。

3 岁以后，有些孩子开始对数字敏感，他们喜欢数数。因为思维发展的不可逆性，他们只会从头向后数，而不容易倒过来。

一天晚上，到了睡觉的时间，爸爸还在书房里忙工作，5 岁的小男孩走过去说：“爸爸，你过来睡觉吧。”爸爸说：“你先睡吧，我还要忙一会儿。”小男孩说：“那你什么时候来睡觉，我数到几你过来？”爸爸说：“数到 100 吧。”小男孩就开始认真地数了起来。

父母与孩子的有效互动，一方面可以培养孩子的良好品质，另一方面能增进亲子信任关系。

● 运动与打闹

在孩子 6 岁之前，父母要让他们的身体充分活动起来，不论是男孩还是女孩，只要他们愿意运动，父母就不要过多干涉。运动可以刺激孩子大脑的发育，促进身体协调发展。运动还可以放松孩子的身心，让他们更加快乐地成长。孩子只有在 6 岁之前充分地动起来，才会在 6 岁之后有一个安静而踏实的心态。另外，从思维发展的角度来看，运动还可以提高孩子的思维逻辑性，对他们以后的理科学习有很大的促进作用。

打闹游戏是 3 ~6 岁孩子最喜欢的运动，只要时间和条件允许，父母可以参与到孩子的打闹游戏中。在打闹的过程中，孩子通常会扮演一定的角色。这些角色的特征会内化到他们的潜意识里，形成一种力量。孩子在打闹的时候，不仅要运动，还要积极思考，这对他们智力的发展，以及社交能力的培养，都有非常好的促进作用。总之，父母只要引导孩子沉浸在自己喜欢的事情里，就有助于培养他们良好的专注力。

● 广泛与专注

为了缓解培养孩子的焦虑，有些父母从孩子 3 岁开始就不加筛选地为他们报各种各样的兴趣培训班。他们不顾孩子的接受能力，而只期待孩子成为自己想要的样子。他们这样做，只会让孩子在学习面前变得无所适从。如果父母希望孩子涉猎更广泛的知识，那就为孩子提供更多有益的书籍，或者带他们走出家门，探索外面的世界，而不是让孩子每天都奔波在上兴趣班的路上。因为真正兴趣的培养，不是在教室里，而是在教室外。

倘若父母发现孩子对某些知识有特别的兴趣，那就引导他们进行更加深入的学习，培养他们对这些知识的热爱及专注的精神。

长时间投入（6～12 岁的孩子）

6～12 岁的孩子，开始通过学习来体现自己的价值。专注力，对他们学习效果有着直接的影响。为了协助他们在学习上获得更多的成就，父母除了给予他们爱与支持外，还要对他们的专注力进行训练。

- 良好的作业习惯的养成

一个好的学习习惯，可以让孩子终身受益。我在咨询中，常常听到父母说，我的孩子写作业比较慢，经常拖拉到很晚。有时还边写边玩，根本不在状态。学习是孩子自己的事，父母不必参与，也不用陪伴。他们之所以会出现这种效率低下的状况，是因为他们对学习重要性还没有深刻的认识，同时又缺乏在专注力方面的系统训练。简单地说，提高孩子对学习重要性的认知，就是让他们从学习中找到价值和意义。在专注力训练上，以晚上完成作业为例，父母可以通过这样的步骤引导孩子实施：**收拾书桌——制订计划——静心训练——执行计划——任务完成**。这整个过程都需要孩子自主进行，自我监督。如果孩子可以坚持下去，就会自觉养成专注的习惯。

倘若想引导孩子，也要简明扼要，不必解释太多。比如，孩子在写作业时动来动去，父母就可以坚定地说："学习的时候，要保持安静。"然后走开。如果过了一会儿孩子又出现相似的情形，那就再提醒一次，再走开。每次说的时候，都要压低声音，让孩子感受到父母的期待和力量。孩子良好学习习惯的养成，是一个不断提醒、不断肯定、不断强化的过程。父母要有足够的耐心陪伴孩子一起成长。

- 复述与分享

为了巩固学习效果，父母可以引导孩子把学到的知识复述出来，这对提高他们的记忆力和专注力，有着非常好的促进作用。比如，在孩子看完一本书后，父母可以让他们尽可能详细地复述里面的情节，或者在他们攻克一些难题后，让他们重新讲给父母听。对于比较内向的孩子，父母可以鼓励他们写下来，或者在没人的地方，说给自己听。孩子在复述的时候，注意力通常会非常集中，因为他们的大脑在极力寻找正确的表达方式。

分享是复述的深化，也是最佳的学习策略。如果孩子可以把学到的知识分享出来，不仅可以加深他们对知识的理解，还可以展现他们的学习成就。一旦孩子沉浸在令自己愉悦的事情里，他们就会非常专注和放松。孩子在分享的过程中，会非常谨慎地使用语言，内心充满能量，希望被关注和认可。所以在孩子分享之后，父母要及时给予肯定和支持，激励他们继续努力。即使他们表现欠佳，父母也要予以接纳，让他们放松自我，重新开始。

- 大声阅读

大声阅读可以培养孩子的专注力，声音越大，吐字越清晰，就越能调动各种感官，增强记忆力。读书的顺序，可以从头到尾，也可以从后向前，或者从中间向两边。阅读的方式越多，效果也就越好。同时，大声读书还能调节孩子的学习状态，当孩子做题比较累的时候，不妨大声朗读一会儿，然后再继续后面的学习。阅读得熟练了，也可以背诵一下，想象书中文字排版的样子，以及里面的情景画面。有些孩子读书喜欢摇头晃脑，抑扬顿挫，陶醉其中。这种读书方式看似做秀，其实有利于对知识的掌握。倒是那些用眼睛一直看着，长时间不发出声音的孩子，容易走神，降低学习效果。当然，这主要针对课本知识的学习，对于那些有趣的小说，则不属此例。父母要引导孩子培养大声阅读的习惯，让他们可以清晰地听到自己的声音，长时间的读书暗示，不仅可以提升孩子的信心，还能刺激他们爱上学习。

- 仪式感

学习需要仪式感，父母要让孩子认识到学习是一件特别的事情，在开始学习之前，要求他们制订学习计划，并引导他们全心投入，认真执行。那些学着玩着，甚至吃着喝着，不时上厕所的孩子，很难静下心来把学习搞好。只有为学习划定一个明确的时间边界，才会引起孩子对学习的重视。在孩子学习的过程中，父母不要打扰，不要陪伴，让孩子独立完成学习任务。只有这样，才会给孩子一种心理暗示：学习的时间就是专注的时间。

父母要为孩子的学习提供一个安静的环境，让他们可以在学习的过程中不被打扰。同时，孩子也要在学习之前清空内心杂念，保持专注。随着年级的上升，孩子的学习内容在不断地增多，但父母仍然要协助孩子细化时间安排，把每天的时间分为：学习的时间、作业的时间、课外阅读的时间、娱乐的时间、自由支配的时间等几个板块。孩子只有清晰了时间的边界，才会在特定的时间内做特定的事情。那些会玩会学、多才多艺的孩子，大都明确自己的需求，并可以在每段具体时间专注投入。

- 专注做一件事

每个人的思维都有一个惯性，一旦被触动，就容易出现相应的行为。有些孩子一提到学习，就会说累喊困，而让他们去玩游戏，却可以坚持很久。还有些孩子在学习时，总是不能安静下来，要么听音乐、喝水，要么边学边玩，总之很容易被外界所影响。出现这种情形，除了因为他们对学习缺乏正确的认知外，还因为他们的大脑对长时间学习还不习惯。一旦他们准备学习，大脑就会给出这样的信息：在学习上，你不能坚持。为了改变大脑的这种惯性，父母需要有目的地对孩子进行训练。一个有效的方法是：增加孩子持续投入学习的时间，而且在整个过程中，除了必要的打断外，不要有任何内容的转移。必要的打断是指上厕所、伸懒腰这些比较短暂的行为；而内容的转移是指去做另外一件事情，比如，花费很长时间去吃饭、闲聊、接电话，或者做一些与学习无关的事情。

孩子只有养成长时间投入学习的习惯，才会从中感受到专注的力量。父母训练孩子的时候，可以在节假日抽出一定的时间，从一小时、两小时开始，再向半天、一天、两天过渡。只要能够坚持下来，孩子就会慢慢静下心来，提高学习效率。

激发情感（12～18岁的孩子）

孩子到了12岁以后，作业会越来越多，他们会把大量的时间放在应对考试上。如果不能从学习上拿到一个好的成绩，他们就会从其他地方寻找存在的价值。这个时候，他们的注意力通常会集中在最能激发情感的地方，从而满足自己高价值存在的渴望。

在这种情况下，父母在培养孩子的时候，需要坚持这样的原则：

- 情感满足

这个时期的孩子非常在乎自己的感受，他们对情感的需求达到了前所未有的高度。如果父母还一味地督促他们好好学习，讲一些个人经验和成功案例的话，对他们来说，除了增加一些心理负担外，不会有任何用处。他们需要被父母肯定，并在行动中看到自己的价值。如果没有得到付出后的回应，他们就会选择逃避，然后把注意力转移到可以产生价值的地方。既然他们关注情感，父母就要与他们多谈论情感，关心他们的感受，以真诚与信任的态度谈论他们的想法。只要他们愿意分享，父母就要认真倾听，并给予及时的理解与接纳。一旦他们对父母产生了信任，就会说出内心的困惑，并愿意接受积极的建议。

在这个阶段，与孩子直接谈论学习并不是一件很好的事情。学习好的孩子，要么骄傲，要么焦虑；学习不好的孩子，要么自卑，要么无畏。总之，孩子不会从这样的交谈中收到任何积极的信息，他们关注的永远是父母是否可以理解并信任自己。既然如此，父母不谈学习，只谈情绪和感受，增加对孩子的情感投资，反而可以让孩子有一个积极的态度，能够更加主动地投入学习。

- 寻找痛点

孩子有痛点吗？当然有。只是大多数父母认为孩子还小，忽略了孩子的需求，认为孩子只是无病呻吟，胡思乱想。其实，孩子作为一个独立的个体，他们有着自己的价值追求，以及对这个世界的评判。有的孩子会因身高、长相不好而自卑，有的孩子会因学习成绩下滑而焦虑，有的孩子会深深暗恋某个喜欢的异性，有的孩子活在他人的评价中。所有这些深藏在他们内心的想法，经常会分散他们在学习上的注意力，有时还会耗费他们大量的精力，让他们对未来充满无限的焦虑。父母要了解自己的孩子，及时发现他们的痛点，协助他们尽快走出情绪困境。一个孩子每天的精力是有限的，如果沉溺在负面情绪中对痛点耿耿于怀，就容易越陷越深，失去自我。父母只要满足了孩子的核心需求，协助他们找到自己的价值，他们的内心就会充满力量，学习和做事也会积极起来。

- 深度思考

虽然12岁以上的孩子，不喜欢与父母谈论自己的人生与梦想，但他们非常愿意与同伴分享自己对未来的期待。尽管没有特别深刻的过往经历，但他们对自我存在价值有着深度的思考。在父母看来，他们的有些想法不可思议，经受不了时间验证和仔细推敲。可他们依然会固执地坚持，否则他们就找不到自己存在的理由。

一次，一个14岁的女孩来找我咨询，她说："孟老师，我9岁的时候就想到过死，你信吗?"我没有回应，她又接着说："我努力协调爸妈的关系，希望这个家可以安静下来，不管我怎么努力，他们依然争吵不休。我感到特别的无助，自己就像一只孤独的天鹅，停留在家庭这个飘摇的湖面。"她伸出手臂给我看，上面留下了许多被刀片割过的痕迹。这个女孩把所有的注意力都放在家庭关系的处理上，没有多余的精力再投入学习。

一旦陷入这种被动家庭关系的纠结，她就很难让自己有一时的轻松。我引导她看到自己身上积极的能量，通过与自己的对话来看清与父母的边界，并利用未来的资源来处理当下的事情。后来她又找我咨询了几次，状态好了很多，能够更加专注地投入学习。

- 优势激励

每个孩子都有自己的优势，即使有些孩子看起来没有，只是因为他们没有注意到，或者父母也没有发现。大多数孩子从小就被老师和父母暗示，要改掉自己身上的毛病才会变得更好。如果孩子此时在学习上有一个好的成绩，那么父母就容易让他们自主选择未来的人生。如果孩子不能取得一个好的成绩，那么他们就会在学习上与父母斗智斗勇。与其这样耗费精力，父母倒不如去寻找孩子身上的优势，让孩子把专注力集中在有意义的事情上。当然，如果孩子想获得持久的成就体验，依然需要父母教练式的督导，因为任何成功都离不开坚持和付出，而在这个过程中，父母可以给予有力的支持。

- 清晰定位

孩子很难去定位自己，因为他们仍在发展中，未来还有许多的可能。即使内心自卑，他们也依然渴望未来可以变得更好。而有的父母就不同，他们对孩子的成绩及现在的状况非常焦虑，他们习惯性地把自己与孩子捆绑起来。一次，一个15的男孩来找我咨询，他说：“快中考了，我感到特别累，学习上还好，就是心里不舒服。”我问：“你希望我能帮你什么？”他说：“是否可以告诉我妈妈，让她不要那样紧张，一天到晚盯着我的学习，我这么大了，知道该怎么做。”在现实中，大多数父母都是如此，一旦孩子考试，他们比孩子还要着急，似乎考试的不是孩子，而是自己。另有一些父母经常会对孩子说：“我对你没有特别高的要求，只要你开心就可以，不要有太大的压力。”事实上，这些孩子一直考不出好的成绩。因为他们觉得父母已经对自己失去了信心，并不期待自己可以做得更好。

父母的注意力在哪里，孩子的注意力就会在哪里。如果父母不能与孩子在价值上进行分离，对孩子充满信任，那么孩子就很难找到努力的方向，获得前进的力量。

积极行动

父母要认真了解自己的孩子，善于发现他们的优势，并进行顺势而为的培养。孩子的学习动力一旦被激发，就会自觉主动地投入学习，不依靠外在激励，进而容易在学习和生活中获得成功。学习不仅需要动力，还需要方法，有效的策略可以让孩子体验到探索的愉悦。而专注力的培养，则会让孩子沉浸在重要的事情上，事半功倍地达到学习效果。

请写下您对本节阅读的感悟：____________________

习惯七：统筹高效——让生命更有意义

> 时间是有限的，而赋予时间上的价值是无限的。

利用时间创造价值

时间是生命的拼图，每个人都可以充分利用时间来拼出一个灿烂的人生。

陪伴的意义（0～6岁的孩子）

孩子在6岁之前，并没有准确的时间观念，他们只能在父母的提醒下，模糊地感知时间的长度。比如，爸爸说："你可以玩5分钟，然后我们回家。"孩子说："好的。"过一会儿，爸爸说："我们该走了。"孩子说："5分钟到了吗？"爸爸说："到了。"还有些比较聪明的妈妈会设置时间闹钟，与孩子约定，只要听到闹钟响，就说明要回家了。

一次，我在做幼儿家长培训时，有位妈妈提出，孩子晚上睡得很晚，不知道该怎么办。究其原因，是他们平时很忙，几乎没有时间陪伴孩子。白天孩子和老人在一起生活，晚上孩子看到他们就会异常兴奋，不舍得睡觉。孩子只有在非常开心的时候，才会精神百倍。有些妈妈可能有这样的经验：一家人出去游玩时，孩子会在外面开心地跑来跑去，而一回到车上，很快就会睡着。

孩子对时间的感觉，完全来自于情绪。

在孩子 6 岁之前，父母可以利用孩子对时间的感知来对他们进行更有价值的培养。

- 学习时间

在安全范围之内，只要孩子沉浸在学习和探索中，父母最好不要打扰，只需耐心等待。直到孩子向父母求助，或者完成了整个过程，才适合父母介入。比如，孩子一个人在玩乐高玩具，拆了拼，拼了拆，把零件扔得到处都是。父母看到后，不要说话，不要询问，不要旁观。除非孩子遇到困难，感到沮丧，来寻找帮忙。孩子只有经过专注而有深度的思考，才容易激发出更多的智慧。

一旦孩子找到了自己喜欢的同伴，他们就会玩耍很长的时间。只要可以想到的，他们都会通过互动来完成，比如相互追逐、角色扮演、假装游戏等等。当然，有时候他们也希望父母能够参与其中，比如，远足活动、亲子运动等等。对孩子来说，游戏、互动就是学习，他们投入其中的时间越多，成长也就越快。父母可以把这些时间，统称为学习时间。在这个时间内，父母要多一些对他们的支持和肯定，让他们有一个积极向上的心态。孩子只有在愉悦的情绪中，才会有更高的学习效率。

- 陪伴时间

随着生活节奏的加快，大多数父母都忙于工作，他们陪伴孩子的时间越来越少，就算回到家里，也只想休息一会儿，抱着手机窝在沙发上，或不断地接打电话，不愿与孩子交流互动，认认真真地陪会儿孩子。当孩子出现问题的时候，他们又会十分自责，认为对孩子的照顾不够。

对大多数父母来说，拿出大量的时间来陪伴孩子的确不太现实，因为生活压力的加大，每个人都很难停下奋斗的脚步。这就需要父母在与孩子相处的时候，放下手机和工作，进行亲密的互动，提高陪伴的质量。只要孩子从父母身上获得愉悦的体验，他们就会与父母建立高质量的情感链接。也就是说，父母与孩子相处的时间，就是陪伴的时间，只是在这个时间内，父母要提高陪伴的质量。而衡量的标准，就是孩子精神愉悦，并能够全情地投入。

- 独处时间

孩子在3岁之前对妈妈有巨大的心理依赖，在此期间，妈妈足够温暖的陪伴会提升他们内在的安全感。到了3岁以后，他们渴望与爸爸有更多的互动，并期待走出家门，探索外面的世界。尽管如此，他们依然愿意躲进妈妈的怀抱，放肆地撒娇。在节假日，不论是妈妈和孩子，还是爸爸和孩子，只要能够一起走出家门，就很有意义。在相处的过程中，父母要增加与孩子的互动，不仅要认真回答孩子的问题，还要鼓励他们积极探索世界。比如，爸爸与孩子一起挤公交、坐地铁；妈妈带孩子种蔬菜、干农活。如果没有特别的事情可做，一起走走路，说说话，也很值得。

不论多么忙，父母总要找出一些时间，与孩子单独相处。亲子之间的情感，是一种灵魂上的共鸣，只有亲密接触，才会形成默契。

- 社交时间

3~6岁的孩子喜欢与同龄人玩耍，他们会通过分享玩具和食物与他人建立联系，游戏和角色扮演是他们擅长的互动方式。他们会把从电视和图书中学到的角色在群体中展示出来，并从中获得知识的力量。现实中，那些被父母宠溺的孩子，很难在外面与伙伴融洽相处，他们习惯以自我为中心，而较少考虑他人的感受。

因此，在孩子 2 岁以后，父母要引导他们与其他孩子玩耍，同伴可以是一个，也可以是两个或多个。要实现这个目的，需要父母借助身边的资源，协助孩子寻找匹配的同伴，而且他们一旦熟悉起来，父母就不要过度参与。等孩子读幼儿园以后，他们会自觉选择喜欢的朋友，并进行长时间的玩耍。父母要留给孩子一定的社交时间，让他们从与他人的相处中学会处理身边的关系。

- 玩乐时间

对这个时期的孩子来说，玩乐就是学习，也是让自己开心的方法。有人一起玩最好；没人玩，一个人玩也可以。总之，只有让身体和大脑动起来，他们才会感到舒服。只要他们的行为不涉及危险和破坏，父母就不要进行干预。倘若对孩子进行过多限制，孩子就会感到压抑，他们也就不能自由地释放身体的能量。那些在读小学后，有多动倾向、内心自卑或者习惯攻击自己的孩子，就是早年缺乏玩乐时间的体现。

3 岁以后，父母要引导孩子自由玩乐，而不是让他们像婴儿一样，依旧黏着自己。孩子成长的过程，就是与父母慢慢走向分离的过程，而自由地玩乐，就是他们独立的开始。同时，一个会自由玩乐的孩子，一定会让自己开心，而一个可以让自己开心的孩子，运气一定不会太差。

在孩子 6 岁之前，父母要充分利用时间，为他们创造更多的价值，希望在多年以后，他们回忆起这段时光的时候，脸上都可以洋溢起幸福的笑容。

清晰的内在（6～12 岁的孩子）

6～12 岁的孩子需要对时间进行合理的规划，他们已经不能像6 岁之前那样，可以自由地沉浸在自己喜欢的事情上，而是要有效地利用时间，为自己创造更大的价值。

为了克服在学习和社交中的自卑心态，孩子会通过不断的努力来向父母和老师证明自己的能力。如果学习好，他们自然开心；如果学习不好，他们也会假装非常努力。他们往往在学习上花费大量的时间，来赢得父母和老师的认同。似乎除了学习，他们不能让自己有限的时间做其他更想做的事情，虽然事实并非如此，但他们依旧会这样坚持。因此，不论学习好坏，他们都很难真正开心，他们的脚步始终在不断地追求好的成绩，很少有时间可以停下来看看自己，欣赏一下身边的风景。

面对孩子在时间安排上混乱的状态，父母需要从以下几方面给予有力的支持：

- 时间分类

父母要协助孩子做好每天的时间安排，比如：学习的时间、休息的时间、吃饭的时间、作业的时间、娱乐的时间、课外阅读的时候、整理房间的时间、做家务的时间。在学习上，每个科目、题型也要有具体的时间设定。时间分类越清晰，内心就越安定；如果时间分类不清晰，就容易迷茫。有的孩子看电视，一打开就舍不得关掉。倘若强行要求结束，他们就会像失了魂一样，一时不知道该干什么。

对孩子来说，生活的有序性，会增加他们内心的安定。从时间分类上，他们可以清晰地看到一天的安排，这不仅有利于他们集中精力去做重要的事情，还能够满足他们在情感上的需求。父母可以把学习的知识分为有用和无用两类，让孩子学习有用的知识，是为了提高他们的生存能力；学习无用的知识，是为了让他们过得开心。

- 时间意识

孩子在时间上的意识，主要受父母的影响。父母拖拉，孩子就会拖拉；父母守时，孩子就会守时。父母怎么做，孩子就怎么学。一个孩子的时间观念不是父母教育出来的，而是影响出来的。我在咨询室里，经常会听到一些父母说，孩子做事马虎，毛毛躁躁。父母在说的时候，也非常焦虑，十分急躁。如果父母言行一致，信守承诺，孩子也会言出必行。

一次，一个 8 岁的女孩和妈妈一起来找我咨询，女孩说："因为我写字很慢，妈妈就经常催我，可我就是快不了，不知怎么办?"妈妈说："女儿写作业时，东看看西摸摸，很难安静下来，有时写不了几个字，就会来叫我。"后来我了解到，女孩的妈妈经常看着电视玩手机，连吃饭的时候都会去刷手机。

不经过严格训练，一个人的注意力很难同时集中在两个以上的事情上。一旦大脑习惯了某种思维模式，就很难做出改变。只有父母专注做事，孩子才会跟着学习。当然，习惯的形成需要时间，父母要有足够的耐心。

- 时间力量

孩子对时间重要性的认识来自个人成功的经验，他们只有用心做好一件事情，才能真切感受到专注的强大力量。比如，用 15 分钟收拾房间，包括叠放衣被和打扫卫生。用 1 小时学习英语，包括朗读、背诵和抄写。只要孩子在做的时候能够全心投入，就一定会有所收获。对孩子这方面的训练，需要循序渐进的过程，从生活中的小事开始，再慢慢过渡到学习。父母要让孩子明白，时间是一个工具，如果使用得当，就可以创造出很大的价值。

尽管有这么多的好处，但做好一件事情并不容易，不仅需要孩子付出足够的热情，还需要他们持续地坚持。要想保证行动的效果，孩子就要从思维上先发生变化。因此，积极的思维训练，也是一件重要的事情。比如，遇到问题要思考三种以上的解决方案；要寻找行为背后的正面动机；养成深度思考的习惯，找出现象背后的本质。

每天拿出 20 分钟去做一件积极的事情，比如阅读历史书籍、练习硬笔书法等等。孩子在坚持的过程中，会自觉发现自己的力量。

● 时间感受

大多数孩子对时间的感受并不强烈，他们盼望放假，期待生日，渴望长大。他们对当下的生命状态并没有深刻地理解，所以稍不留神，就容易消磨时间、混沌度日。因为人的大脑容易对娱乐事件沉溺，这种行为很容易耗尽生命中那些进取的锐气，比如，孩子离不开游戏，放不下手机，关不了电脑。要防止这种情况的出现，或者改变已经出现的状况，父母就要引导孩子增加对时间价值的感知，让孩子对自己的生命有一个全新的理解。比如，让孩子在很短的时间内学习一门技术，并把学到的技能应用到实践；让孩子参加公益活动，帮助他人，与弱者互动。只要是能让孩子产生价值的事情，父母都可以引导孩子参与。

● 时间边界

尽管大多数人都知道，时间很重要，但真正认真对待时间的人却少之又少，许多人都把时间当成一个通俗的概念，和重量、长度等同，但很少人能够深刻理解时间的价值。之所以会出现这样的情况，是因为他们忽略了时间的边界作用。比如，在需要奋发图强的时候，却选择了安逸；在需要准时到达的时候，却选择了拖延；在必须坚持的时候，却选择了逃避。每个人都习惯按照自己喜欢的方式生活，却忘记了时间的无情，以及时间带来的损失。每件事情都有一个时间边界，每个年龄都有一个责任边界，每段时间都有一个价值边界。

对孩子来说，培养时间边界的概念非常重要，小到学习计划的有效执行，大到每天、每年生活的意义。有些孩子长大后，回忆起自己的童年，感觉都是灰色的，或者没有任何印象。他们不知道自己当时的状态，似乎没有一件特别的事情值得回味，也没有一点生活的乐趣。其实，一个人在回忆过去的时候，首先想到的是事件和感受，然后才是发生的时间。所以父母在孩子成长的每个阶段，引导他们多做一些有意义的事情，并让他们从中获得较好的情绪体验，这对孩子的人生来说，是一笔宝贵的财富。

6～12 岁的孩子，只有学会利用时间为自己服务，并养成良好的时间管理习惯，才容易在未来的人生中争取到更有利的位置。

做重要的事（12～18 岁的孩子）

12 岁以上的孩子对时间概念已经不再强烈，他们早已习惯按照自己熟悉的节奏来学习和生活。有的孩子会珍惜每一分钟，努力学习；有的孩子会懒懒散散，随心所欲；有的孩子会不温不火，有条不紊。除了学习，他们还会用大量的时间来思考和社交，只是有些孩子表现得比较明显，而有些孩子却隐藏得较深。不论是哪种方式，他们大多会拿出相当一部分时间来处理情感，只有小部分学霸，一心只为学习，暂时不食人间烟火。

这一年龄段孩子生活中的大多数时间都和学习画上了等号，只要他们愿意专注于学习，可以在学业上创造辉煌甚至奇迹。父母有必要找到他们的核心需求，然后进行正向地引导。

- 做积极的事

由于想做的事情太多，他们容易把精力分散到不同的地方，无谓的内耗常常让他们没有更多的精力投入学习。他们比较敏感，容易被他人的评价所扰动。从表面上看，他们的时间非常紧张，似乎除了学习，没有时间做其他事。而事实上，他们只是看起来很忙，却不一定能够把时间都用在学习上。

他们容易在外貌和情绪上耗费大量的心力，稍微有一点儿心理冲突，就会迷茫很长时间。只有在学习上出现问题的时候，父母才会发现他们的状况。为了让他们有一个积极的状态，父母要找到孩子十分在意的地方，然后不断地刺激，引导他们把能量集中在重要的事情上。比如，如果孩子觉得自己长得不好，父母就可以给他们讲一些励志人物的案例，或者找到他们身上的闪光点，把长相细分，纠正他们对帅和漂亮的片面认知；又或者与他们讨论关于美的话题，引导他们进行深度思考。总之，父母不能直接否定孩子对自己的评价，而要把他们不断纠结的能量引导到积极的事情上来，激发他们在努力中看到自己的价值。

父母不能忽视孩子对自己的评价，也不能忽视他们内心的冲突与感受。因为那些糟糕的心理体验，会像一个黑洞，慢慢吞噬掉他们对生活和学习的积极性，从而表现出拖拉、厌学、沉溺游戏的行为状态。因此，父母要慎重对待青春期的孩子，让他们完成对自己身份的积极认同，帮助他们顺利度过人生发展的关键时期。

● 做重要的事

12 岁以上的孩子会想得很多，特别是在处理人际关系方面，他们还不能够得心应手。所以父母要引导他们只做重要的事情，对结果负责。既然是做，那就要积极行动起来，全力以赴。什么是重要的事情呢？每个人的标准不同，但有一个共性，那就是对身心健康和个人发展有好处的事情。比如，锻炼身体、静心训练、阅读提升、旅游实践、努力学习、帮助他人等等。只要孩子做过后，可以增强内在力量，就是重要的事情。也只有在做好一件重要的事情后，孩子才会感受到时间的价值，因为真实的体验永远比讲道理更容易触动人心。只是在做的时候，需要孩子制订计划，执行计划，自我监督。孩子只有明白了时间的意义，才会尊重时间，珍惜时间，并利用时间创造更多的价值。

每个人时间有限，精力有限，只有做重要的事情，才会让自己的生命闪光。

● 做未来的事

如果把眼光盯在现在，对大多数孩子来说，学习的确是一件十分无趣的事情：每天不仅要耗费大量的时间和心力，而且对现实没有直接的帮助，再加上学习本身的难度，以及社交和娱乐的诱惑，他们很难让自己的心安定下来，对学习充满持续的热情。父母要引导孩子把学习当成一个探索和发现的过程，在这个过程中，孩子能够锻炼自己统筹安排的能力、专注的能力、解决问题的能力及突破自我的能力。孩子这些能力的提升，不仅可以增强自信，还可以在未来创造更大的价值。

拿未来的获得来刺激孩子当下的行为，需要让孩子看到获得的力量，而不是对他们进行理论的说教。比如，让孩子体验不同年龄阶段的生活状况，或者引导他们参加不同主题的社会实践，或者找到他们渴望的未来样子，为他们设定阶段性的目标等。当然，也可以制造落差，激起他们改变的欲望。

一次，一个 16 岁的男孩和爸爸一起出差，第一天晚上，爸爸选择了一个环境比较差的旅馆，因为蚊虫较多，他们折腾了一个晚上也没有睡好。第二天晚上，爸爸选择了一个星级大酒店，里面设施豪华，而且服务周到，他们睡得十分踏实。孩子到了爸爸的公司，看到有些人非常忙碌，好像永远都有干不完的活，而有些人喝着咖啡，谈着事情，有说有笑，很是惬意。

与其让孩子在家里胡思乱想，倒不如带他们去体验一下真实的世界。他们会从参与的过程中，深度思考自己的未来。

- 做无为的事

虽然说，让孩子在学习上不断努力是一件好事，但这终究不是生活，时刻保持精神上的亢奋，也会拖累他们的心。因此，父母要顺应孩子的天性，鼓励他们做一些快乐的事，这些事情可以是读一些有趣的书，也可以是吃一顿美食，或者发发呆，什么都不干。在这段自由时间内，孩子不需要有什么目标，只要随心去支配就可以了。

做无为的事，只是为了让自己开心，有时开心的事不一定积极，但一定会让自己舒服。孩子在制订每天或每周的计划时，要给自己留下一个空白的时间，然后在空白的时间用舒服的方式进行填充。有为的事情可以创造价值，无为的事情可以带来欢乐。

尽管这个时期的孩子已经不太喜欢和父母待在一起，他们需要足够的空间来培养个人的独立性，但父母还是有必要安排一些学习以外的事情给他们做，让他们获得一种被需要的感觉。其实，无为的事，并不是颓废的事，不是沉溺游戏或肆意破坏，而是做过后，可让自己的精神状态变得更好。

当孩子过一天是一天的时候，他们不会在意时间的流逝，只有在他们愿意改变的时候，才会关注时间的价值。

时间管理的有效策略

一些有效的时间管理策略，足以让孩子迷茫的内心瞬间变得有序起来。

建立时间观念（0～6岁的孩子）

孩子在6岁之前，基本没有准确的时间边界。他们只有在父母的引导下，才会对时间产生概念性认知。比如，一位爸爸对5岁的男孩说："快点吃饭，上学要迟到了。"男孩还是不紧不慢。快到学校的时候，男孩说："爸爸，我们迟到了吗？"爸爸说："没有。"男孩说："那你刚才不是说快迟到了吗？"爸爸说："那是想让你快点。"后来，只要到学校门口，小男孩就会对爸爸说："我们迟到了吗？"他对时间的认知，来自爸爸行为的暗示。

尽管还小，有些孩子就已经出现了吃饭、睡觉拖拉的现象。不论父母如何催促，他们可能都无动于衷。出现这样的情况，有些父母就开始不断地说教孩子，或者表现出一种焦躁的状态，而孩子却理解不了解父母的这种状况，他们仍旧会按照自己的节奏去思考和做事。

这就需要父母对他们进行一些有针对性的引导：

- 不断暗示

针对单个事件，父母需要对孩子不断暗示，以此提高他们对时间边界的认知。比如，对一个3岁的孩子说："现在是晚上9点，要准备上床睡觉了。"第一次说，孩子可能没有感觉，以后多说几遍，孩子就知道了。再比如，对一个5岁的孩子说："你现在只有20分钟的吃饭时间，时间一到，我就要把碗筷收掉。"开始孩子只是听听，不会太当回事儿，只要以后多重复几次，孩子就记住了。当然，在剩下几分钟的时候，父母要提醒孩子，让孩子有所准备。

每次对孩子暗示的时候，要看着孩子的眼睛，压低声音，认真地说，而且在确保孩子听到后，不再重复。

孩子在4岁后，开始跟父母讨价还价。比如，规定孩子只能看两集动画片，但他看完后，仍想再看一会儿，这时，父母就要果断地告诉孩子，时间到了，必须关掉电视。守时对孩子很重要，当然，父母在要求孩子的同时，自己也要做到。只要父母有明确的时间边界，孩子就会在父母的影响下，建立起自己的时间边界。

- 连续性行为

虽然孩子记不住准确的时间，但他们对顺序性却有着牢固的认知。比如，父母对孩子说："走过去，把椅子搬过来。"孩子通常就很容易办到。如果只说，"把椅子搬过来"，孩子可能会说，"等一会儿"，或者置之不理。依据孩子这种思维特性，父母可以为孩子设定一些连续性的行为。比如，孩子吃过晚饭后，父母可以说，接下来你可以玩一会儿，到 8 点的时候，就要洗脸、刷牙、上床、睡觉。待孩子确认后，父母就要严格执行这样的流程。然后让孩子每天晚上都重复相同的行为，孩子就容易养成早睡的习惯。

如果希望孩子在某个时间完成某个行为，父母就要在这个行为之前，加入一些连续性的行为。当然，也可以把一个笼统的行为分解成几个步骤。比如，希望孩子早晨可以快点穿衣服，父母就可以说，你只有 10 分钟时间穿上裤子、袜子、上衣，然后下床、穿上鞋子来到客厅吃饭。这个时期的孩子，非常擅长顺序性学习，只要父母所表达的内容具有行为上的逻辑性，孩子就容易听从。如果一次不行，那就两次、三次，总之多试几次，孩子就会慢慢养成好的行为习惯。如果孩子不喜欢做某事，那就把这个事情放在一个连续性行为的中间，把他们最喜欢的事情放在后面。比如，孩子回家后总是记不住洗手，那么父母就可以说，到家后要换鞋、洗手、玩玩具。孩子喜欢玩玩具，自然就会记住洗手。需要提醒的是，三段式行为是孩子容易记住的行为，这三个连续性行为可以这样分类：第一个是非常容易做到的行为，第二个是不容易做到的行为，第三个是孩子十分渴望的行为。就像上面例子中所提到的，换鞋是一件容易的行为，玩玩具是孩子十分渴望的行为，而洗手是孩子不容易做到的行为。

- 限定时间

父母要用限定时间的方式来规范孩子的行为。比如，孩子早晨不想起床，父母就可以说，你可以再睡 5 分钟，然后必须起来，等孩子确认后，就选择离开。等 5 分钟到了，再过来叫孩子，如果孩子还是不愿意起床，那就告诉他，说话要算数。

一天，一个4岁的男孩在放学后，对爸爸说：“我可以去操场玩会儿吗?”爸爸说：“可以，但只有10分钟时间。”孩子说：“好的。”10分钟过后，爸爸说：“时间到了，我们该走了。”此时如果孩子还想再玩，爸爸也不要同意，不论孩子怎么请求，都要选择离开。当然，孩子对10分钟的长度没有概念，如果爸爸没什么特别的事，孩子又玩得比较尽兴，不妨让孩子多玩5分钟。但在10分钟到了的时候，还是要告诉孩子时间已到，而不能到了10分钟后，随意延长时间。

- 有头有尾

一次，爸爸在书房办公，一个5岁的男孩推开房门，要借一支笔用，可拿到笔后，他没有关门就走了。爸爸就叫住他，认真地说：“把门关上。”孩子说：“好的。”等下次，孩子还是会忘记关上房门，而爸爸又需认真提醒一次。在提醒的时候，爸爸只需真诚地告知，不必大吼大叫、歇斯底里，更不必说教和攻击，要给孩子留点面子。相信用不了几次，孩子就会自觉关上房门。当然，爸爸也可以向孩子解释，自己在工作时需要安静，因此要关上房门。

孩子在成长的早期，总会顾前不顾后，这就需要父母不断提醒，让他们做事要有头有尾。比如，看电视，让他们一集一集地看；看书，让他们一本一本地看，而不是一共要看多长时间。按电梯，开关门，开关灯，都让孩子做。他们需要从这些训练中强化自己对事物的整体认知。

虽然有头有尾只是一种行为训练，但可以培养孩子的时间观念，因为在6岁之前，时间对孩子来说就是一个开始和结束的过程。

- 任务导向

父母要主动安排一些任务给孩子，让孩子独立完成，这些任务，可以是孩子喜欢的，也可以是帮助父母的。只要孩子力所能及，父母就可以鼓励他们去做。比如，在出门前，父母让孩子收拾好玩具，并分类摆放好，这样做，可以培养孩子对时间的紧迫认知。或者，让孩子帮忙把洗好的小衣服晾在衣架上。孩子一旦参与到任务的执行中，就会非常兴奋。

这个时期的孩子，很喜欢执行任务。对他们来说，一个有趣的游戏，就是一项任务，比如，捉迷藏、寻宝、画画、打闹等等。他们通过完成一件有趣的事情，来感受身心的愉悦。任何一项任务的执行都有一个时间的边界，父母可以按照执行的次数来引导孩子掌握时间的长度。

比如，一个 4 岁的孩子对爸爸说："你陪我打会儿架吧？"爸爸说："好的，那我们打三次吧。"也许打着打着慢慢就忘了次数。但在时间差不多的时候，爸爸就可以说："这是最后一次。"孩子通常会说："好的。"孩子一般对第一次和最后一次有着深刻的认识，只要对他们进行足够认真的提醒，他们就一定会遵从。

在孩子 6 岁之前，也可以从游戏和角色扮演中，培养他们对时间的认知，因为他们通常在玩乐中掌握新的知识。父母只要有足够的耐心，并反复强调，孩子慢慢就会形成清晰的时间边界。

用计划引领生活（6～12 岁的孩子）

6～12 岁的孩子需要掌握一定的时间管理策略，来应对越来越多的学习内容。为了取得好的成绩，他们开始非常努力地学习。不论结果如何，他们都希望赢得老师和父母的认同。事实上，他们的内心十分混乱，对学习时间也不懂规划。不论是分配学习时间，还是提高学习效率，他们都需要父母的引导。

- 培养心理紧张感

一个人只有在心理适度紧张的状态下学习，才容易集中注意力。而心理紧张感的形成，一方面来自内在对学习的重视，另一方面来自外在时间的限制。比如，大部分孩子在重要的考试时，或多或少都会有一些紧张的感觉，适度的紧张有利于发挥。为了引起孩子的重视，父母要养成肯定和鼓励孩子的习惯，让他们能够经常看到自己在学习上的进步。孩子只有从学习中获得了相应的肯定，才有继续努力的动力。如果孩子还小，父母也可以尝试进行一些奖励，不论奖励什么，只要能够满足孩子的期待就好。

针对学习时间的限制，要从大处入手，比如晚上的学习时间是 2 小时，那么孩子在这个时间内除了学习，什么都不要做。同时要依据学科和题目对时间进行具体的分块，例如数学学习 50 分钟，计算题练习 30 分钟，等等。最后再结合孩子对知识的掌握程度，相应地缩短或拉长时间的长度。时间一旦设定完成，就要鼓励孩子自我监督，认真执行。

- 用计划引领生活

孩子每天的生活，都需要一个合理的计划。只有这样，他们才能在睡觉之前，养成自我反省和激励的习惯。孩子的生活一旦有了计划性，他们的内心就容易安定下来。6 ~ 12 岁，是孩子积极探索自我价值的关键期，他们需要抓住更多可控的东西来克服自卑，提升自信。

在制订计划时，父母要与孩子共同协商，让他们写下具体的内容，并签上自己的姓名。为方便自我管理，孩子还需要准备一个本子，来呈现计划的细节，并在执行后及时反馈。父母要协助孩子养成制订计划的习惯，这对培养他们在学习上的坚持性，以及分清主次，进行有效的时间管理，都非常有用。父母要让孩子的大脑中形成这样的观念：凡事都要有计划性，不仅每天要有，每月、每年也要有。除了鼓励和肯定外，父母要让孩子看到执行计划的好处。计划在制订后，并不是一成不变的，它也需要依据实际变化做出相应地调整。但计划一旦制订，就要坚决执行，因为缺乏执行的计划，就不是计划，只是一个空洞的想法。

计划是一个工具，它是连接时间与内容之间的桥梁。计划的详细就是时间与内容的详细，时间不同，制定的内容也就不同。计划的执行是否有效，不仅与执行人的意愿有关，还与时间和内容的匹配有关。所以，当计划出现问题的时候，父母就要了解孩子的意愿并检查其中的匹配度。

父母只要让孩子学会利用计划来引领自己的生活，他们就容易获得一个积极有序的生活。

- 做超越时间的小事

一个人在被询问过得是否开心的时候，他们通常会从记忆中寻找一些相关的画面，而这些画面通常是由一系列事件组成的。如果开心的事多，他们就会愉悦，如果很少或者没有，他们就会感到沮丧。学校中学习知识，很难让一个人拥有较好的情绪体验。许多成年人在回忆自己的童年时，很难把快乐与学习经历连接在一起。触动他们内心的，往往是那些看似非常不显眼的小事，可就是这些小事，为他们存储了那个阶段的美好。甚至这些事情的发生，仅仅可能在一瞬间。比如，第一次吃糖果，第一次戴红领巾，第一次拍照片，第一次外出旅游，第一次骑在爸爸的肩头，第一次与妈妈捉迷藏，等等。这些美好的事情一旦发生，就会进入孩子的潜意识，让他们终身受用。因此，父母除了让孩子充分利用时间努力学习外，还要引导他们做一些积极的小事，让他们获得美好的情绪体验。这些事情不需要花费太多的时间，只要孩子能够开心，就是最好的状态。也就是说，这些超越期望的小事，可以让孩子的时间变得更有价值。

现在，各位父母可以认真想一想，你为孩子存储了多少美好的回忆？当他们未来回忆的时候，是否可以幸福地笑？如果有很多，那就给自己鼓个掌，如果还很少，那就马上行动起来。

- 培养深度思考的习惯

一个孩子如果能够对事对物进行深度的思考和探索，他们就容易在学习和生活中获得成功。那些所谓的学霸，除了个别拥有较高的智商外，大多数都有深度思考的习惯。他们喜欢广泛地阅读，并善于进行独到的分析。当孩子不用心学习或作业拖拉的时候，有的父母就会讲一堆道理，来激发他们的学习欲望。而事实证明，这些道理对孩子很难产生积极的影响。原因是，父母思考得多了，孩子就思考得少了。父母不要做孩子的大脑，而要引导孩子自己去探索和发现，协助他们养成自行解决问题的习惯。比如，孩子不努力学习，父母就可以让孩子阅读一些历史书籍或者人物传记，作为任务，让他们在限定时间内阅读完成。同时要让其深度剖析里面的人物特点，以及对应的思考和感受。或者，让他们参与社会实践，身体力行地体验不同的生活状态，激发他们思想的矛盾与碰撞。

不论多么忙，父母都要为孩子安排课外阅读的时间，让他们每天都有机会与智者进行灵魂对话。当孩子对自己存在的意义有了更加深刻的了解后，他们就会充分利用时间，做更多有意义的事情。另外，父母要利用节假日，让孩子参与特别的生活体验，只有身体上的真实感受，才会激起孩子改变的欲望。深度学习书本知识、体验社会生活，孩子只有在不断地接触事件的全过程，才会逐渐形成深度思考的习惯。

- 作业与考试时间的管理

虽然孩子在这个阶段还没有特别多的作业，但他们对待作业的态度，以及对作业时间的有效管理，足以影响他们当下和未来一段时间的学习效果。大多数孩子在刚接触作业的时候，并不是特别重视，因为他们认为作业不是真正意义上的学习，可做可不做，可快做也可慢做。所以在写作业的时候，他们不像在学校上课时那么认真，如果不加提醒，他们就容易自由散漫，随意而为。为解决这个问题，父母需要引导孩子端正写作业的态度，把作业当成一项重要的事情来做，而且还要规范孩子写作业的行为，通过有效的时间管理来提高他们作业完成的质量。

在写作业的地点选择上，可以在客厅，也可以在书房，但尽量避免在卧室，如果在书房，书桌的摆放要背对房门，同时在孩子写作业的时候，要保持房门敞开。一旦孩子准备写作业，就要保持环境安静，在孩子作业时间内，父母不要做任何干扰。当一切准备完毕，孩子就要收拾干净桌面，深呼吸，安定心情，然后依据作业内容，安排执行计划，同时根据不同的学科分类，细化每项作业的完成时间。在执行的过程中，孩子不要上厕所，不要吃东西，不要站立，不要做任何与学习无关的事情。同时，父母不要陪伴，不要说话，要让孩子自我监督，独立完成。孩子一旦进入写作业的时间，除了学习，其他都要隔离。最好在书桌上摆放一个小时钟，通过秒针滴答的声音，来提醒孩子时间的流逝。

考试时间是一个特殊时间，对考试时间的有效管理，有利于孩子在考场上超常发挥。如果孩子把平时的作业时间当成考试时间来对待，就容易提升自己在考场上应变的能力。考试也是一种能力，需要通过不断的训练来提升。在考试的几天，孩子要保持内心的平静，在考试科目完全结束之前，不要与同学探讨考试的内容。同时在饮食上要清淡，吃七分饱。在答卷时间安排上，要从头到尾，先易后难，当然，遇到难题的时候，不是要立刻跳过去，而要认真思考 3 分钟，如果还是没有一点头绪，再跳过去解答后面的题目。考试时间与作业时间有相通之处，孩子只要在平时做作业时，能够静下心来，保持放松和专注，考试时也就会不自觉地认真和高效起来。

任何时间的管理策略都必须在孩子愿意使用的情况下才会有效，如果离开对学习的渴望，只去讲如何提升孩子的学习成绩，父母就会发现，这是一件非常困难的事情。

过高效率的生活（12 ~ 18 岁的孩子）

孩子到了 12 岁以后，不希望父母像以前那样，毫无边界地介入自己的学习和生活。即使父母强行干涉，他们也不会买单。就算当面没有反驳，心底也会产生巨大的阻抗。其中一个独立的表现，就是他们希望在时间安排上，可以自由决定。虽然他们知道学习非常重要，要投入许多的时间和精力，但他们的心思却容易跟随意愿，随机变化。

在成长的这个阶段，他们仍然不能在时间安排上做到清晰和明确，由于外界环境的影响，总是让他们不那么容易把心静下来，去认真做好一件事情。父母在这个阶段的主要任务，不是去改变孩子，而是去改变自己，影响孩子。

- 专注做好自己的事情

如果父母是老师，那就认真备课，教书育人，遇到问题的时候，积极寻求解决的方法，而不是寻找借口，抱怨或指责他人。如果父母是商人，那就努力做事，在经济上寻求突破，同时在能力范围之内，参与公益事业，帮助他人。总之，父母要认真做好自己的事情，做出符合身份的行为，从而满足家庭和社会对自己的期待。只有这样，孩子才容易找到自己的定位，明确努力的方向。即使孩子内心依然松散，只要父母拥有一定的权威，孩子还是比较容易听从。只是父母在指导孩子的时候，不要直接给出方法和建议，而要为他们提供足够的资源，让他们自行摸索和解决。

为了提高孩子的自我管理能力，父母可以与孩子共同成长，比如设定各自的任务，然后按照规定的时间节点，一起努力达成。在这个过程中，父母与孩子要相互支持，相互鼓励，相互监督。只要父母严于律己，孩子就会言而有信。

另外，有的孩子在学习上已经非常努力了，但父母仍然不够满意，认为孩子还有上升的空间，所以就会对孩子不断地提高要求。他们把关注的重点从自己的身上，转移到孩子的身上，所以一旦孩子的成绩有所浮动，他们就会异常焦虑。我在咨询时发现，有些父母在孩子初三或高三的时候，会放弃工作，专门留在家里做起“保姆”或“监工”。事实证明，父母这样做，并不能让孩子从学习和考试中获得任何益处。父母只有做好自己的事情，孩子才会做好自己的事情。如果父母连自己的事情都没有做好，而一味去干预孩子的事情，孩子不仅不会感恩，还会产生更大的逆反心理。同时，父母要引导孩子把时间专注在重要的事情上，拒绝孩子参加一些无效的社交。

- 增加对孩子的情感投资

大部分父母可能会有这样的感触，如果直接与 12 岁以上的孩子谈学习，他们不仅会主动回避，还很难发生积极的改变。与其这样，不如增加对孩子的情感投资，带他们参与实践，看看外面的世界。只要孩子对自己和社会有了深刻的认知，他们就会自觉抓紧时间，奋发图强。当然，父母这样做时，要一心一意，不能有任何改变孩子的企图。因为父母任何不真诚的善意，都会引起孩子更大的反感。到了这个阶段，孩子与父母的身心距离，开始渐行渐远，他们需要独立的自己，来创造属于自己的未来。因此，父母要减少对孩子的要求，增加对他们的陪伴，而且要创造更多的机会，让他们在探索和发现中找到更好的自己。否则，那些在学习上没有成就感的孩子，很难从情感深处找到一个温暖的地方，来安放自己孤独的内心。

有的孩子到了高中就开始住校，他们慢慢与家庭走向分离，开启自己独立的生活。父母要利用孩子还在中学的时间，对他们多一些关心和影响。等他们走向了大学，父母再想对他们的身心有所影响，就会十分艰难。

● 提升孩子思考的深度

一些有深度思考的孩子，总能抓住事物的本质。我们经常会说，增长孩子的见识，所谓“见”，就是他们看到的东西，所谓“识”，就是他们大脑中储备的资源。见识大小，与孩子阅读的深度和广度，以及实践和经历有关。比如，一个孩子去看大海，如果只有“见”，那么在他的眼里，就只有大海的辽阔，如果再有了“识”，就会多一些对人生和宇宙的思考。

现实中，大量碎片化、娱乐性的知识在不断影响孩子的心智，这容易让他们没有更多的时间来深度思考自己的人生。因此，只有结合实践，进行广泛而又有深度的阅读，才能积累孩子的智慧。而知识的贫乏，经常会让他们陷入困境。有些孩子在遇到问题的时候，会努力寻找解决的方法，并积极向外界求助。而另有一些孩子，却只能困在原地，故步自封，即使有人提供帮助，他们也不会表达善意。只有习惯深度思考的孩子，才会更加坚定、独立地选择自己渴望的人生。为了让自己的未来更有色彩，他们会珍惜时间，不断努力，不需父母提醒，他们就知道该怎么做才能让自己的生活和学习变得更好。

要培养孩子深度思考的习惯，就要提升他们学习的能力，并让他们从中获得足够的乐趣。我们知道，学校里应试的知识，很难激起孩子学习的兴趣，只有孩子感兴趣的知识，才能激起他们探索的动力。有的父母会说，自己的孩子不爱学习。其实，不是他们不爱学习，只是他们不爱学习学校里那些应试的内容。对于自己喜欢的书籍，他们总是爱不释手。比如，一些社交类，文学类，心理分析类，历史、传记类书籍。总有一个方向可以满足他们的精神需求。一旦他们明白了自己的处境，就会认真对待当下的青春。

父母要引导孩子从“实践中学习”向“思考中学习”过渡，协助他们养成自我反省的习惯。深度思考可以帮助孩子节约时间的方法，让孩子集中精力，把时间用在重要的事情上。孩子可以通过写日志，遇到问题先问几个“为什么”“我有几种解决方法”“如何解决才有效”等，来提高自己深度思考的能力。只要孩子对自己过去的行为经验有一个认真的总结，并结合当下的情况，整合有用的资源，就会增强内在力量，提升解决问题的信心。

- 与孩子分享真实的感受

孩子在这个阶段，会花费大量的时间来处理自己的情绪和情感。他们经常不能很好地接纳自己的缺点，从而造成无休止的内耗，这也是他们不能把全部精力集中在学习上的原因之一。父母要习惯与孩子分享自己真实的感受，并鼓励他们积极进取，创造属于自己的价值，不要企图去说服孩子，因为没有人愿意被说服，特别是青春期的孩子。在人的潜意识里，被他人说服和改变，意味着丧失个体的存在。而这种失去自我的感觉，没有人会觉得很好。

只要父母做真实的自己，孩子就会做真实的自己。但有些父母为了面子，不能很好地表达自己，他们习惯在孩子面前伪装，表现出一副看似强大的样子。在孩子小的时候，这样做还算奏效，但面对青春期的孩子，父母不必如此，他们希望看到真实的父母，可以坐下来，平心静气地沟通。在孩子面前，父母可以哭泣，也可以大笑，父母不必把自己装在一个提前设定的框架内，在孩子面前中规中矩地表演。当然，父母优秀的地方，也要在孩子面前及时地展现出来。倘若遇到困难，父母能够积极乐观地寻求解决的策略，那么对孩子来说也是一笔可贵的经验财富。事实证明，孩子越是能够真实地面对自己的处境，就越能够认真对待自己的人生。只有那些活在虚拟世界里的孩子，才会在多年以后，回忆起自己的中学时代，找不到一点亮丽的色彩。

- 偶尔让孩子“闲下来”

12 岁以上的孩子，似乎除了学习，根本找不出空余的时间去做其他的事情。他们整天背着厚重的书包，或者把头埋在大量的学习资料中，超负荷地运转着自己的大脑。这种机械式的忙碌，让他们的大脑一直处在紧张之中，缺乏灵活与创新。父母要让孩子偶尔闲下来，让他们参与一些社会实践或者生存训练，只有这样，他们才会有时间放空自己，进而审视自己，从而产生更多的智慧。

每个父母都希望孩子能够把握自己的人生，而这种把握，需要他们多次深度的思考。要形成这样的思考，就需要他们广泛阅读，省察内心。孩子只有在心无旁骛的情况下，才会进行天马行空的想象。这就要求孩子在学习之余，有一个“闲下来”的时间，能够放飞自己的思想。在这个时间内，孩子可以总结过去，找到一些有用的经验，解决当下的问题，同时也可以对不确定的未来进行深度思考，然后确定一个积极的方向，开始不断地努力。当然，实在闲得无事可做，也可以喝一杯清茶，读一些闲书，聊一些闲话，让思维的节奏慢下来，回归生活原本的样子。

- 让孩子的内心干净起来

也许是想得太多，有些孩子让大脑始终保持高速运转，他们很难让自己安静下来，去专注做好一件简单的事情。别说是读书，就连玩耍，他们也不能让自己全身心地投入。可能是太追求完美，也可能是顾虑太多，总之，他们不能让自己的大脑休息去，感受片刻的宁静。这些孩子经常因为注意力分散，不能安心读书，就算教给他们一些冥想、静心的方法，也不会有太大的效果。

要保持内心宁静，就要先改变孩子的认知，让他们通过深度思考，明确当下的处境。只有认知上有所改变，孩子才会积极地行动起来，做重要的事情。那些整天忧思苦想，沉浸在无效社交中的孩子，很难感受到时间的重要性。他们习惯让自己活在烦琐的事情里，没有自我，又对未来迷茫。

在人际关系或学习成绩上，孩子要抱着有所为，有所不为的心态，坦然接受人与人在性格上的不同，以及在学习和考试能力上的差异，以一颗平和的心态，做好自己，努力进取。

- 过高效率的生活

有些孩子，想在短期内突破自己，取得较好的成绩，因此会熬夜，打疲劳战，好像只有花费更多的时间，才能显示自己的努力。这种低效率的学习状态，除了可以满足他们看似努力的自恋外，对他们的学习没有一点好处。而另一些孩子，只愿意在清醒的时候学习，稍有疲累，就会选择休息，或者干别的事情，结果一天下来，可以利用的时间也越来越少，所谓的高效，也没有达到理想的效果。

孩子要在晚上 11 点之前上床睡觉，这样才能保证第二天有一个良好的状态。除了在饮食上要补充足量的维生素和蛋白质外，还需要适当的运动来提升身体的活力。而且每餐也不必吃得太多，七分饱就可以，太多，会让孩子感到昏昏欲睡，因为血液中大量的氧气都用来消耗体内的食物，留给大脑的就非常稀少了。当然，饭后可以小憩一下，10 分钟、20 分钟即可，不必太久。然后端正坐姿，认真学习。一旦开始学习，最好保持较长的时间投入，让大脑专注做好一件事情。有时候，持续投入去做一件事情，看起来花费了大块的时间，其实是对时间最高效率的利用。

积极行动

在孩子成长的过程中，父母一方面要珍惜与孩子相处的时光，提高陪伴的质量，从而增加对孩子的情感投资；另一方面要引导孩子掌握一定的时间管理策略，让他们可以充分利用时间创造自己想要的价值。

请写下您对本节阅读的感悟：______________________

____

____

____

____

____

____